Franz Hauleitner

Dolomiten 8

Südöstliche Dolomiten – Cortina bis Belluno

56 ausgewählte Wanderungen und Bergtouren
in den Südwestdolomiten zwischen Rollepass,
Marmolada, Cismon-, Cordevole- und Piavetal

BERGVERLAG ROTHER GMBH • MÜNCHEN

ROTHER WANDERFÜHRER

Abruzzen
Achensee
Adlerweg
Ahrsteig
Albsteig
Algarve
Allgäu 1, 2, 3, 4
Allgäuer Alpen
AlpeAdriaTrail

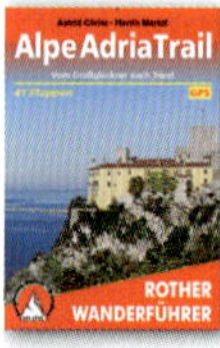

Altmühltal
Altmühltal-Panoramaweg
Andalusien Süd
Annapurna Treks
Antholz - Gsies
Aostatal
Appenzellerland
Apulien
Ardennen
Arlberg - Paznaun
Arnoweg
Asturien
Augsburg
Außerfern
Australien
Auvergne
Azoren
Baskenland
Bayerische Alpen Trekking
Bayerischer Wald
Berchtesgaden -Lienz
Berchtesgadener Land
Bergisches Land
Berlin
Bern
Berner Oberland Ost
Berner Oberland West
Bodensee Nord, Süd
Bodensee - Rätikon
Böhmerwald
Bolivien
Bozen - Kaltern
Brandnertal
Bregenzerwald
Bremen - Oldenburg
Brenta
Bretagne
Bulgarien
Burgund
Cevennen
Chalkidiki - Thassos
Champagne - Ardennen
Chiemgau
Chiemsee
Chur - Hinterrhein
Cilento
Cinque Terre
Comer See
Cornwall-Devon
Costa Blanca
Costa Brava
Costa Daurada
Côte d'Azur
Dachstein-Tauern Ost
Dachstein-Tauern West
Dänemark-Jütland
Dalmatien
Dauphiné Ost, West
Davos
Dolomiten 1, 2, 3, 4, 5, 6, 7, 8
Dolomiten-Höhenwege 1-3, 4-7, 8-10
Donausteig
E5 Konstanz - Verona
Ecuador
Eifel
Eifelsteig
Eisenwurzen
El Hierro
Elba
Elbsandsteingebirge
Elsass
Emmental
Ober-, Unterengadin
England Mitte, Nord, Ost, Süd
Erzgebirge
Fichtelgebirge
Fränkische Schweiz
Fränkischer Gebirgsweg
Frankfurt
Franziskusweg
Freiburg
Friaul-Julisch Venetien
Fuerteventura
Galicien
Gardaseeberge
Garhwal - Ladakh
Garmisch - Brixen
Gasteinertal
Genfer See
Georgien
Gesäuse
Glarnerland
Glockner-Region
Goldsteig
La Gomera
Gotthardweg
Gran Canaria
Grazer Hausberge
Grenzgänger-Weg
Gruyère - Diablerets
GTA
Hamburg
Harz
Haute Route
Hawaii
Hochkönig
Hochschwab
Hohenlohe
Hunsrück
Ibiza
Innsbruck
Irland
Isarwinkel
Island
Israel
Istrien
Jakobsweg - Camino Primitivo
Jakobsweg - Caminho Português
Jakobsweg - Camino del Norte
Französischer Jakobsweg Le Puy - Pyrenäen, Straßburg - Le Puy
Jakobsweg Marburg - Vézelay
Jakobswege Österreich
Jakobswege Schweiz
Spanischer Jakobsweg
Südfranzösischer Jakobsweg - Via Tolosana
Südwestdeutsche Jakobswege
Julische Alpen
Jura, Französischer
Jura, Schweizer
Kärntner Seen
Kalabrien
Kanadische Rocky Mountains
Karawanken
Karnischer Höhenweg
Karwendel
Kaunertal
Kitzbüheler Alpen
Kleinwalsertal
Korfu
Korsika
Korsika - GR 20

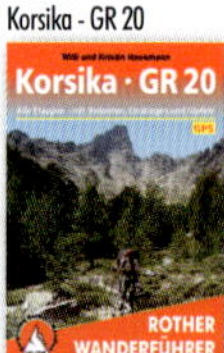

Korsika - Mare e Monti
Kraichgau
Kreta
Kurhessen
La Palma
La Réunion
Lahnwanderweg
Lago Maggiore
Languedoc-Roussillon
Lanzarote
Lappland
Lechweg
Lesbos - Chios
Limesweg
Lofoten
Lothringen
Lungau
Luxemburg - Saarland
Madeira
Mallorca
Malta - Gozo
Marken - Adriaküste
Marokko
Masuren
Maximiliansweg
Mecklenburgische Seenplatte
Menorca
Meran
Mont Blanc
Montafon
Montenegro
Mosel
Moselhöhenweg
Moselsteig
Mühlviertel
München
München - Venedig
Münsterland
Neanderlandsteig
Golf von Neapel
Neckarweg
Neuseeland
Neusiedler See
Niedere Tauern Ost
Niederlande
Niederrhein
Nockberge
Normandie
Norwegen Mitte, Süd, Jotunheimen
Nürnberg
Oberlausitz
Oberpfälzer Wald
Oberschwaben
Odenwald
Ötscher
Ötztal
Ötztal - Pitztal Trekking
Ossola-Täler
Ostfriesland
Ostseeküste
Ost-Steiermark
Osttirol Nord, Süd
Patagonien
Peaks of the Balkans
Peloponnes
Peru
Pfälzer Weinsteig
Pfälzerwald
Pfaffenwinkel
Picardie
Picos de Europa
Piemont Nord, Süd
Pinzgau
Pitztal
Portugal Nord
Provence
Pyrenäen 1, 2, 3, 4
Pyrenäen - GR 11
Regensburg
Rheinhessen
Rheinsteig
Rhodos
Rhön
Riesengebirge
Rom - Latium
Route de Ländle
Rügen

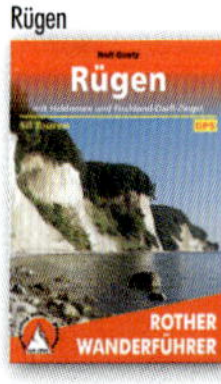

Ruhrgebiet
Rumänien - Südkarpaten
Saar-Hunsrück-Steig
Salzalpensteig
Salzburg
Salzburg - Triest
Salzkammergut Ost, West
Sardinien
Sauerland
Savoyen
Schaffhausen
Schottland
Schwabenkinder-Wege Oberschwaben, Schweiz - Liechtenstein, Vorarlberg
Schwäbische Alb Ost
Schwäbische Alb West
Schwarzwald Fernwanderwege
Schwarzwald Mehrtagestouren Mitte/Nord, Süd/Mitte
Schwarzwald Nord, Süd
Schweden Mitte, Süd
Seealpen
Seefeld
Sierra de Gredos
Sierra de Guadarrama
Sizilien
Spessart
Steigerwald
Steirisches Weinland
Sterzing
Stubai - Wipptal
Trekking im Stubai
Stuttgart
Südafrika West
Surselva
Sylt, Amrum, Föhr
Tannheimer Tal
Tasmanien
Hohe Tatra
Tauern-Höhenweg
Hohe Tauern Nord
Tauferer Ahrntal
Taunus
Tegernsee
Teneriffa
Tessin
Teutoburger Wald
Thüringen Mitte/Nord
Thüringer Wald
Tiroler Höhenweg
Toskana Nord, Süd
Türkische Riviera
Uckermark
Umbrien
Ungarn West
Usedom
Vanoise
Veltlin
Vía de la Plata
Via Francigena
Via Gebennensis
Vierwaldstätter See
Vinschgau
Vizentiner Alpen
Vogelsberg
Vogesen
Vogesen Mehrtagestouren
Vogesen-Durchquerung
Vogtland
Wachau
Waldviertel
Wales
Oberwallis
Unterwallis
Walliser Alpen
Weinviertel
Welterbesteig Wachau
Weserbergland
Westerwald
Westerwald-Steig
Wien
Wien - Lago Maggiore
Wiener Alpenbogen
Wiener Hausberge Nord, Süd
Wilder Kaiser
Zillertal
Trekking im Zillertal
Zürichsee
Zugspitze
Zypern

Vorwort

Die Dolomiten sind ein großartiges, weil wunderbar vielgestaltiges Felsrevier im Herzen der Südalpen und zählen deshalb seit jeher zu den bevorzugten Erholungsgegenden der Mitteleuropäer. Ihre Umgrenzung ist durch die Flussläufe von Rienz (Norden), Eisack, Etsch (Westen), Avisio, Cismon (Südwesten) und Piave (Süden, Osten) einwandfrei festgelegt.
Wer heute seinen Urlaub in diesem Gebiet verbringt, will meist zweierlei: einerseits die Bergwelt rund um den Aufenthaltsort erwandern und kennenlernen, andererseits nach Lust und Laune seinen sonstigen Interessen frönen und die Annehmlichkeiten der Zivilisation genießen. Diesem Trend trägt die Dolomiten-Reihe der Rother-Wanderführer Rechnung, deren Aufbau und Einteilung sich gleichermaßen an touristischen Zentren wie auch an Talschaften und bekannten Berggruppen orientiert. Das Führerwerk ist für Wanderer bestimmt, die in dem so verlockenden Bergraum nach unschwierigen, ungefährlichen, aber lohnenden Unternehmungen Ausschau halten. Ihnen eröffnet sich ein überreiches Betätigungsfeld: bewaldete Mittelgebirge, märchenhaft schöne Lärchen- und Wiesenbezirke zwischen den Felskolossen, abgrundtiefe Schluchten, malerische Täler, verträumte Bergseen, Schutzhäuser, prächtige Aussichtspunkte und leicht erreichbare Gipfel.
Der vorliegende Band 8 widmet sich den Südwestdolomiten, dem Bergraum zwischen Cismon-, Cordevole-, Biois- und Piavetal. Er stellt 56 Wanderungen und Streifzüge in den Gruppen Padon, Marmolada, Bocche, Pala, Feltriner Dolomiten und Monti del Sole vor. Zu den touristischen Zentren im Cordevoletal gehören die Luftkurorte Voltago, Frassenè und Gosaldo sowie die Urlaubsorte Allegne, Falcade und Malga Ciapela. Im Bereich des Cismon liegen der mondäne Sommer- und Wintersportort San Martino di Castrozza und die Talschaft des Primör mit dem beliebten Erholungsort Fiera di Primiero. Ganz im Süden lockt das am Piave gelegene reizende Provinzstädtchen Feltre.
Viele der hier angeführten Touren sind unschwierig und folgen gut bezeichneten Wegen. Andere wiederum stellen erhöhte Ansprüche an Übung, Ausdauer und Orientierungsvermögen. Der Mangel an Stützpunkten und die im Vergleich zu den Norddolomiten größeren Höhenunterschiede zwischen Tälern und Gipfeln zeichnen sich an längeren, anspruchsvolleren Unternehmungen und einer größeren Anzahl mehrtägiger Wanderungen ab. Die durchschnittliche Gehzeit pro Tourentag liegt bei knapp fünf Stunden, die zu bewältigende mittlere Anstiegshöhe bei 740 m. Gewisse Entbehrungen und der größere körperliche Einsatz werden durch die geringe Touristenfrequenz, durch Stille, unberührte Natur und ein großartiges Landschaftsbild wettgemacht.
Der Autor wünscht allen Nutzern dieses Wanderführers erlebnisreiche Stunden in den unvergleichlichen Süddolomiten.

Wien, Frühjahr 2018 Dr. Franz Hauleitner

Inhaltsverzeichnis

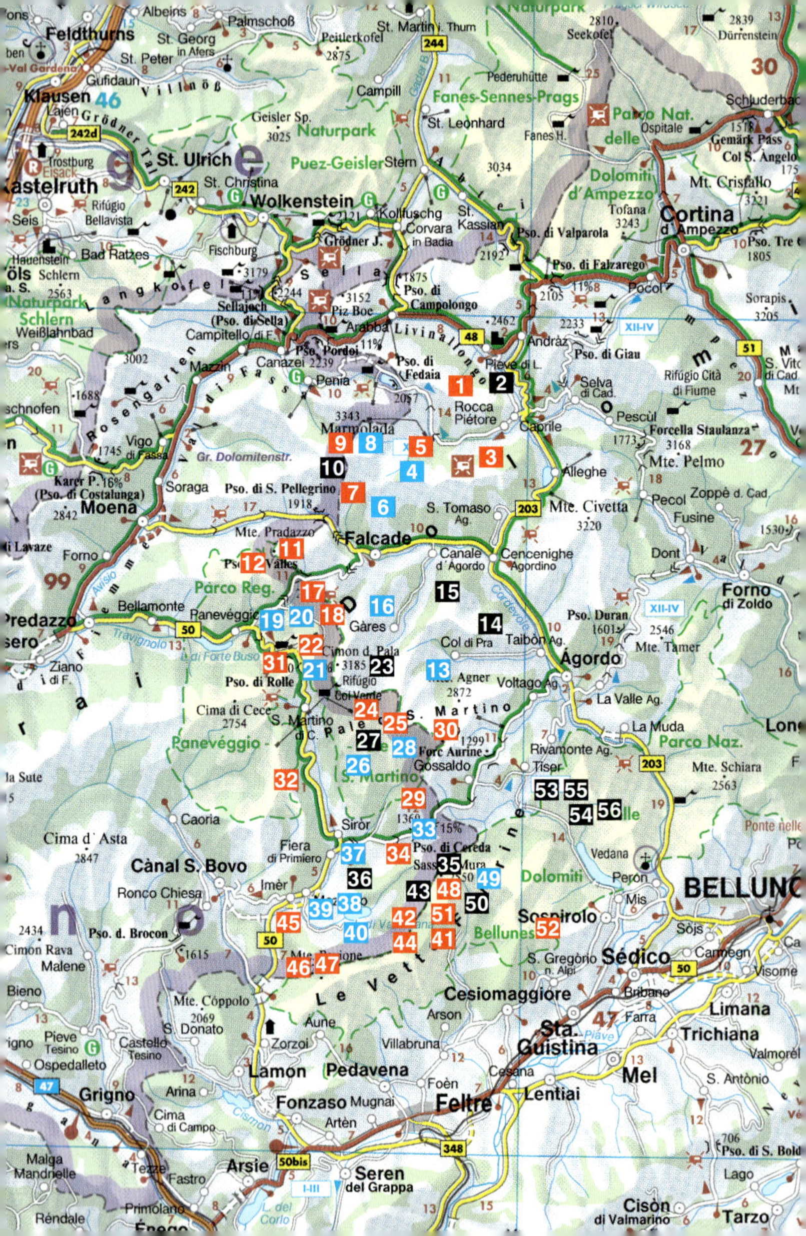

Feldthurns
Albeins
Palmschoß
St. Martin i. Thurn
St. Georg in Afers
St. Peter
Peitlerkofel
2875
Naturpark
Seekofel
Dürrenstein
Val Gardena
Gufidaun
Villnöß
Klausen
Lajen
Campill
Pederuhütte
Fanes-Sennes-Prags
Parco Nat.
St. Leonhard
Schluderbach
Grödner Tal
Geisler Sp.
3025
Naturpark
Puez-Geisler
Stern
Fanes H.
Ospitale
delle
Gemärk Pass
Col S. Angelo
Trostburg
Eisack
St. Ulrich
St. Christina
3034
Dolomiti d'Ampezzo
Mt. Cristallo
Kastelruth
Wolkenstein
Kolfuschg
St. Kassian
Tofana
Cortina d'Ampezzo
Seis
Rifúgio Bellavista
Corvara in Badia
Pso. di Valparola
Grödner J.
Fischburg
Bad Ratzes
Pso. di Falzarego
Pso. Tre Croci
Schlern
Langkofel
Sella
Pso. di Campolongo
Pocol
Sorapis
Naturpark Schlern
Sellajoch (Pso. di Sella)
Piz Boe
Arabba
Livinallongo
Andraz
Pso. di Giau
Weißlahnbad
Campitello di F.
Pso. Pordoi
Canazei
Mazzin
Pso. di Fedaia
Pieve di L.
Selva di Cad.
Rifúgio Città di Fiume
Penia
Rosengarten
Val di Fassa
Marmolada
Rocca Piétore
Caprile
Pescùl
Forcella Staulanza
Vigo di Fassa
Gr. Dolomitenstr.
Mte. Pelmo
Karer P. (Pso. di Costalunga)
Soraga
Pso. di S. Pellegrino
Alleghe
Moena
S. Tomaso Ag.
Mte. Civetta
Pecol
Zoppè d. Cad.
Fusine
Mte. Pradazzo
Falcade
Pso. Valles
Forno
Canale d'Agordo
Cencenighe Agordino
Dont
Parco Reg.
Forno di Zoldo
Predazzo
Bellamonte
Panevéggio
Gares
Pso. Duran
Mte. Tamer
Col di Pra
Taibòn Ag.
Agordo
Ziano di F.
Cimon d. Pala
Pso. di Rolle
Rifúgio Col Verde
Agner
Voltago Ag.
La Valle Ag.
Cima di Cece
S. Martino di C.
Pale di S. Martino
La Muda
Forc Aurine
Gosaldo
Rivamonte Ag.
Parco Naz.
Panevéggio
Tiser
Mte. Schiara
Caoria
Siror
Cima d'Asta
Fiera di Primiero
Pso. di Cereda
Sass Mura
Dolomiti
Vedana
Canal S. Bovo
Imèr
Peron
BELLUNO
Ronco Chiesa
Mis
Sospirolo
Pso. d. Brocon
Bellunesi
Sòis
Cimon Rava
Malene
S. Gregòrio n. Alpi
Sédico
Le Vette
Bribano
Cesiomaggiore
Mte. Còppolo
Limana
Arson
Farra
Sta. Giustina
Trichiana
S. Donato
Aune
Piave
Pieve Tesino
Castello Tesino
Zorzoi
Villabruna
Ospedaletto
Lamon
Pedavena
Cesana
Mel
S. Antònio
Grigno
Arina
Foèn
Fonzaso
Mugnai
Feltre
Lentiai
Cima di Campo
Artèn
Cismon
Malga Mandrielle
Tezze
Arsie
Fastro
Seren del Grappa
Pso. di S. Boldo
Lago
Primolano
Cisòn di Valmarino
Tarzo
Réndale

Anforderungen

Viele der in diesem Führer vorgeschlagenen Wanderungen verlaufen auf gut instand gehaltenen, markierten Steigen und Wegen, sind also im alpinistischen Sinn leichte Unternehmungen. Einige Touren aber verlangen bergsteigerische Übung, Trittsicherheit, Schwindelfreiheit und Ausdauer. Um die jeweiligen Anforderungen besser einschätzen und vergleichen zu können, sind die Nummern der einzelnen Tourenvorschläge mit verschiedenen Farben hinterlegt. Diese erklären sich wie folgt:

Leicht Wanderungen auf markierten, meist auch trassierten Wegen und Pfaden. Unschwierig und in der Regel nur wenig anstrengend. Auch für Kinder und Senioren geeignet.

Mittel Bergwanderungen auf meist markierten Pfaden und Steigen, die jedoch häufig schmal und steil angelegt sind und über kurze Abschnitte auch ausgesetzt sein können. Trittsicherheit, etwas Schwindelfreiheit und Orientierungsvermögen nötig.

Schwierig Anspruchsvolle Bergtouren mit unmarkierten, zum Teil auch weglosen Passagen. Stellenweise können die Steige sehr ausgesetzt sein, manchmal ist die Zuhilfenahme der Hände notwendig (leichte Kletterei im Schwierigkeitsgrad I, vereinzelt II), in gesicherten Passagen kann ein Klettersteigset nötig sein. Nur für absolut trittsichere, schwindelfreie, konditionsstarke und alpin erfahrene Geher.

Gehzeiten

Man beachte, dass sich die Zeitangaben (Gesamtgehzeit in der Titelzeile, in den Diagrammen auch Teilgehzeiten) auf die reine Gehzeit beziehen. Rasten, Verlangsamung der Gehgeschwindigkeit durch Übermüdung usw. sind darin nicht enthalten. Wiederholt eingelegte Pausen können in Summe die Gehzeit wesentlich verlängern. Darüber hinaus sind Zeitangaben natürlich subjektiv. Der Korrekturwert gegenüber der angeführten Gehzeit kann durch einen anfänglichen Zeitvergleich ermittelt werden (zum Beispiel: 1 Std. im Führer entspricht 1 ¼ Std. persönlicher Gehzeit).

Kinder

Wanderungen, die mit Kindern unternommen werden können, sind in diesem Buch durch ein Symbol gekennzeichnet. Bei Kindern zwischen fünf und fünfzehn Jahren ist weniger die Schwierigkeit einer Tour als die gebotene Abwechslung ausschlaggebend, denn junge Leute lieben das Abenteuer,

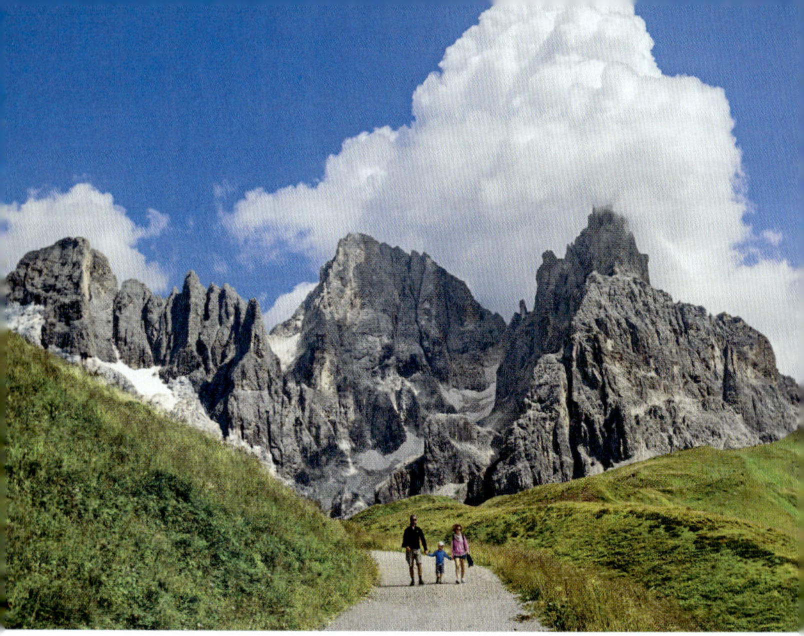

Im Abstieg vom Passo Costazza zum Rollepass (Tour 20).

die sportliche Betätigung und das Spiel in freier Natur. Man bedenke: Ein einziger fader Waldhatscher kann dem heranreifenden Sprössling die Lust auf weitere Unternehmungen am Berg komplett nehmen.
Auf einer längeren Tour sind beispielweise Einkehrmöglichkeiten unterwegs ein wichtiges Kriterium für eine Kindertauglichkeit. Dort können die jungen Leute ausreichend spielen, herumtollen und sich ausruhen. Und sollte für den Nachwuchs das zumutbare Tagespensum schon erreicht sein, besteht immer noch die Möglichkeit, zu übernachten (Hüttenabend!) und das Unternehmen anderntags ausgeruht und gut gelaunt fortzusetzen.

Höhenunterschied(e)

Unter dieser Angabe ist die Summe der auf einer Tour im Auf- bzw. Abstieg insgesamt zu bewältigenden Höhenmeter zu verstehen. Gegensteigungen werden also berücksichtigt!

Ausrüstung

Feste Schuhe mit Profilgummisohle, zweckmäßige Bekleidung sowie Rucksack mit Pullover, Regenschutz, Anorak und kleinerem Tourenproviant (Wasserflasche!) sind Voraussetzung. Für anspruchsvolle Touren im kombinierten hochalpinen Gelände empfiehlt sich die Mitnahme von Pickel und Steigeisen (auch Grödel) bzw. auf Klettersteigen die Verwendung eines Klettersteigsets (Hüftgurt mit Beinschlaufen, Klettersteigbremse, zwei Klettersteigkarabiner, Steinschlaghelm).

Gefahren

Obwohl die meisten der hier angeführten Wanderungen gebahnten Wegen folgen, ist an einzelnen abrutschbereiten Stellen, bei Querung steiler Hänge oder hartgefrorener Schneefelder sowie im steinschlaggefährdeten Gelände Vorsicht am Platze. Vor allem in der Marmolada- und der Palagruppe halten sich aufgrund der Höhenlage oft bis in den Sommer (Juli) hinein Schneereste. Bei Begehung der schattseitig vor allem in den Morgen- und Vormittagsstunden hart gefrorenen steilen Firn- und Schneefelder ist besondere Achtsamkeit geboten. Eine gewisse Gefahrenquelle stellen auch sommerliche Gewitter sowie das lokale Vorkommen von Giftschlangen (Vipern) dar.

Wegmarkierungen

Neben der einheitlichen rot-weiß-roten Markierung besitzen viele Steige zur besseren Identifizierbarkeit eigene Nummern. Wo Farbzeichen verblasst oder unleserlich geworden sind, ist evtl. auf Steinmänner-Markierungen zu achten.

Künstliche Aufstiegshilfen

Mehrere Wanderungen haben Ausgangspunkte, die mit Seil-, Sessel-, Steh- oder Standseilbahn erreichbar sind. Man beachte, dass diese Anlagen überwiegend nur während der sommerlichen Hochsaison (Juli bis September) in Betrieb sind. In der übrigen Zeit können solche Tourenziele bzw. Ausgangspunkte nur zu Fuß erreicht werden. Bei den an Wochenenden gebundenen Öffnungszeiten der Lifte werden im Führer oft Zeitspannen (z. B. 5./10. Juni bis 15./20 September) angegeben, innerhalb derer die Lifte im mehrjährigen Durchschnitt in Betrieb gewesen sind.

Symbole

	mit Bahn/Bus erreichbar		Fahrt mit Seilbahn/Sessellift
	Einkehrmöglichkeit unterwegs		Gipfel/Aussichtsplatz
	für Kinder geeignet		Pass, Sattel
	Ort mit Einkehrmöglichkeit		Kirche, Kapelle, Marterl/Bildstock
	Einkehrmöglichkeit		Klettersteigpassage
	Schutzhaus, Unterstand		Abzweig
P	eingerichteter Parkplatz		Quelle

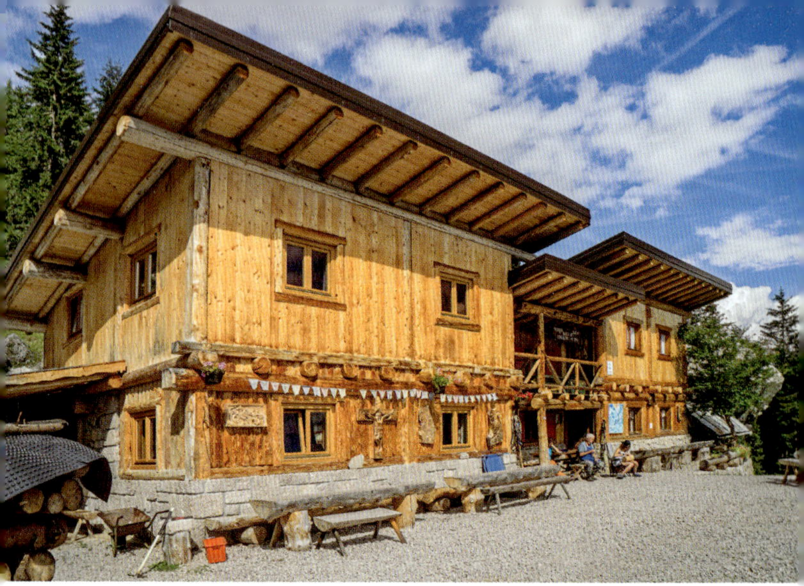

Das Rifugio Baita dei Cacciatori (Touren 4 und 5) südlich der Cime dell'Auta.

Schutzhütten, Gaststätten, Restaurants, Jausenstationen

Im Steckbrief findet man unter »Einkehrmöglichkeiten« alle an einer Wanderroute gelegenen Stützpunkte. Nächtigungsmöglichkeit, Bettenzahl und Bewirtschaftungszeit sowie etwaige Ruhetage (in den Monaten Juli und August meist nicht eingehalten!) sind angeführt. Die angegebenen Bewirtschaftungszeiten sind keine Definitiv-, sondern Richtzeiten. Sie können je nach Lage der Wochenenden von Jahr zu Jahr schwanken. Gleiches gilt für die Betriebszeiten von Buslinien. Dementsprechend sind – wie für die Aufstiegshilfen – Zeitspannen angegeben, die auf statistischen Erfahrungswerten beruhen.

Öffentliche Verkehrsmittel

Viele Talorte und Ausgangspunkte sind mit öffentlichen Verkehrsmitteln erreichbar, wodurch sich bei den Wandervorschlägen neue Kombinationsmöglichkeiten ergeben. Im Raum Südtirol wird die Verwendung der für Bahn- und Buslinien gleichermaßen gültigen MOBILCARD (Tages-, Dreitages- oder Wochenkarte) des Südtiroler Verkehrsverbunds empfohlen.
Fahrplanauskünfte gibt es unter folgenden Internetadressen:

- Fahrpläne europaweit: www.fahrplan-online.de
- Provinz Bozen (Verkehrsverbund Südtirol): SAD NAHVERKEHR AG, www.sii.bz.it und www.sad.it

- Provinz Belluno (Verkehrsverbund Belluno): Dolomiti-Bus, www.dolomitibus.it
- Provinz Trento (Verkehrsverbund Trentino): Trentino Trasporti, www.ttspa.it

Wetter

Bergwetter-Informationen und -Vorhersagen in den Dolomiten können telefonisch oder über das Internet abgefragt werden:

- Tonbanddienst des Hydrographischen Amtes der Provinz Bozen, Tel. +39 0471 271177 oder +39 0471 270555, www.provinz.bz.it/wetter
- Persönliche Beratungsstelle des Österreichischen Wetterdienstes (erhöhter Tarif, nur in Österreich): Tel. 0900 530111, 24 h tgl., www.zamg.ac.at
- Tägliche Wetterberichte (in italienischer Sprache) vom Institut für Lawinenforschung (Centro Sperimentale Valanghe) in Arabba, Tel. +39 0436 7800071, Faxabruf +39 0436 780009, www.arpa.veneto.it/csvdi

Vorhersagen des Alpenwetters findet man außerdem auf den Internetseiten www.alpenvereinaktiv.com/de/bergwetter, www.alpenverein.de und www.alpenverein.at.

Telefon

Es gelten folgende Landesvorwahlen:
Aus Deutschland, Österreich und der Schweiz nach Italien 0039 (im Tourenteil +39). Bei der darauffolgenden Ortsnummer die erste Null nicht weglassen! Handy-Vorwahlnummern in Italien haben keine führende Null.
Aus Italien nach Deutschland 0049, nach Österreich 0043 und in die Schweiz 0041. Bei der darauffolgenden Ortsnummer entfällt die erste Null.

Bergrettung, Notruf

In Italien verständigt man über die Telefonnummer 118 (kostenlos, keine Vorwahl!) die Bergrettung. Bei einem Handy oder Smartphone kann die Europäische Notrufnummer 112 (ebenfalls kostenlos, keine Vorwahl) auch ohne vorherige Eingabe des PIN-Codes angerufen werden.

Karten

Neben den den einzelnen Touren beigegebenen Karten mit Routeneintragung werden als ergänzende Orientierungshilfe folgende Karten empfohlen:

- Kompass-Wanderkarte 1:50 000, Blätter 55, 59, 76, 77

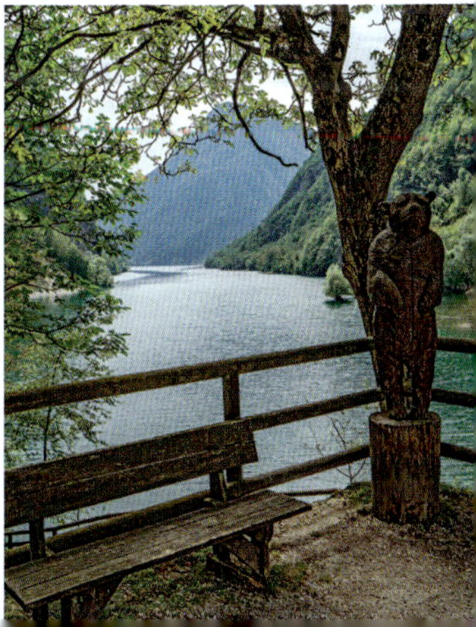

Der Lago del Mis (Stausee) bei der Bar alla Soffia (Touren 54 bis 56).

- Kompass-Wanderkarte 1:35.000, Blatt 672 (gesamtes Dolomitengebiet, vierteilig)
- Kompass-Wanderkarte 1:25 000, Blätter 686 »Val die Fassa« und 622 »Pale die San Martino« (nicht gebietsumfassend)
- Tabacco-Wanderkarte 1:25 000, Blätter 06, 015, 022, 023, 024, 025

Literatur

Für die vorgestellte Region können folgende Titel empfohlen werden:
F. Hauleitner: Wanderführer Dolomiten 1–8 (8 Bd.), Bergverlag Rother, München
F. Hauleitner: Wanderbuch Dolomiten, Bergverlag Rother, München
F. Hauleitner: Dolomiten-Höhenwege 1–10 (3 Bd.), Bergverlag Rother, München
Benno F. Zimmermann: Wanderführer Vizentiner Alpen, Bergverlag Rother, München
M. Zahel: Klettersteigführer Dolomiten · Brenta · Gardasee, Bergverlag Rother, München
Lucio De Franceschi: Pale di San Martino (2 Bd.) aus der Reihe Guida dei Monti d'Italia, CAI/TCI, Milano

Landes-Fremdenverkehrsämter und -Informationsstellen

- Belluno (Amministrazione Provinciale di Belluno), Via San Andrea 5, 32100 Belluno, Tel. +39 0437 959334, www.provincia.belluno.it
- Belluno (Ufficio turistico di Belluno), Piazza Duomo 2, I-32100 Belluno, Tel. +39 334 2813222, www.infodolomiti.it

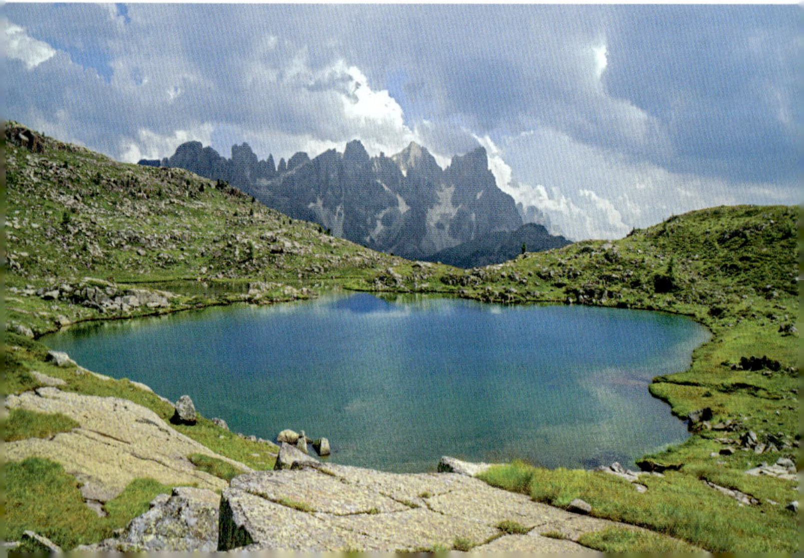

GPS-Tracks und Koordinaten der Ausgangspunkte

Zu diesem Wanderführer stehen auf der Internetseite des Bergverlag Rother (www.rother.de) GPS-Tracks und Koordinaten der Ausgangspunkte zum kostenlosen Download bereit – Benutzername: **gast** / Passwort: **wfDoLo801hw5Fr**

Sämtliche GPS-Daten wurden vom Autor teils im Gelände, teils auf digitalen Karten erfasst. Verlag und Autor haben die Tracks und Wegpunkte nach bestem Wissen und Gewissen überprüft. Dennoch können wir Fehler oder Abweichungen nicht ausschließen, außerdem können sich die Gegebenheiten vor Ort zwischenzeitlich verändert haben. GPS-Daten sind zwar eine hervorragende Planungs- und Navigationshilfe, erfordern aber nach wie vor sorgfältige Vorbereitung, eigene Orientierungsfähigkeit sowie Sachverstand in der Beurteilung der jeweiligen (Gelände-)Situation. Man sollte sich für die Orientierung auch niemals ausschließlich auf GPS-Gerät und -Daten verlassen.

- Trentino (S.p.A. – Marketing AG), Via Romagnosi 11, I-38100 Trento, Tel. +39 0461 219500, Fax +39 0461 219406, E-Mail: info@trentino.to, www.trentino.to

Regionale Fremdenverkehrsämter und Auskunftsstellen

Provinz Belluno

- Agordo (Ufficio Informazioni), Via XXVII Aprile 5a, I-32021 Agordo, Tel. +39 0437 62105, E-Mail: agordo@infodolomiti.it
- Alleghe e Conca Agordina (Ufficio Turistico), Piazza Kennedy 17, I-32022 Alleghe, Tel. +39 0437 523333, E-Mail: alleghe@infodolomiti.it
- Alleghe-Caprile (Consorzio Operatori Turistici), Corso Italia 36, I-32022 Alleghe, Tel. +39 04347 723990
- Cortina d'Ampezzo (Ufficio Informazioni), Piazzetta San Francesco 8, I-32043 Cortina d'Ampezzo, Tel. +39 0436 3231, E-Mail: cortina@infodolomiti.it, www.infodolomiti.it

Provinz Trentino

- Val di Fiemme (Azienda per il Turismo della Val di Fiemme), Via F.lli Bronzetti 60, I-38033 Cavalese, Tel. +39 0462 241111, www.visittrentino.info
- Val di Fassa (Azienda per Turismo della Val di Fassa), Strèda Roma 36, I-38032 Canazei, Tel. +39 0462 609500, www.visittrentino.info
- S. Martino di Castrozza, Passo Rolle, Primiero e Vanoi (Azienda per il turismo), Via Passo Rolle 165, I-38054 San Martino di Castrozza, Tel. +39 0439 768867, www.visittrentino.info

Der Lago di Iuribrutto (Tour 12), ein Kleinod an der Südseite der Bocchegruppe.

Die Südwestdolomiten und ihre Randgebiete

Lage, Umgrenzung, Anreise

Der vorliegende Wanderführer beschreibt die Südwestecke der Dolomiten, das Bergland zwischen Cordevoletal im Osten, Valle del Biois und Passo di San Pellegrino im Norden, Fleimstal, Passo Rolle und Cismontal im Westen und Piavetal im Süden. Kerngebiet ist die Palagruppe mit zentraler Hochfläche und wild getürmten Randkämmen im Westen, Norden und Süden. Der Passo Valles trennt sie von den nördlich anschließenden, deutlich gemäßigteren Kristallingebieten (Pophyr) der Bocchegruppe. Noch weiter nördlich, am Passo di San Pellegrino, setzt die Marmoladagruppe an. Hier stellt die Marmolada Punta Penia mit 3343 m die höchste Erhebung der Gesamtdolomiten dar. Nach Süden findet die Palagruppe einerseits am Passo Cereda in den Feltriner Dolomiten, andererseits an der weiter östlich gelegenen Forcella Franche in den Monti del Sole ihre Fortsetzung. Beide Gruppen gehören dem Nationalpark Belluneser Dolomiten an. Sie werden im Süden vom Piavetal (Val Belluna) flankiert, das den Südrand der Dolomiten bildet.
Mit Scheitelhöhen von über 3000 m markiert die Marmoladagruppe den Südrand der Zentraldolomiten. Auch die ladinische Sprache erreicht im oberen

Der Wiesenbalkon von Domadoi (Tour 37) in den Feltriner Dolomiten mit den Felsrecken der Palagruppe im Norden.

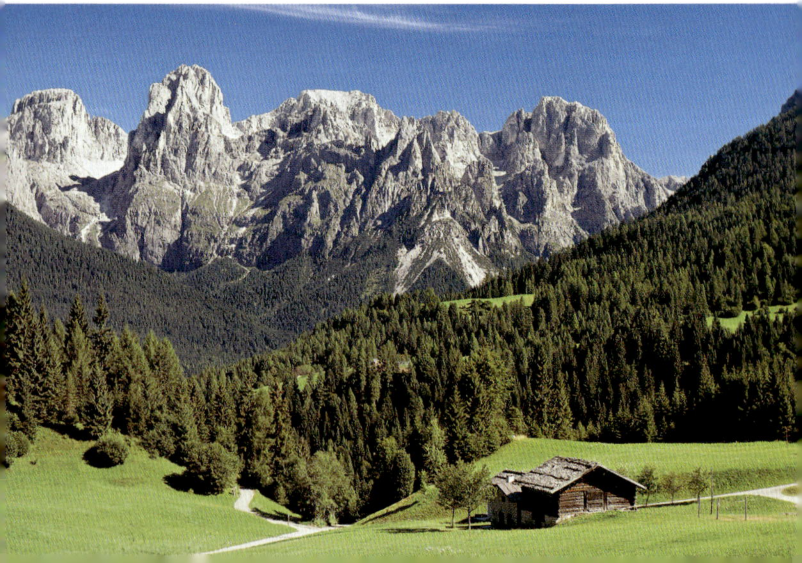

Top-Touren der Südwestdolomiten

Sasso Bianco

Eine der besten Aussichtswarten der Falcade-Region. Unschwieriger Anstieg mit Übernachtung unterwegs (Tour 3, 2 Tage, 6.45 Std.).

Cima Ombretta Orientale

Eine Zweitagestour im Banne der Marmolada-Südwand, für geübte Geher ein unvergessliches Erlebnis (Tour 9, 2 Tage, 8 Std.)!

Cima Bocche

Leicht erreichbarer Pophyrgipfel mit unvergesslichem Blick auf die hellen Felstürme der Pala (Tour 12, 6.30 Std.).

Cima Pape

Grandioser Aussichtsberg aus dunklem Eruptrivgestein im Nordosten der Pala. Für geübte Bergsteiger ein Hochgenuss (Tour 15, 5.45 Std.)!

Um und auf den Monte Castellaz

Leichter Ringweg im Schatten der Riesensäule des Cimone della Pala. Ohne Probleme auch mit Kindern zu machen (Tour 20, 3.30 Std.).

Cima della Vezzana

Standardtour auf den höchsten Gipfel der Pala und im Wandergebiet des vorliegenden Führers. Trotz Steig und Markierung nur für geübte Geher bei schneefreien Verhältnissen (Tour 23, 5.15 Std.).

Um die Pala di San Martino

Mit dem Dolomiten-Höhenweg Nr. 2 auf schmalen Steigen durch die großartigen Felsräume der Pala (Tour 24, 4.30 Std.).

Sella della Caltena (Südrunde)

Die Entdeckung eines gefährdeten Landschaftsjuwels am Westrand der Cimonegagruppe (Tour 39, 5.15 Std.).

Almen Erera-Brendòl und Monte Brendòl

Auf markierten Wegen ins Almenparadies der östlichen Feltriner Dolomiten (Tour 49, 8.00 Std.).

Traversata Cimonega Ovest

Die perfekte Tour für einen anspruchsvollen Wandertag im Banne des Sass de Mura, ein Superlativ unter den Streifzügen in den Süddolomiten (Tour 51, 2 Tage, 9.00 Std.)!

Monte Pizzocco

Herausragender Felsberg am südlichen Dolomitenrand, anstrengender, aber gut markierter Anstiegsweg aus dem Piavetal (Tour 52, 7.15 Std.).

Cordevoletal, im Val Fiorentina, in der Talschaft des Buchenstein (Livinallongo) sowie im Seitenast des Valle del Biois (Falcade) ihr südlichstes Ausbreitungsgebiet.

Man erreicht das Gebiet von Norden (Deutschland, Österreich) über den Brenner und das Etschtal (Bahn, Autobahn) über den Karerpass oder durch das Fleimstal, von Nordosten (Deutschland, Österreich) durch das Pustertal entweder über den Passo Campolungo oder über Cortina und den Passo Falzarego, von Süden (Oberitalien) entweder über Vittorio Veneto (Autobahn), Belluno und durch das Corevoletal oder über Feltre durch das Cismontal, Fiera di Primiero und San Martino di Castrozza. Eine weitere Anreisemöglichkeit ergibt sich von Westen (Etschtal/Trient) durch das Valsugana. Belluno und Feltre liegen ferner an den oberitalienischen Bahnlinien Treviso – Calalzo.

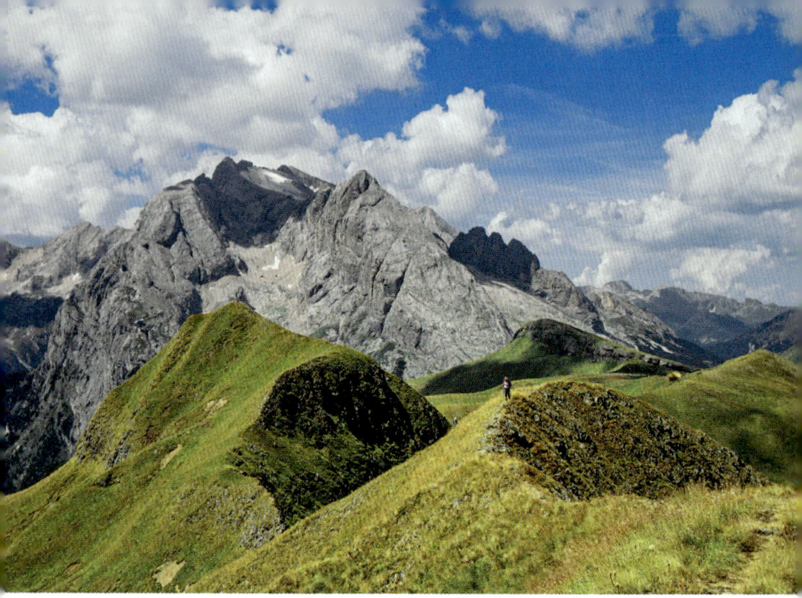

Im Schlussanstieg auf den Ostgipfel des Monte Migón (Tour 1), hinter dem grasigen Westgipfel die Marmolada.

Gebietsüberblick

An der auch heute noch teilweise vergletscherten Marmolada setzt der nach Süden bis ins Piavetal bei Feltre vorstoßende Kamm der Südwestdolomiten an. In ihrem Bereich sind neben der Marmoladagruppe als bedeutendste Gebirgsgruppen Bocchegruppe, Palagruppe, Feltriner Dolomiten und Monti del Sole zu nennen. Südlich an die Rother-Wanderführer Dolomiten 3 und 4 anschließend, wird im vorliegenden Band vorrangig der Bergraum zwischen Falcade und Feltre, Cordevole und Cismon gewürdigt. Es werden aber auch Gebiete nördlich davon einbezogen. So verdienen der als Aussichtsberg gerühmte **Monte Migón** im östlichen Padonkamm und die ihm zu Füßen liegenden fantastischen Felsmonolithen von **Ronch-Laste** unbedingt einen Besuch. An der **Marmoladagruppe** konzentrieren wir uns in diesem Führer auf den Ost- und Südbereich, auf die Untergruppen der **Cime Ombretta** und des **Sasso Vernale** sowie auf das Gebiet der **Cime dell'Auta** und des **Sasso Bianco** mit dem versteckten Seenjuwel Lago dei Neghér (auch Lech dei Giài). Wer der Marmolada auf die bequeme Tour auf den Pelz rücken will – der Normalzugang über die Nordseite vom Passo Fedaia her wird im WF Dolomiten 4 beschrieben – kann ihre zweithöchste Erhebung, die Punta Rocca (3250 m), von der Malga Ciapela im **Val Pettorina** per Gondelbahn errei-

chen. Angereist wird von Caprile im **Val Cordevole** durch das seiner Schmiedeeisenkunst (ferro battuto) wegen gerühmte Pettorinatal. Mit der großartigen Schlucht **Serrai di Sottoguda** hat es einen richtigen Publikumsmagneten.
Eines der herrlichsten Dolomitentäler, das zwischen Pala- und Marmoladagruppe eingebettete **Valle del Biois**, birgt den mondänen Sommer- und Wintersportort **Falcade** und das weiter talaus an der Mündung des Valle di Garés gelegene **Canale d'Agordo**.
Südlich des **Passo di San Pellegrino** schließt die durch den Wechsel von Dolomit- zu Kristallingestein (Pophyr) vom Landschaftscharakter her völlig anders geartete **Bocchegruppe** an. Im äußersten Osten dieser Gruppe sind Cima Margherita und Monte Pradazzo vom Pellegrinopass und von Falcade her durch zahlreiche Liftanlagen (Skigebiet) erschlossen, mit allen negativen Folgeerscheinungen des Massentourismus. Doch der Zentralbereich der Gruppe, das Gebiet um die **Cima Iuribrutto** und die **Cima Bocche**, ist bis hinüber zum ebenfalls verlifteten Passo Lusia Landschaftsschutzgebiet (Naturpark Paneveggio–Pale di San Martino) und präsentiert sich mit seinen weiten Hängen, malerischen Seen, verträumten Almen und weitschauenden Gipfeln als Wandergebiet der Extraklasse mit wundervollen Ausblicken zu den Dolomiten-Massiven im Umkreis, allen voran den fantastischen Felsgebilden der Pala.

Tiefblick vom Anstieg auf den Sasso Bianco (Tour 3) zur gleichnamigen Hütte, dahinter Pale di San Lucano und Cima Pape (Palagruppe).

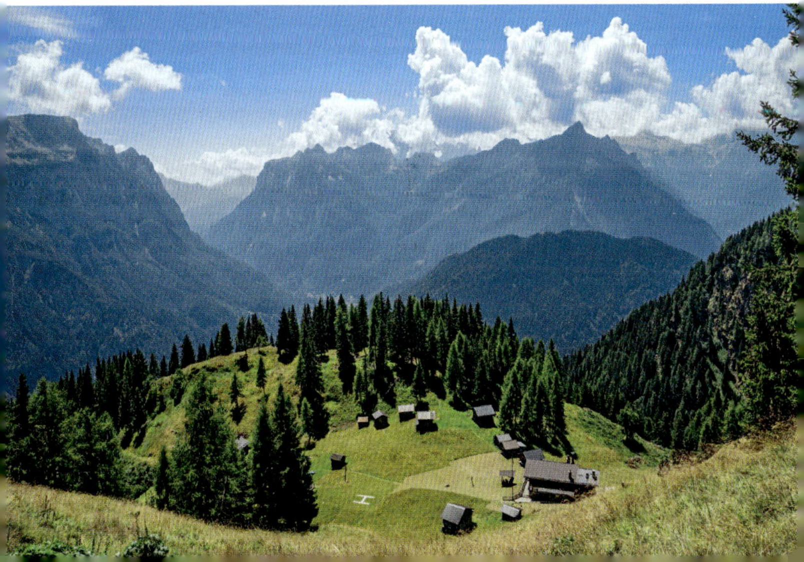

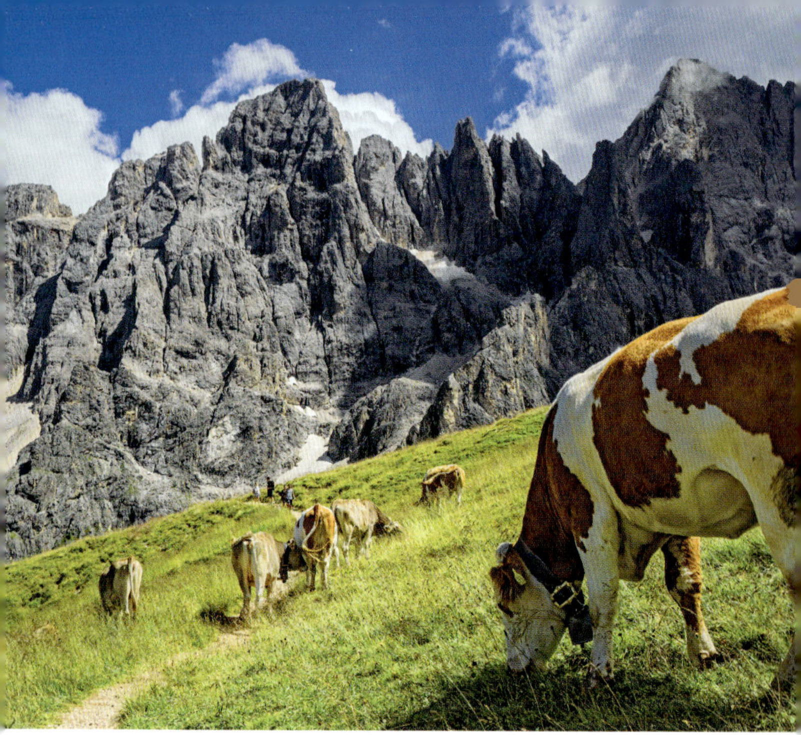

Almfrieden nahe des Passo Costazza (Tour 20) mit der Cima dei Bureloni (Palagruppe).

Die südlich des **Passo Valles** ansetzende **Palagruppe**, eines der großartigsten Kalkreviere der Ostalpen, hat die Form eines Rechtsecks und nimmt den Raum zwischen Valle de Biois und Val Travignolo (Norden), Rollepass und Val Cismon (Westen), Passo Cereda und Forcella Franche (Süden) und Val Cordevole (Osten) ein. Um die riesige zentrale Karsthochfläche scharen sich wild getürmte Kämme, die im starken Kontrast zur aus schwarzem Eruptivgestein geformten Untergruppe der **Cima Pape** im Nordosten stehen. Eine Reihe schluchtartiger Täler stößt gegen das Zentrum vor, wie das **Valle di Garés** (Nordosten), das canyonartige **Val di San Lucano** (Osten), das **Val Canali** (Süden) und das malerische **Val Venegia** (Norden). Die Highlights der Palagruppe finden sich jedoch an den Randkämmen. Jedem versierten Bergfreund ist der aus grünen Wiesenmatten aufragende Riesenturm des **Cimone della Pala** im Pala-Nordzug ein Begriff, der mit **Cima della Vezzana** (der höchsten Erhebung der Gruppe), Cima dei Bureloni, Cima di Val Gran-

de, Torri Farangole und Cima del Focobon eine mehrere Kilometer breite, geschlossene Wandflucht bildet, die den grandiosen Talhintergrund des Val Venegia abgibt. Noch beeindruckender präsentiert sich die westseitige Abdachung gegen das **Val Cismon** und die Urlaubsmetropole **San Martino di Castrozza**, wo die kulissenartig gestaffelten Massive des Cimone della Pala, der **Pala di San Martino**, des Val-di-Roda-Kammes, des **Sass Maor** und der **Cima della Madonna** (mit der unter Kletterern berühmten Schleierkante) eine grandiose, fünfzehn Kilometer breite Mauer formen. Seilbahnen und Lifte entführen den Besucher auf die umliegenden Höhen, nicht nur auf das **Pala-Plateau** im Osten, sondern auch in die Hochregion der kristallinen **Lagoraigruppe** (Fleimstaler Alpen) an der westlichen Talseite.
Damit sind die landschaftlichen Schönheiten dieser faszinierenden Dolomitengruppe aber noch nicht erschöpft. Das gegen das Becken von Agordo im Cordevoletal schauende, gruftartige Val di San Lucano setzt mit den über 1500 m hohen Mauern und Pfeilern der **Pale di San Lucano** und des **Monte Agner** beinahe westalpine Maßstäbe, während im nach Südwesten entwässernden Canalital die kolossalen Felsgestalten der südlichen Palakette mit den vorgelagerten Wiesenteppichen von Fosne, Piereni und Dalaibol kontrastieren. Die vom Cismon durchflossene Talschaft **Primiero**, deutsch Primör, mit dem Hauptort **Fiera di Primiero** gehörte mit Südtirol und dem übrigen Trentino bis 1919 zu Tirol. Wie die bellunesische Kleinstadt Agordo im Osten der Pala verdankt auch das trentinische Fiera di Primiero seinen Wohlstand den reichen Erzvorkommen in den heute stillgelegten Bergwerken der Umgebung.
Wer annimmt, dass das Gebiet südlich der Pala an Attraktivität verlöre, irrt, vereinen sich doch gerade in den Bergen des Feltrino, in den **Feltriner Dolomiten**, so ziemlich alle dolomitischen Schönheiten auf engstem Raum. Dazu kommt eine wilde, noch gänzlich ursprüngliche Bergnatur, die durch ihre Zugehörigkeit zum Nationalpark Belluneser Dolomiten auch künftigen Generationen erhalten bleiben wird. Herzstück der Feltriner Dolomiten ist die **Cimonegagruppe** gleich im Süden des Ceredapasses mit Lärchenwiesen von unvergleichlicher Anmut in den nördlichen und westlichen Randbezirken (Sella della Caltena, Cenguei). Der Zentralbereich hingegen besteht aus denen der Pala ähnlichen Felsmassiven. Hier findet man die mit 2547 m höchste Erhebung der Feltriner Dolomiten vor: den **Sass de Mura**, ein edles Felstrapez mit interessanten, aber schwierigen Kletterrouten. Nach Südwesten setzt sich der Felsbezirk in den **Vette Feltrine** fort, einer lang gestreckten Hochfläche mit grünen, schüsselartigen Karen (»Buse«), scheibenartig geformten Felsen, eigenartigen, scharfkantigen Graspyramiden (Monte Pavione) und einem unwahrscheinlichen Blumenreichtum. Weiter südöstlich werden die Felskolosse der Cimonega von den brettebenen Wiesen der **Piani Eterni** abgelöst. Überragt von kugelförmigen Grasgipfeln und dem wie eine Hand auffahrenden Kalkriff des **Monte Pizzocco**, hart am Steilabfall gegen

das **Piavetal**, gelten sie als eines der letzten Paradiese der Ostalpen. Von den in das Gebiet eindringenden Tälern sind das westseitige, schluchtartige **Val Noana** (mit den Seitenästen Val Nagaoni und Val Giasinozza) sowie das bei Soranzen ins Val Belluna (Piavetal) mündende **Val Canzoi** zu nennen.

Die von der Pala durch die Forcella Franche getrennten, von Mis-Tal und Val Cordevole flankierten **Monti del Sole** gelten als die unwegsamste, wildeste Gruppe im weiten Dolomitenland mit jäh aufschießenden Steilflanken, undurchdringlichem Strauchdschungel und bizarren Felsformationen. Die Forcella Zana teilt das Gebiet in das Massiv des **Piz di Mezzodí** (auch Monte Pizzon) im Norden und die **Ferùch-Gruppe** im Süden. Das westseitig gelegene Bivacco Valdo ist der einzige (jedoch unbewirtschaftete) Stützpunkt in den Monti del Sole. Mit den Feltriner Dolomiten und der Schiaragruppe östlich des Cordevole gehört auch dieses Berggebiet dem Nationalpark Belluneser Dolomiten an.

Abschließend sei noch der großen Dolomiten-Höhenwege (»Alte Vie delle Dolomiti«) gedacht, die eine sportlichere Alternative zu den hier vorgeschlagenen »talgebundenen« Wanderungen darstellen, da sie, von Hütte zu Hütte führend, der Hochregion treu bleiben und so das Bergerlebnis vertiefen. Von den insgesamt 10 Höhenwegen führt der **Höhenweg Nr. 2** (»Weg der Sagen und Legenden«) auch durch das hier gewürdigte Gebiet. Startplatz der Höhenwanderung ist im Norden die Stadt Brixen, Zielort die Stadt Feltre. Auf 185 km Weglänge werden insgesamt zehn Dolomitengruppen (Plose, Peitlerkofel, Geisler, Puez, Sella, Padòn, Marmolada, Bocche, Pala und Feltriner Dolomiten) durchwandert. Begeher des Weitwanderwegs erhalten nach Vorzeigen der Hüttenstempel am Verkehrsamt im Zielort Feltre ein Abzeichen.

Die Mündung des Torrente Soffia in den Lago del Mis (Monti del Sole).

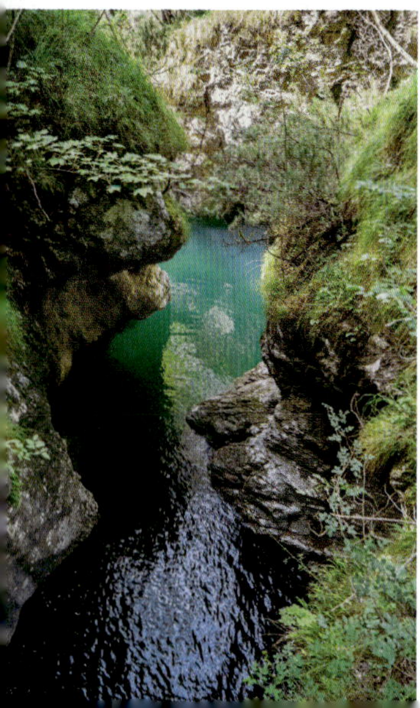

Geologie

Im Gegensatz zu den Südostdolomiten erweist sich das hier beschriebene Gebiet als geologisch uneinheitlich, denn die mächtigen Kalkriffe werden immer wieder von kristallinen bzw. vulkanischen Elementen durchsetzt. Dominiert an der Marmolada der kompakte Schlerndolomit (hier »Marmoladakalk« genannt), so wird der Padonkamm weiter nördlich von dunklem Eruptivgestein

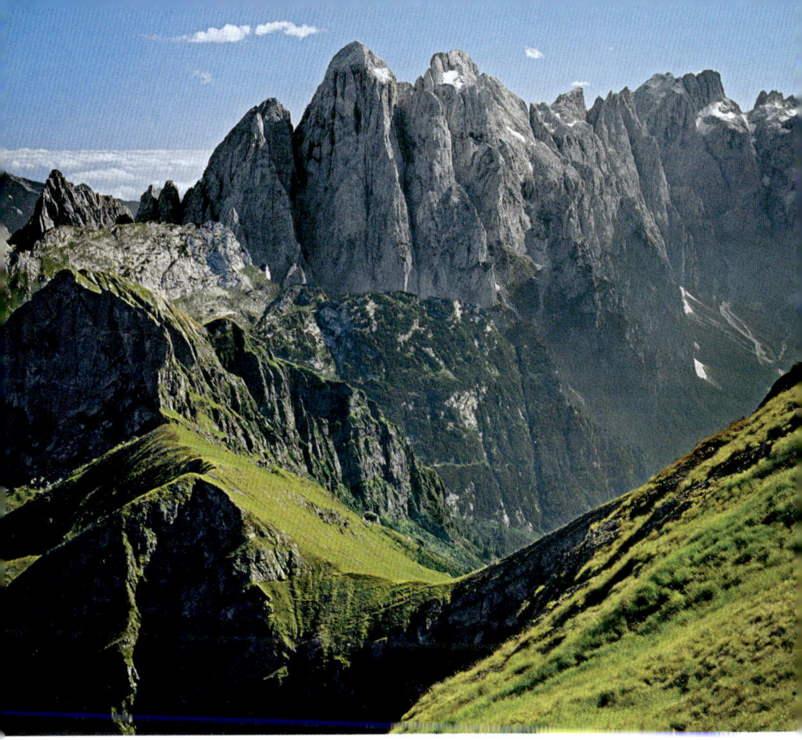

Im Gipfelbereich der Cima Pape (Tour 15), dahinter Monte Agner und Croda Granda.

geformt, ein Beleg dafür, dass die Bildung des Schlerndolomits in der Trias erdgeschichtlich mit reger vulkanischer Tätigkeit verbunden war. Auch das Gestein der Bocchegruppe im Süden der Marmolada, der Pophyr, ist vulkanischen Ursprungs, allerdings tiefenerstarrt und nicht wie bei der Padongruppe an der Erdoberfläche.
Die südlich des Passo Valles ansetzende Palagruppe besteht vorwiegend aus Schlerndolomit, dem gelegentlich Reste aus Hauptdolomit aufgesetzt sind. Am Westfuß des berühmten Cimone della Pala oberhalb von San Martino di Castrozza kann man sehr schön die bunten gebänderten Strukturen der Raibler Schichten bewundern. Die riesige Pala-Hochfläche wird im Norden, Westen und Süden von wilden Felskämmen flankiert. Der Nordosten der Gruppe, das Gebiet um die Cima Pape, ist aus dunklem Etruptivgestein gefomt und steht daher im starken Kontrast zu den hellen Dolomitpfeilern der Pale di San Lucano weiter im Süden.

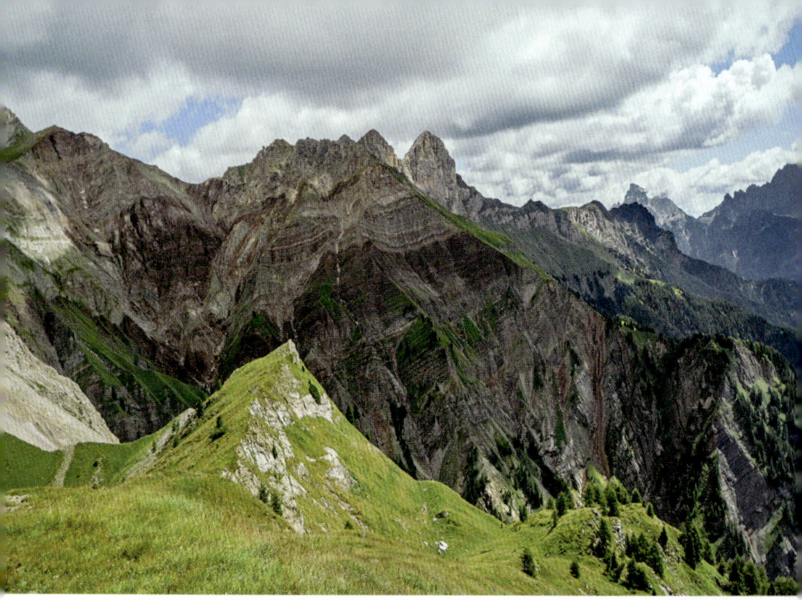

Die Cime dell'Auta mit dem Monte Pelmo rechts vom Sass de la Palaza (Touren 6 und 7).

Südlich der Pala erhebt sich jenseits der Forcella Franche die von den Canyons von Cordevole und Mis flankierte Felskette der Monti del Sole, die für ihre Schroffheit und Unzugänglichkeit bekannt ist. Sie besteht aus horizontal gebändertem Hauptdolomit, der hier mit fast 1600 m benahe doppelt so mächtig erscheint wie in den Norddolomiten, wobei den Gipfelbereichen jüngere Schichten aus der Kreidezeit aufgesetzt sind.

Die Feltriner Dolomiten westlich des Valle del Mis sind durch die Valsugana-Störungslinie (Primör – Sasso Padella – Pass de Mura – Forc. dell'Omo – Val Moneghe – Val Imperina – Agordo) tektonisch zweigeteilt, wobei entlang der Störung alte metamorphe (kristalline) Gesteine eindrangen. Im Süden dieser Linie liegen die abgesunkenen Plateaus von Brandol und Le Vette, aus jungen grauen Kalken der Jura- und Kreidezeit geformt. Am Monte Pizzocco und am Monte Tre Pietre, also am Südrand der Plateaus, tritt der Hauptdolomit auf, dessen senkrechte Schichtung durch das Einsinken des Gebirges entlang der Belluneser Störung (Piavetal) zu erklären ist. Nördlich der Valsugana-Störung, also im Bereich der rein dolomitischen Cimonegagruppe, herrschen Schlern- und Hauptdolomit vor. Die Gipfel von Sass de Mura, Piz de Mez und Piz di Sagron bestehen aus Hauptdolomit, ihre Bergkörper jedoch aus Schlerndolomit. An den Bändersystemen des Sass de Mura (Banca Soliva, Banca Posterna) treten Raibler Schichten zutage. Die eigenartige

Pyramidenform der Gipfel in den Vette Feltrine ist durch die typische Verwitterung der Jura und Kreideablagerungen zu erklären. Entlang der Valsugana-Störung gibt es an verschiedenen Stellen reiche Erzvorkommen. Daher wurden vom Mittelalter bis zur Stillegung aller Bergwerksbetriebe im Jahr 1966 in den Bergen zwischen Fiera di Primiero und Agordo Zinnober, Silber, Kupfer, Gold, Eisen und Schwefel abgebaut.

Pflanzenwelt

Die Pflanzenwelt eines Gebietes ist weitgehend von Höhenlage, Bodenbeschaffenheit und Klima abhängig. Mit abnehmender Seehöhe und geografischer Breite nimmt die Vielfalt der Vegetation zu. Je weiter man in höhere, kältere Regionen vordringt, um so seltener werden anspruchsvolle Pflanzen; umgekehrt ist die dort vorhandene Vegetation gezwungen, sich durch verschiedene Maßnahmen (Zwergwuchs, Oberflächenreduzierung, Intensivierung von Farbe und Duft usw.) den unwirtlicheren Bedingungen anzupassen. In Höhen zwischen 500 und 1500 m treten Birke, Bergahorn, Bergerle, Buche, Fichte und Tanne auf. Hier findet man auch alle Arten von Beerengewächsen. Ab 1500 m Seehöhe reduziert sich der Baumbestand auf einige wenige Vertreter der Nadelhölzer (Fichte, Lärche, Zirbe usw.), die Baumgrenze liegt bei 2000 m.

Die Südwand der Marmolada vom Rifugio Falier (Tour 8), links der Passo Ombretta.

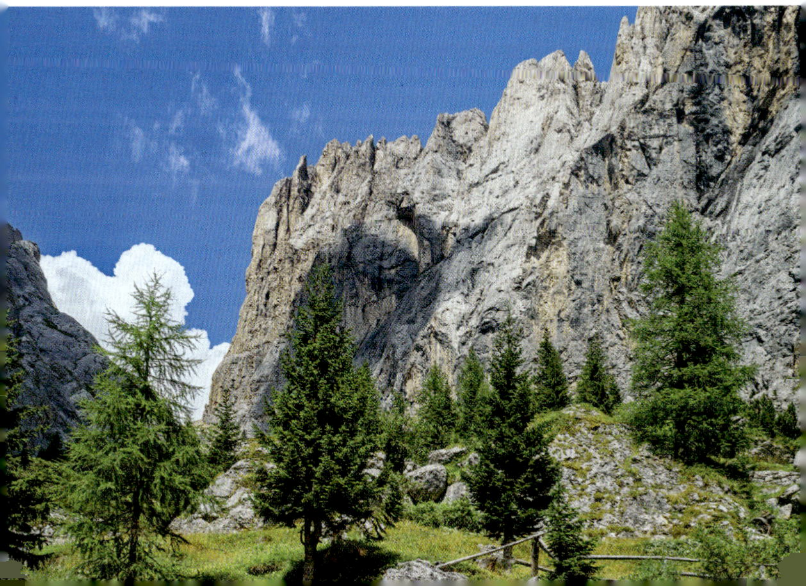

Die Blumenwelt des Gebiets ist aufgrund südlicher Lage und wechselnder Bodenbeschaffenheit wesentlich reichhaltiger als in den Norddolomiten. Vor allem die Gruppe der Vette Feltrine war schon sehr früh für ihre reiche Flora bekannt. So durchstreifte Antonio Tita vom botanischen Garten in Padua schon um 1700 diese Berge. Wir finden u. a. Alpenrittersporn, Bergküchenschelle, Dolomiten-Akelei, Frauenschuh, Teufelskralle, Felsaurikel, den Rätischen Mohn, Glockenblume, Primel, Windrose, Schneeglöckchen, Edelweiß, Feuerlilie, Schwertlilie, Frauenschuh, Kohlröschen, Anemone, Edelraute, Enzian, Alpenrose, Berghahnenfuß, Schwefelanemone, Steinbrech, Silberwurz, Schlüsselblume, Türkenbund, Alpen-Säuerling, Nelke, und Narzisse.

Tierwelt

Bei den Tieren findet man in tiefen Lagen Reh, Hirsch, Hase, Fuchs, Eichhörnchen, Marder, Auerhahn, Alpensalamander und Feuersalamander. In der Felsregion trifft man auf Gämse, Alpendole, Steinadler, Habicht, Schneehuhn, Mauerläufer und Murmeltier. Das in tieferen und mittleren Lagen stärkere Vorkommen meist giftiger Schlangenarten (Aspisviper, Hornviper, Sandviper) wird bedingt durch hohe sommerliche Temperaturen, dichtes Buschwerk und Unterholz. Allerdings wird der Tourist außer an besonders schwülen Tagen (meist vor Gewittern) auch in abgelegenen Gebieten nur selten einer Schlange begegnen.

Naturschutzgebiete

Als Meilenstein in der Geschichte der Gründung dolomitischer Schonungsräume ist der Nationalpark Belluneser Dolomiten (»Parco Nazionale Dolomiti Bellunesi«) anzusehen, der den gesamten Raum der Süddolomiten zwischen Cismon und Piave umfasst. Er setzt sich östlich des Piave in den südlichen Karnischen Alpen als Naturpark Friulaner Dolomiten (»Parco Naturale Dolomiti Fiulane«) fort. Gemeinsam mit den schon länger existierenden Parkgebieten in den Restdolomiten (Paneveggio–Pale di San Martino, Puez–Geisler, Ampezzaner Dolomiten, Fanes–Sennes–Prags, Trudner Horn, Schlern–Rosengarten, Sextener Dolomiten) sind also schon große Bereiche dolomitischer Natursubstanz zum Schutzgebiet erklärt worden. So besteht die berechtigte Hoffnung, dass die Dolomiten als Naturparadies und Erholungsraum auch kommenden Generationen erhalten bleiben.

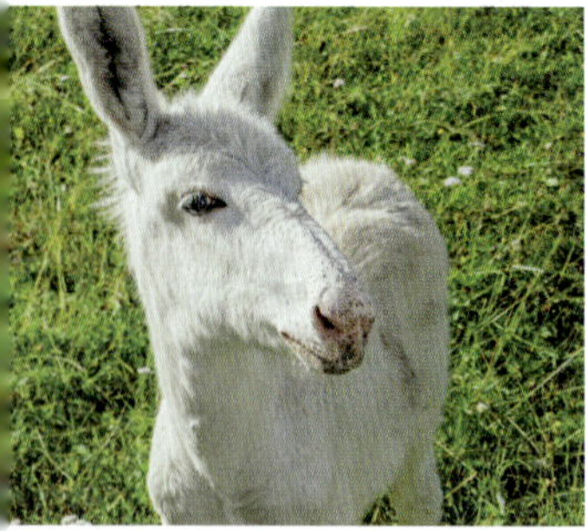

Verspielter Bergesel auf Malga Ciapela.

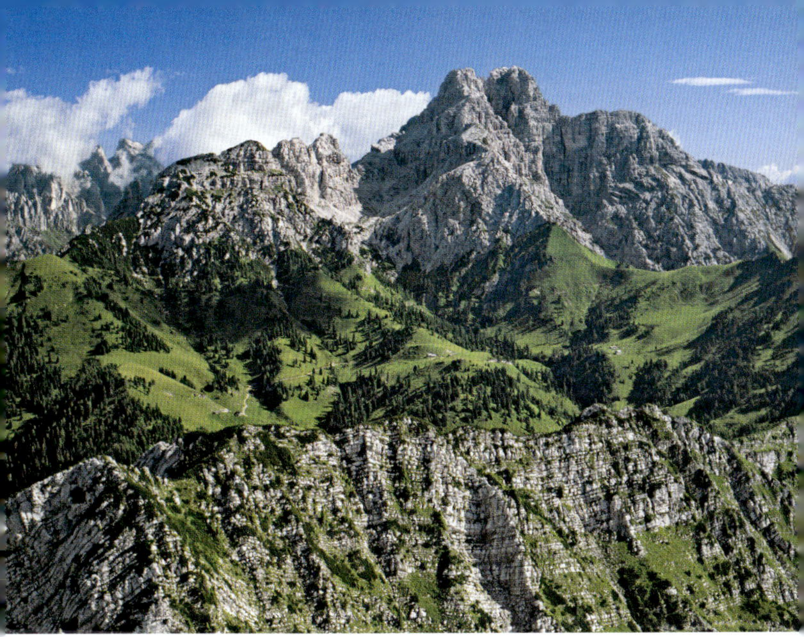

Der Sass de Mura, höchste Erhebung der Feltriner Dolomiten, von Süden, vom Anstieg auf den Sasso Scarnia (Tour 44).

Nationalpark Belluneser Dolomiten

Der durch eine außergewöhnliche Vielfalt an Lebensräumen geprägte Nationalpark Belluneser Dolomiten entstand 1990 mit dem Ansinnen, eine Region von hoher landschaftlicher und naturwissenschaftlicher Bedeutung unter Schutz zu stellen. Der Park erstreckt sich über eine Fläche von 31.000 ha und umfasst die Gemeinden Belluno, Cesiomaggiore, Feltre, Gosaldo, Longarone, Pedavena, Rivamonte Agordino, San Gregorio nelle Alpi, Santa Giustina, Sedico, Sovramonte, Forno di Zoldo, La Valle Agordina, Ponte nelle Alpi und Sospirolo. Da die Süddolomiten trotz unvergleichlicher landschaftlicher Schönheit wegen geringerer Gipfelhöhen, fehlender Infrastruktur und verzögerter touristischer Erschließung immer schon im Schatten der Restdolomiten standen, hat sich hier die ursprüngliche, von menschlichen Eingriffen weitgehend freie Bergnatur bis zum heutigen Tag erhalten.
Der Nationalpark umfasst alle Gebirgsgruppen der südlichen Dolomiten: Feltriner Dolomiten (Vette Feltrine, Cimonega, Pizzocco, Brendol–Agnellezze), Monti del Sole (Piz di Mezzodí, Ferùch-Gruppe), Pramper-Dolomiten (Tàmer, Pramper, Spiz di Mezzodì, Talvena) und Schiaragruppe.

Parkverwaltung: Ente Parco Nazionale Dolomiti Bellunesi, Piazzale Zancanaro 1, I-32032 Feltre, Tel. +39 0439 3328, www.dolomitipark.it. Öffnungszeiten: Mo., Mi. und Do. 9–12.30 Uhr und 15–17.30 Uhr, Di. und Fr. 9–12.30 Uhr.

UNESCO-Weltnaturerbe Dolomiten

Seit 2009 sind große Bereiche der Dolomiten als »einzigartige Gebirgslandschaft von außergewöhnlicher Schönheit« Teil des UNESCO-Welterbes. Das Prädikat zielt auf nachhaltige und langfristige Maßnahmen zur Natur- und Landschaftspflege ab, die das Gebiet für nachfolgende Generationen intakt halten sollen. Wesentlich ist, dass alle betroffenen Berggruppen schon zuvor als Naturpark, Nationalpark oder Natura-2000-Flächen deklariert waren. Der über 142.000 ha große Raum umfasst neun Einzelregionen, welche in den italienischen Provinzen Belluno, Trentino, Pordenone, Udine und Bozen (Bolzano) liegen und von der Stiftung Dolomiten UNESCO verwaltet werden. Es handelt sich um die Dolomit-Bezirke Pelmo–Croda da Lago, Marmolada, Pale di San Martino–Pale di San Lucano, Dolomiti Bellunesi, Vette Feltrine, Dolomiti Friulane e d'oltre Piave, Dolomiti Settentrionali, Puez–Geisler, Schlern–Rosengarten, Bletterbachschlucht (Rio delle Foglie) und Brenta (s. http://whc.unesco.org/en/list/1237/).

Das Rifugio Laghi di Colbricon (Tour 31) am Ostufer des oberen Sees, dahinter die Bocchegruppe.

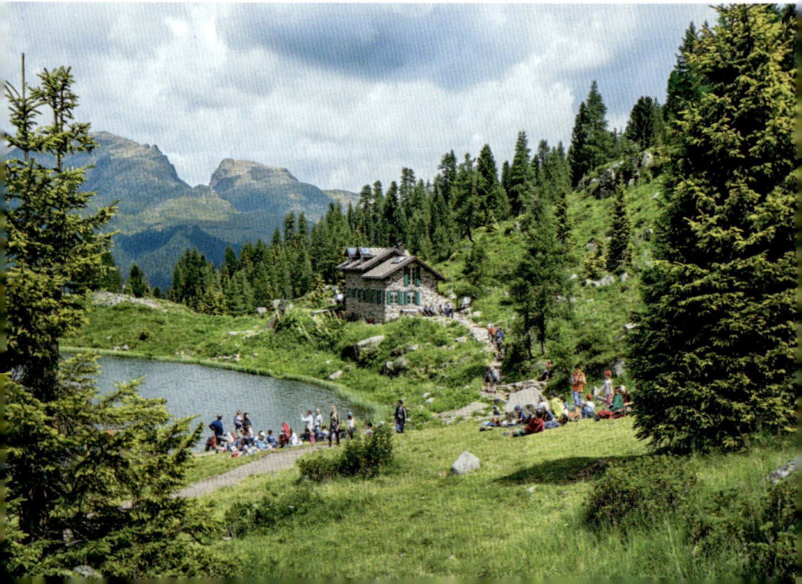

Agordo

In einer Weitung des Cordevoletales gelegenes Städtchen, in dessen Umgebung typische Vertreter südlicher Vegetation wie Edelkastanie, Wein, Pfirsich und Mais gedeihen. Die Talschaft des Agordino war schon in vorrömischer Zeit besiedelt. Der Ort selbst wird im 10. Jh. erstmals urkundlich erwähnt. Der geologisch bedeutsamen Lage an der Valsugana-Störungslinie verdankt die Stadt ihren Wohlstand: Im nahen Bergwerk Val Imperina wurden vom Mittelalter an Eisenerz und Kupfer (Pyrit) abgebaut. Sehenswert die doppeltürmige Pfarrkirche (16. Jh.) und der Palazzo Villa Crotta – De Manzoni (17. Jh.), das altehrwürdige Caffè Miniere mit Arkadenvorbau sowie ein an die Herrschaft Venedigs erinnernder Brunnen mit dem Löwen von San Marco an der Piazza della Libertà. Besuch des Museo mineralogico e paleontologico dell'arte mineraria (Via V Maggio, Tel. +39 0437 62015) sowie des 3 km entfernten, 1962 stillgelegten Kupferbergwerks im Val Imperina.

Alleghe

Beliebter Urlaubsort in herrlicher Lage am gleichnamigen, vom Cordevole gespeisten See. Die mehr als 2000 m über dem Ort aufragende Civetta gibt der »Perle des Cordevoletales« ihr Gepräge. Der Alleghesee (Bootsverleih) verdankt seine Entstehung den 1771 und 1772 vom Monte Forca niedergegangenen Bergstürzen, denen mehrere kleine Ortschaften zum Opfer fielen. Pfarrkirche San Biagio, nach dem Erdrutsch rekonstruiert, Innenraum mit barocken Gemälden und Fresken von Valentino Rovisi. Zweiteilige Kabinen-Umlaufbahn auf den Col dei Baldi mit Mittelstation an den Piani di Pezzè.

Belluno

Im Süden der Schiaragruppe am Piave gelegene Provinzhauptstadt und Bischofssitz, ab dem 2. Jh. v. Chr. römische Reichsstadt, dann wichtiger Stützpunkt des Langobardenreiches. Im Mittelalter regierten Bischöfe und die Adelsgeschlechter der Camino, Skaliger, Carrara und Visconti. 1404 schloss sich Belluno freiwillig der Republik Venedig an, der es bis 1797 angehörte. 1814 bis 1866 unter österreichischer Herrschaft. Sehenswerter Dom (16. Jh.) mit Werken italienischer Meister. 66 m hoher Glockenturm von Filippo Juvarra, einer der schönsten Barocktürme Italiens. Rathaus (von Segusini), Palazzo dei Rettori (15. Jh.), Palazzo dei Vescovi, Museo Civico, Kirche San Pietro (14. Jh.) mit vielen Kunstschätzen. Porta Rugo mit Resten einer antiken Mauer, Kirche San Stefano (15. Jh.) mit romanischem Turm und gotischer Innenausstattung. Bus- und Bahnstation. Besuchenswert das Museo Civico di Belluno (Palazzo Fulcis, Via Roma 28, Tel. +39 0437 956305) und das Museo Valentino del Fabbro (Via Sperti 2, Tel. +39 333 962102).

Canale d'Agordo

Malerischer Ort im Valle del Biois, an der Mündung des Valle di Garés. Geburtsort von Albino Luciani, der am 26. August 1978 in Rom zum Papst Johannes Paul I. gewählt wurde und nach einem Pontifikat von nur 33 Tagen in der Nacht vom 28. September verstarb. Heute viel besuchter Wallfahrtsort mit Fotoausstellung und Museum.

Caprile

Urlaubsort mit Sommer- und Wintersaison im Cordevoletal, an der Mündung der Flüsse Fiorentina und Pettorina. Imponierender Aufblick in die Civetta-Nordwestwand! Caprile besaß im Mittelalter Schmelzöfen für das im Val Fiorentina am Colle Santa Lucia abgebaute Erz.

Falcade

Im Talkessel des inneren Valle del Biois gelegener, bedeutender Sommer- und Wintersportort mit der unter Urlaubern bekannten Fraktion Caviola. Aus Falcade stammt der bedeutende Maler und Bildhauer Augusto Murer (1922–1985), in seinem ehem. Atelier befindet sich heute ein Museum. Sehenswert die gotische Kirche Santi Fabiano e Sebastiano (15. Jh.) mit Turm von 1884, Holzkruzifix von Giovanni Marchiori und einem barocken Altargemälde, Valentino Rovisi (1715–1783) zugeschrieben. Die neue Pfarrkirche Zur unbe-

Feltre: die Piazza Maggiore mit dem Castello di Alboino und dem Palazzo della Ragione.

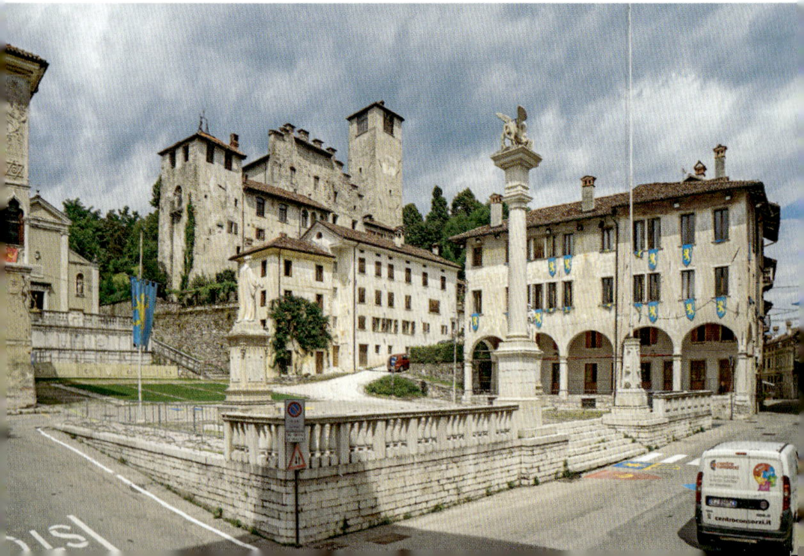

fleckten Empfängnis Mariens (Chiesa della Beata Vergine Immacolata, 1947 geweiht) steht auf einer Bergschulter westlich oberhalb des Ortes. Falcade ist durch die Straßen über die Pässe Valles und San Pellegrino mit dem Fleimstal bzw. dem Fassatal verbunden.

Feltre

Am Piaveknie zwischen den Feltriner Dolomiten (Norden) und den Venetianischen Voralpen (Süden) gelegene alte Stadt von besonderem Reiz. Charakteristisch der Hügel Collina delle Capre im Zentrum mit dem Castello. Kunstdenkmäler aus dem Mittelalter und der Renaissance. Sehenswert im oberen (alten) Stadtteil der Hauptplatz (Piazza Maggiore) mit vielen Bogengängen und reliefgeschmückten Häusern. Um diesen Platz gruppieren sich die Kirche S. Rocco, der Torre dell'Orologio (Uhrturm), das Castello di Alboino (auch Castello di Feltre) und der Palazzo Guarnieri. Auf dem Platz selbst stehen eine Säule mit dem Löwen von San Marco sowie Denkmäler des Philosophen Vittorino da Feltre (1378–1446) und des berühmten Panfilo Castaldi (1398–1472), durch den die Buchdruckerkunst nach Italien gelangte. Ein beliebtes Ausflugsziel bei Feltre (Busverbindung alle 30 Min.) ist der 3.5 km nördlich gelegene Villenort Pedavena mit einer in ganz Oberitalien bekannten, 1897 durch die Brüder Luciani gegründeten Bierbrauerei, gutem Restaurant und kleinem Park (s. www.fabbricadipedavena.it und www.labirreriapedavena.it). Sehenswert in Pedavena ist die Villa Pasole Berton (17. Jh.), eine der kunstvollsten ihrer Art in Venetien.

Schließlich sei noch von einer merkwürdigen, bis heute nicht restlos geklärten Erscheinung die Rede, die in den Bereich der Seismik bzw. der Erdbeben-Aktivität gehört und in der Umgebung von Feltre wahrgenommen wurde: das Schallphänomen am Monte Tomatico. Im Spätherbst des Jahres 1851 wurden in den Monaten November und Dezember südlich von Feltre im Umkreis des Ortes Villaga am Nordfuß des Berges in unregelmäßigen Perioden auftretende Geräusche wahrgenommen. Sie klangen, als ob große Felsblöcke in ein Wasserbecken stürzten, erinnerten an unterirdische Detonationen und waren von erdbebenartigen Erschütterungen gefolgt. Man vermutet Felseinstürze (Erdfälle) im Inneren des Berges.

Fiera di Primiero

Hauptort des Cismontales und Zentrum der Talschaft Primör (ital. Primiero) am Nordrand des Primörer Beckens, zu Füßen der Palagruppe gelegen. Der Sage zufolge soll einst ein gewaltiger See den Talkessel ausgefüllt haben, bis ein Fischotter, das heutige Wappentier, den Damm zernagt hat und der See durch die Schenerschlucht ausgeflossen ist.

Die zum Lehen der Familie Welsperg gehörende Talschaft war Teil des historischen Tirol, das 1363 durch Margarete von Tirol dem Habsburger Herzog Rudolf IV. vermacht wurde. Bald darauf erlebte das Gebiet der zahlreichen

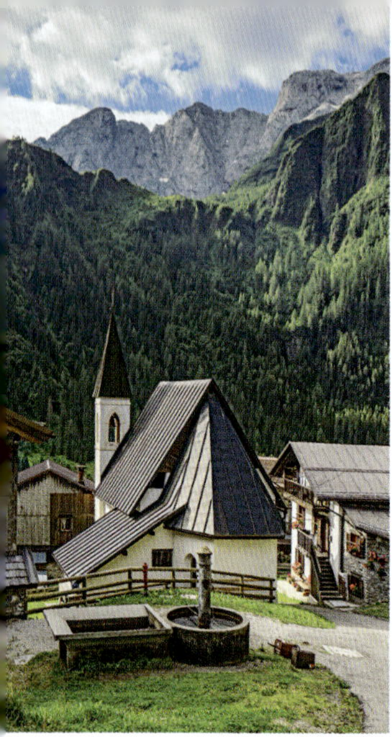

Der Dorfplatz von Garés.

Kupfer-, Silber- und Eisenminen im Umkreis wegen einen wirtschaftlichen Aufschwung. Bergknappen errichteten am Zusammenfluss von Canali und Cismon ein Dorf, wo der Markt (»Fiera«) für die gewonnenen Erze abgehalten wurde. Es wurde bald zum Hauptort des Tales. Zwischen 1585 und 1856 herrschte ein reger Bergwerksbetrieb. Am 7. April 1902 wurde Fiera von einer Brandkatastrophe heimgesucht, der fast der gesamte alte tirolische Ortsteil rund um die Pfarrkirche zum Opfer fiel. Durch den Friedensvertrag von St. Germain im Jahre 1919 kam Trentino-Südtirol und somit auch die Talschaft Primör zu Italien.

Fiera ist Heimatort von Luigi Negrelli (1799–1858), dem Planer des Suezkanals, sowie von Dr. Gunther Langes, dem Erstbegeher der berühmten Schleierkante an der Cima della Madonna (Palagruppe) und Erfinder des alpinen Riesenslaloms. An den historischen Bergbau erinnert der Palazzo delle Miniere (daneben das romanische Kirchlein San Martino aus dem 11. Jh.), ehem. Sitz des kaiserlichen Bergrichters, der die Aufsicht über die Minen von Primör innehatte. Heute beherbergt der Palast ein kleines volkskundliches Museum. Die Pfarrkirche Santa Maria Assunta mit einem 1465 geschnitzten Flügelaltar und einem Fresko, das eine ansässige Familie bei der Anbetung des auferstandenen Christus zeigt, gilt als eine der schönsten gotischen Kirchen des Trentino. Am Eingang in das Val Canali stehen auf einem erratischen Block die Überreste des Castel Pietra (abgebrannt am Stephanitag 1675, als die Besitzer, die Familie Welsperg, den Gottesdienst in Fiera besuchten).

Malga Ciapela

Hotelsiedlung im inneren Val Pettorina zu Füßen der Marmolada, der höchsten Erhebung der Dolomiten. Sommer- und Wintersportzentrum an der Talstation der Marmolada-Seilbahn. Die Bahn (drei Sektionen) bewältigt einen Höhenunterschied von 1815 Metern und ist im Sommer vom 1. Juli bis zum 15./20. Sept. tgl. 9–16 Uhr in Betrieb. Talstation (Malga Ciapela, 1450 m), Zwischenstation 1 (Banc d'Antermoja, 2350 m), Zwischenstation 2 (Serauta, 2950 m, Bergstation (Marmolada Punta Rocca, 3265 m).

Rocca Pietore

Urlaubsort und Ladinergemeinde im äußeren Val Pettorina unweit von Caprile, bekannt für ihr Schmiedehandwerk (ferro battuto) und die weiter talein gelegene Serrai-Schlucht von Sottoguda, eine zwei Kilometer lange Klamm mit etwa 50 m hohen Wänden zwischen den Dörfern Sottoguda und der Malga Ciapela. Die Schlucht kann durchwandert oder mit einer Touristenbahn durchfahren werden.

Sagron

Zum Trentino gehörendes Dorf an der Nordseite der Feltriner Dolomiten, das seiner herrlichen Balkonlage über dem Valle Mis und den darüber aufragenden Agordiner Dolomiten (Civetta-. Moiazza-, Tàmer- und Talvenagruppe) wegen auch als »Soglio des Mis-Tales« bezeichnet wird.

San Tomaso Agordino

Gemeinde an der Talgabel von Biois und Cordevole, bestehend aus 25 zum Teil an extrem steilen Bergflanken gelegenen Dörfern. Im Verwaltungssitz Celat die 1361 errichtete, 1748 modernisierte Kirche S. Tomaso Apostolo, ferner ein Planetarium, das im Centro Astronomico Provinciale »Emigranti« untergebracht ist. San Tomaso besitzt die höchste Zipline der Dolomiten (s. Ausflüge und Tipps für wanderfreie Tage, S. 35).

Die Cime dell'Auta von Süden, vom Erholungsort Caviola (Valle del Biois).

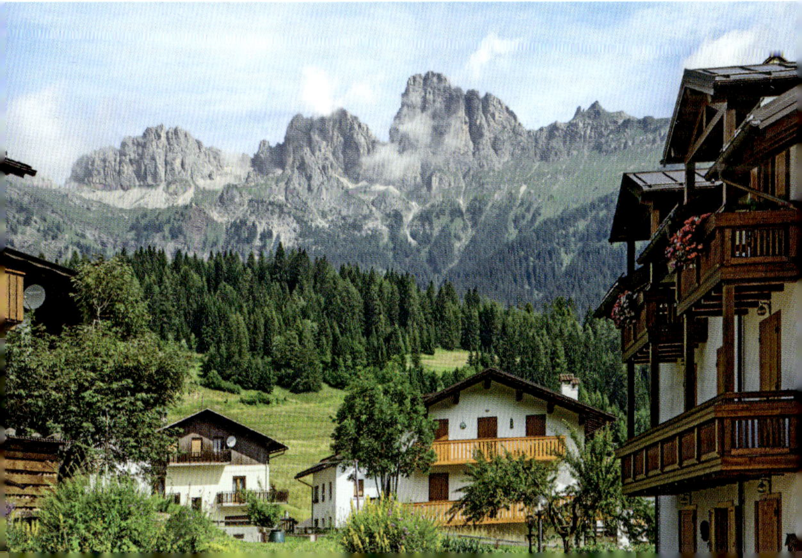

Ausflüge und Tipps für wanderfreie Tage

Spektakuläre Schluchten

Das Gebiet ist reich an großartigen Schluchten. Zu den bedeutendsten gehören die 20 km lange Cordevoleschlucht zwischen Agordo und dem Piavetal (Val Belluna), das Mis-Tal (Valle del Mis) zwischen California und Sospirolo, die vom Cismon durchflossene Schenerschlucht zwischen Mezzano und Feltre, die Noaschlucht zwischen Mezzano und dem Rifugio Fonteghi sowie das Serrai di Sottoguda (s. unten!) im Val Pettorina.

Serrai di Sottoguda

Zwei Kilometer lange Klamm im inneren Val Pettorina, zwischen den Orten Sottoguda und Malga Ciapela. Die von über 50 m hohen Wänden flankierte Schlucht kann entlang einer für den öffentlichen Verkehr gesperrten Asphaltstraße durchwandert bzw. mit dem Erlebniszug Trenino dei Serrai durchfahren werden. Startplatz für Begehung (30 Min. Gehzeit in eine Richtung) und Fahrt ist der Parkplatz am westlichen Ortsende von Sottoguda (1285 m, 5,5 km von Caprile), Zielort das Mauthaus an der Malga Ciapela (1410 m). Der kostenpflichtige Zug verkehrt zwischen 13./15. Juni und 25./30. Sept. 9–12.30 Uhr und 14.30–18.30 Uhr (mehr Informationen unter Tel. +39 349 1076007, www.treninodeiserrai.com). In diesem Zeitraum wird auch eine Fußgängermaut erhoben.

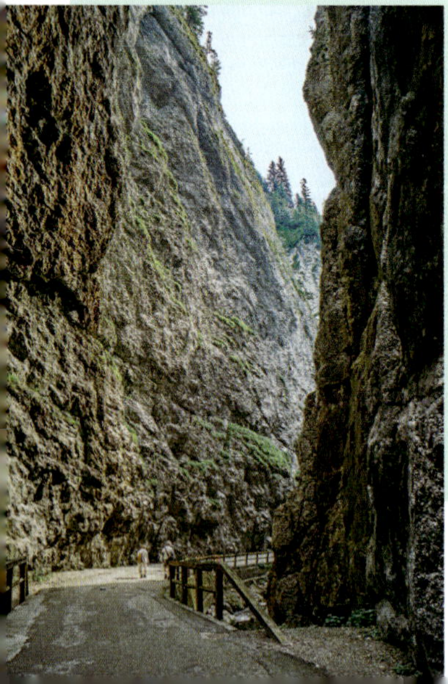

Die Schlucht Serrai di Sottoguda im inneren Val Pettorina.

Kupferbergwerk Val Imperina (»Miniere di Val Imperina«)

Mehr als 500 Jahre altes Kupferbergwerk (Abbau von Schwefelkies, kupferhaltiger Pyrit) 3 km südlich von Agordo, an der Mündung des Val Imperina in das Cordevoletal. Das Areal erstreckt sich vom Cordevole-Ufer durch das Imperinaltal rund 1 km aufwärts. Ursprünglich 16 Gebäude mit drei Tunneleingängen (Magni, Santa Barbara und San Francesco), Zertrümmerungs- und Waschanlage, hydroelektrischer Zentrale, Reitställen, Lagerhallen und Öfen zum Schmelzen und zur Veredelung des Kupfers. Zwischen dem frühen 15. Jh. und 1797 eines der bedeutendsten Bergwerke Europas, von 1813 bis 1866 unterstand es den österreichischen Staatskassen, von 1910 bis zur endgültigen Schließung 1962 der Società Montecatini. Im **Centro Minerario Valle Imperina** (Eintritt frei!) ganzj. geöffnetes Restaurant und Jugendherberge (Hostel Valle Imperina e Ristorante, 37 B., Tel. +39 0437 1844949 und +39 320 6520183, www.ostellovalleimperina.it), Besucherzentrum Uomini di Valle Imperina und Museo Forni Fusori (Museum Schmelzöfen). Die Anlage mit beschildertem Wanderweg zu den Sehenswürdigkeiten ist vom 1. Mai bis 30. Juni und

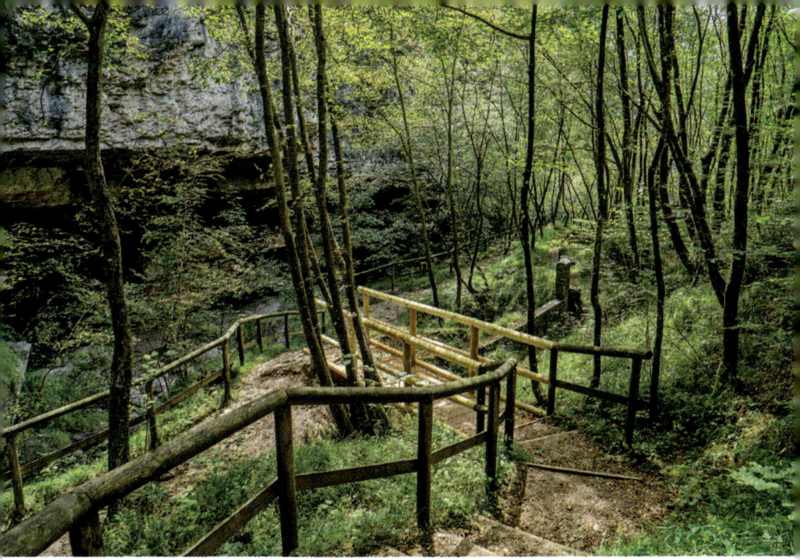

Herrliche Laubwälder säumen das Mündungsgebiet des Torrente Soffia in den Lago del Mis (Monti del Sole).

im Sept. an Wochenenden und Feiertagen, vom 1. Juli bis 31. August tgl. 13.30–18.30 Uhr geöffnet (Tel. +39 0439 3328, www.dolomitipark.it).

Bergwerke California-Vallalta-Sagron-Mis

Der geologisch bedeutsamen Lage an der Valsugana-Störungslinie (s. Kapitel zur Geologie S. 20ff) und somit an einer Zone reicher Erzfündigkeit verdankt der heute verfallene Ort Entstehung und Namen. Die im 18. Jh. entdeckten, aber vermutlich schon den Römern bekannten Zinnobervorkommen auf Valalta waren damals neben jenen am Monte Amiata bei Grosseto die einzigen Italiens. Daneben wurde auch nach Eisen, Kupfer, Blei, Silber und Gold geschürft. Wegen des Transportproblems wurde der Abbau aber stets in Grenzen gehalten und 1963 ganz eingestellt.

Im engen Graben des inneren Valle del Mis hart an der Grenze zwischen den Provinzen Belluno und Trento entwickelte sich California – nicht umsonst an den amerikanischen Goldrausch erinnernd – Mitte des 19. Jh. von einer einfachen Osteria in einem wilden, unwirtlichen Tal zu einem 150-Seelen-Dorf mit eigener Pfarrkirche (1960).

Von den Erzminen rings um California sind auf belluneser Seite die Miniere di Vallalta (Torrente Pezzea), jene am Pian delle Loppe (westlich von California) und am Pian de la Stua (bei Pattine) mit den Schmelzöfen Forni Macatoch am Zusammenfluss von Torrente Pezzea und Mis zu erwähnen. Diesen standen auf der trentiner Seite (westlich des Torrente Pezzea) die Miniere di Sagron-Mis gegenüber.

Von 1921 an konnte California von Süden durch das Mis-Tal per Bus erreicht werden. Nach 1950 entwickelte sich die Gaststätte dort zu einem bekannten Hotel-Restaurant. Das änderte sich jedoch schlagartig am 4. November 1966, als es nach sintflutartigen Regenfällen im inneren Valle del Mis zu einer Überschwemmungskatastrophe ungeheuren Ausmaßes kam, bei der die höher gelegenen Ortschaften Gosaldo und Mis ebenso wie das tiefer gelegene California samt der Straße durch das Mis-Tal zerstört und die Bewohner evakuiert wurden. Heute sind Mis und Gosaldio wieder florierende Orte, doch California wurde zur »Geisterstadt«. Von den früheren Bergwerksbetrieben sind heute nur noch Ruinen erhalten, die man im Dickicht der wiederkehrenden Vegetation auf verfallenen Wegen entlang von Hinweistafeln erst mühsam aufspüren muss.

Die Mulàzhütte (Tour 18) vor dem Massiv der Cima del Focobon (Palagruppe).

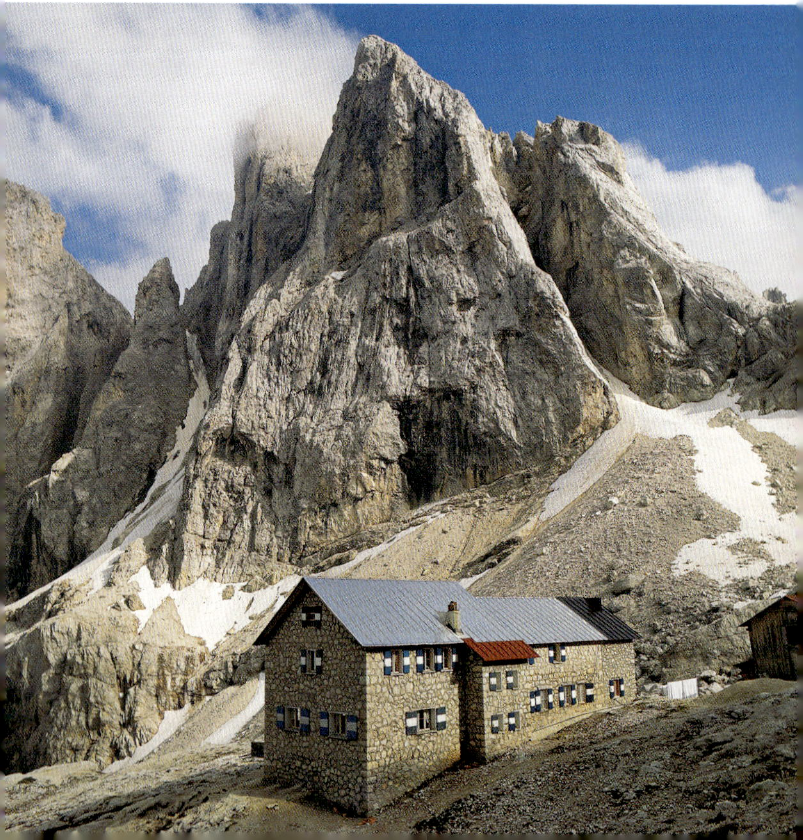

Passo San Boldo

Undeutender Passübergang im Bereich der Venetianischen Voralpen aus dem Piavetal (Val Belluna) zur oberitalienischen Tiefebene. Die Passstraße wurde im Ersten Weltkrieg von Pionieren der österreichisch-ungarischen Armee in nur drei Monaten (»Straße der 100 Tage«) errichtet. Originelle Trassenführung an der Südrampe mit fünf aus den Fels gesprengten, engen Kehrtunnels und sechs verbindenden Brückenbauwerken. Verkehr (durch Ampeln geregelt) nur einspurig!

Zipline San Tomaso Agordino

Der Ort San Tomaso besitzt die höchste Zipline der Dolomiten. Sie ermöglicht eine rasante Talfahrt in bis zu 160 m Höhe, wobei ein Höhenunterschied von 260 m und eine Strecke von 1600 m bewältigt werden. Die Anlage ist von Juni bis September geöffnet und nur wenige Kilometer von den Touristenzentren Alleghe und Falcade entfernt. Weitere Informationen unter: www.ziplinesantomaso.com.

Canyon Brent de l'Art

Naturjuwel in den Venetianischen Voralpen bei Trichiana. Die in einem Seitenast des Val Belluna westlich des Dorfes Sant'Antonio di Tortal gelegene Schlucht erinnert mit ihren reich geschichteten, buntfarbenen Flanken (Mergel-Kalk-Formation) an ähnliche Formationen in den USA. Dazu bildet der azurblaue Torrente Ardo (mundartlich »Art«) einen wirkungsvollen Kontrast.

Certosa di Vedana

Das ehemalige Kloster des Kartäuserordens am Zusammenfluss von Cordevole und Mis im Süden der Monti del Sole ist eines der bedeutendsten Baudenkmäler der Provinz Belluno. Im Mittelalter war die Kartause zunächst ein dem hl. Markus geweihtes Pilgerhospiz, ab 1457 dann ein Mönchskloster. 1768 wurde sie von der Venezianischen Republik aufgehoben, da nicht einmal mehr zwölf Mönche in Vedana lebten, erst 1882 kam sie wieder in die Hände des Ordens. Nachdem die Mönche 1977 die Kartause endgültig verlassen hatten, richteten Kartäuserinnen ein Nonnenkloster ein, das bis 2014 Bestand hatte. Sehenswert sind der Kreuzgang (1521), die Reliquienkapelle und die Kirche San Marco (1619 geweiht) mit zwei Flügelaltären von Sebastiano Ricci.

Die Entstehung des Blockfeldes Masiere di Vedana südlich des Klosters geht auf einen Bergsturz vom Monte Peron (Schiaragruppe) vor rund 15.000 Jahren zurück, bei dem rund 50 Mio. Kubikmeter Gesteinsmasse in die Tiefe stürzten.

Piazza del Diavolo

Berühmte Felsformation in der Hochgregion der Vette Feltrine im Süden der Cima Piètena. Es handelt sich um eine geneigte, angegrünte, etwa 8000 qm große Felsplatte, die – selber zur Gänze blockfrei – kreisförmig von haushohen Felsblöcken eingefaßt wird.

Bus de le Neole (»Loch in den Wolken«)

Gigantischer, nach oben und unten offener Schacht im Nordostkamm des Piz di Mezzodí (Monti del Sole). Der senkrechte Kamin verdankt seinen Namen der Tatsache, dass bei besonderen Wetterlagen die von Süden her anströmende Luft zum Aufsteigen gezwungen wird und sich in der Röhre abkühlt. Der enthaltene Wasserdampf kondensiert, es setzt also Nebelbildung ein, weshalb der Schacht von Ferne wie ein rauchender Schornstein aussieht. Die Bus de le Neole misst 20 m im Durchmesser und hat eine Höhe von rund 200 m. Sie ist von der UNESCO-Stiftung Dolomiten als Naturwunder anerkannt und wird geschützt. Man erreicht den Schacht auf dem Weg Nr. 874 aus der Forcella Franche bzw. dem Valle Imperina in ca. 4 Stunden.

1 Monte Migón (Ostgipfel), 2384 m

3.30 Std.

Ein pfundiger Panoramaberg am Ostende des Padònzugs

Ob man diese Tour weiterempfehlen sollte, ist eine Gewissensfrage. Denn der Monte Migón – die östlichste Rückfallkuppe im 15 km langen Padònkamm – ist ein vereinsamter, stiller Berg, die etwas strapaziöse Wanderung von der Malga di Laste zu seinem Scheitel eine Sache für Insider. Wäre da nicht seine grandiose Position über den Talschaften von Buchenstein und Cordevole, vor Pala, Civetta, Pelmo, Tofana, Sella und Königin Marmolada, die bei gutem Wetter jeden Aufwand rechtfertigt. Die geringe Besucherfrequenz und der nicht immer optimal markierte, durch unwegsames Buschgelände und über steile Grasflanken zur Höhe führende Steig verlangen sicheres Gehen und trockene Verhältnisse, ansonsten ist bei Schönwetter das Bergglück perfekt!

Talort: Caprile (998 m), Sommer- und Wintersportort an der Mündung des Val Pettorina in das Val Cordevole.

Ausgangspunkt: Malga di Laste (1868 m, Parkplatz) auf dem Col de Cajièra nördlich des M. Migón. Zufahrt mit eigenem Pkw von Caprile über Sopracordevole zur Gabelung vor Digonèra (5 km). Links die Asphaltstraße nach Süden empor zur Terrasse von Laste und dort nach Davare (11 km). Weiter auf Naturstraße, am Rif. Migón (13 km) vorbei, durch Wald und über Viehweiden zum Parkplatz vor der Almhütte (15 km von Caprile).

Anforderungen: Unschwierige, trotz der Kürze anstrengende Bergtour. Nicht immer gut markierte, im unteren Abschnitt teils von Vegetation überwucherte Steige.

An der Malga di Laste auf dem Col de Cajièra startet die Tour auf den Monte Migón.

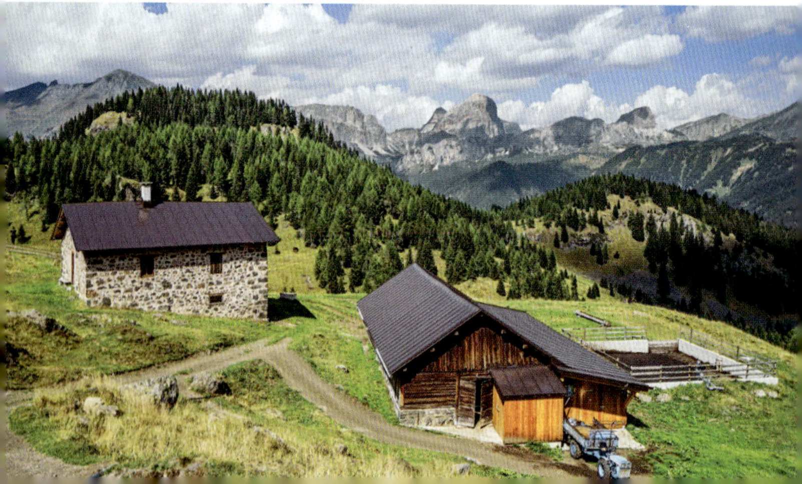

Auf den steilen Rasenhängen und Graskämmen im Gipfelbereich Trittsicherheit und Schwindelfreiheit nötig. Nur bei trockenem Wetter!

Höhenunterschied: 520 m im An- und Abstieg.

Einkehr: Unterwegs keine Einkehr! Am Ausgangspunkt Malga di Laste (Agrit., keine Nächtigung, 15./20. Juni bis 20./25. Sept. geöffnet, einfache Speisen und Getränke). Am Anfahrtsweg Rif. Migón (keine Nächtigung, 1. Juli bis 30. Sept. geöffnet).

Hinweis: Die Malga di Laste lohnt schon für sich allein genommen den Besuch (Panoramablick über die Ostdolomiten vom Col di Lana bis zur Civetta).

Varianten: 1. Vom Verzweigungspunkt (4) kann auf bez. Weg auch der 5 m höhere Migón-Westgipfel bestiegen werden: Entlang der Pflockmarkierung durch Almwiesen nach Süden weiter bergauf, dann nach links in den Wiesensattel (2333 m) bei den Tabié del Lóf zwischen M. Migón und C. de Agnarezze. Nun links den steilen grasigen Rücken auf bez. Steigspuren unschwierig empor zum Westgipfel des M. Migón (2389 m). Gesamter Zeitaufwand: 45 Min. – 2. Der vor allem bei Nässe gefährliche Übergang vom Ost- zum Westgipfel des M. Migón ist nur klettergewandten Gehern zu empfehlen (exponierte Passagen im Schwierigkeitsgrad I+ im Abstieg zum Sattel zwischen den Gipfeln!). Gehzeit für den Übergang: 30 Min.

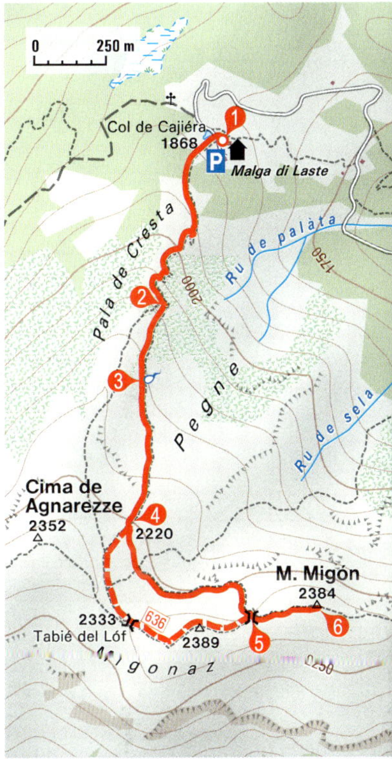

Vom Parkplatz **Malga di Laste (1)** die Zufahrtsstraße 50 m retour zur Linksabzweigung (Tafel) des bez. Fußweges auf den Monte Migón. Den ziemlich verwachsenen, aber dennoch gut erkennbaren Pfad entlang der Schlauch-Wasserleitung am Ostabhang der Pala de Creste durch Wiesen, Buschwerk und lichten Baumbestand südwärts in steilen Kehren über eine erste Schulter hinweg auf eine zweite mit Steinmann. Nach Querung einer Steilschlucht (Vorsicht!) auf dem nun stark verwachsenen Steig in Kehren steil und mühsam nach Süden empor zu einer großen **Wiesenschulter (2)**. Anschließend problemlos und bedeutend weniger steil durch Buschwerk und Wiesen hinauf zum Metallbehälter einer **Quellfassung (3)**, 2105 m. Links an einem kreisrunden Almboden vorbei, über die geneigte **Hochfläche Pegne** den roten Zeichen bzw. den Steinmännern folgend nach Süden aufwärts zu der

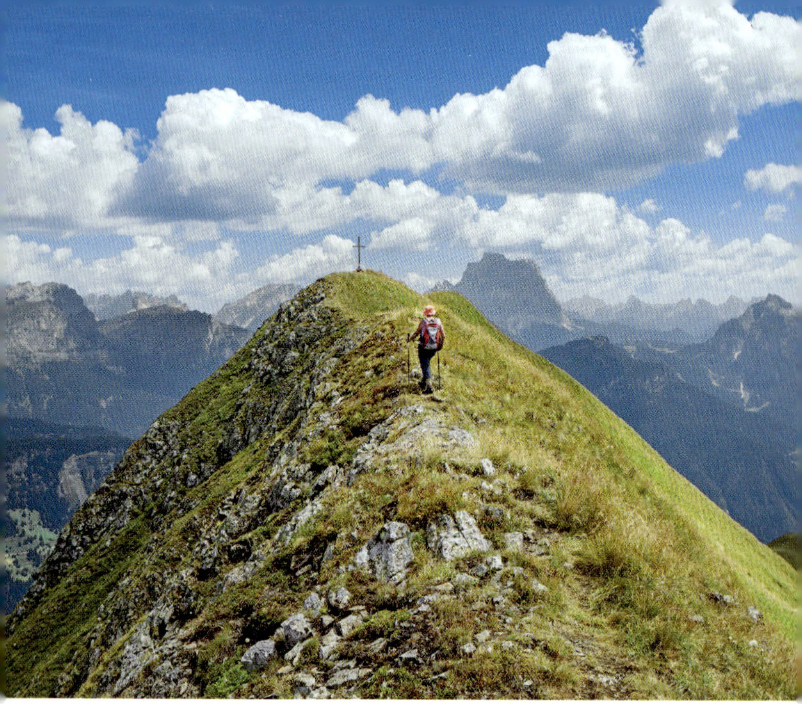

Die letzten Meter zum kreuzgeschmückten Ostgipfel des Monte Migón. Rechts hinter ihm der Monte Pelmo.

Stelle (4), wo im Schlussanstieg zum Sattel Tabié del Lóf die Pflockmarkierung ansetzt. Hier links ab und weglos durch Wiesen ostwärts eben oder leicht bergab in das grüne Kar zwischen den beiden Migón-Gipfeln. An der linken Seite des Kares auf unbez. Steigspuren durch Wiesen steil bergauf, danach unter einem Felsaufschwung schräg nach rechts und durch eine grasige Runse sehr steil empor in den **Wiesensattel (5)**, 2328 m, zwischen Ost- und Westgipfel. Links den breiten Grasrücken nach Osten empor an den schmalen Gipfelgrat und über diesen nahezu eben auf den Ostgipfel des **Monte Migón (6)**, 2384 m. Grandioses 360-Grad-Panorama!

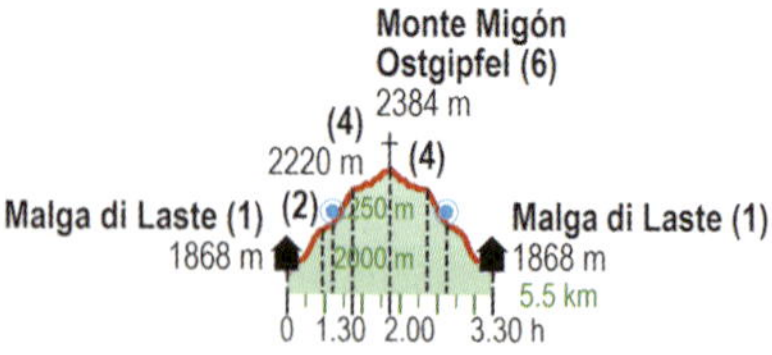

Abstieg entlang der Anstiegsroute.

1.15 Std.

Sass de Ròcia, 1610 m

2

Auf Entdeckungstour in den Miniaturdolomiten von Ronch

Auf der Suche nach verborgenen Schönheiten erschöpft sich das Repertoire noch zu entdeckender Ziele in den Dolomiten niemals! Denn so mancher Schatz findet sich versteckt und uneinsehbar, oft sogar in unmittelbarer Nähe bekannter Ziele, was die grandiosen Felsmonolithen von Ronch am Ostabhang des Monte Migón (Tour 1) belegen. Auf der Höhenterrasse von Laste aus Lärchenwiesen und -wäldern frei aufragend, bilden die auf vulkanischem Boden stehenden Kalkkolosse – Sass de Ròcia, Sass de la Murada, Sass de la Gusela und Sass de l'Aghinel – eine imposante Felsenstadt. Der wuchtigste dieser Türme, der an die 100 m hohe, allseits überhängende Sass de Ròcia, trägt auf seinem Gipfelplateau eine Biwakhütte, die über eine attraktive kurze Via ferrata erreicht werden kann.

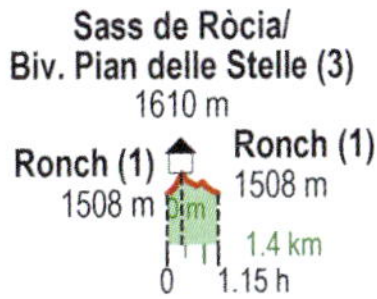

Talort: Caprile (998 m), Urlaubsort an der Mündung des Val Pettorina ins Val Cordevole.
Ausgangspunkt: Ronch (1508 m, guter Brunnen, aber nur begrenzte Parkmöglichkeit für einige wenige Autos!), auf der Höhenterrasse von Laste gelegener Weiler zu Füßen des M. Migón. Zufahrt mit eigenem Pkw von Caprile über Sopracordevole zur Gabelung vor Digonèra (5 km). Links die Asphaltstraße empor nach Laste di Sopra (8 km) und dort über Dagai nach Ronch (9 km von Caprile).
Anforderungen: Die Via ferrata am Sass de Ròcia (Schwierigkeit KS3) verlangt Klettersteig-Kenntnisse und die Verwendung einer Selbstsicherung, ansonsten ist die Wanderung eine kurze, unschwierige Runde auf unmarkierten, aber beschilderten Wegen.
Höhenunterschied: 150 m auf und ab.
Einkehr: Unterwegs keine bewirtschaftete Einkehr! Biv. Pian delle Stelle (stets geöffnete Unterstandshütte mit Sparherd und Sitzgelegenheit, keine Lager).
Hinweis: Die Felsmonolithe von Ronch werden als Klettergarten hoch geschätzt.

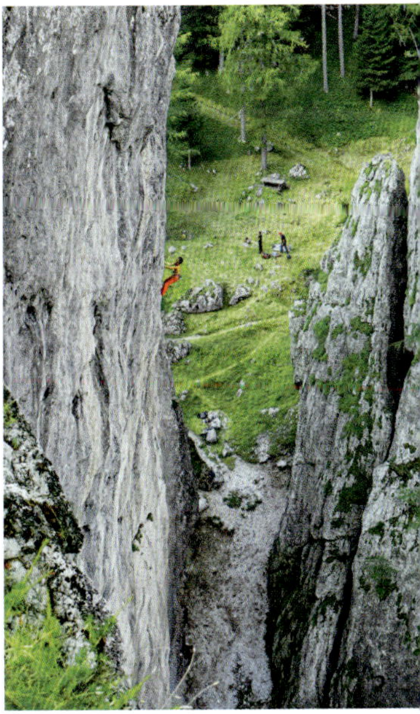

Tiefblick vom Bivacco Pian delle Stelle in die Westwand des Sass de Ròcia.

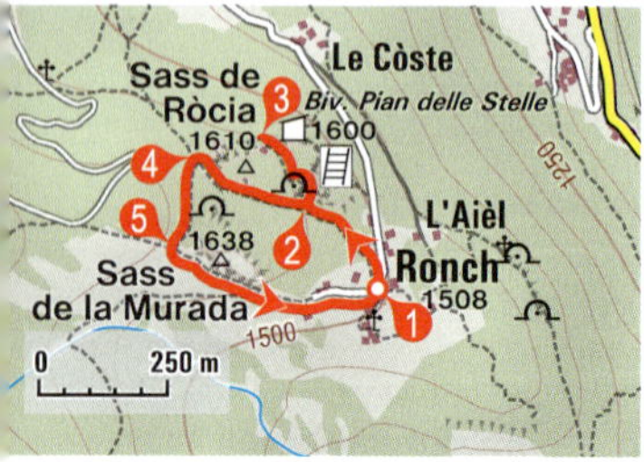

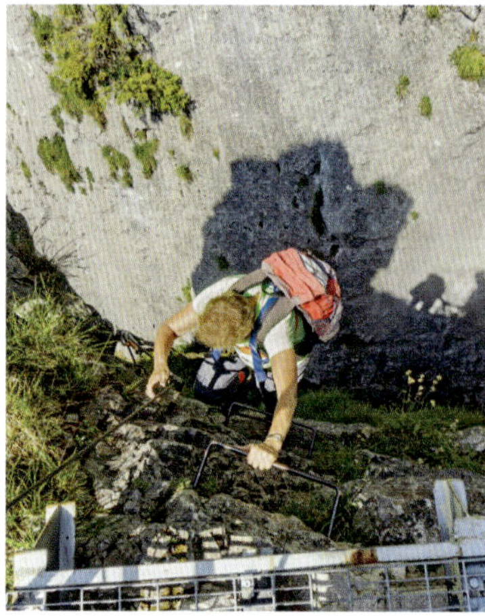

Im Anstieg auf den Sass de Ròcia.

Vom **Dorfplatz im Ronch (1)** auf breitem, unbez. Fußweg entlang einer Mauer (Rückblick auf Pelmo und Civetta!) nach Nordosten aufwärts in den Wald und dort in einen von Felswänden flankierten Graben. Diesen steil nach links empor in einen **Sattel (2)**, 1540 m. Jenseits nicht der breiten Wegtrasse folgen, sondern auf einem Steig halbrechts unter die Südwand des Sass de Ròcia und dort in einen Felsspalt mit Beginn der **Via ferrata**. Durch den Spalt (Drahtseil) aufwärts nach Norden und über eine kleine Eisenleiter, dann links um eine Madonnenstatue herum unter eine 10 m hohe senkrechte Wand. Über diese (durchlaufendes Drahtseil) an Eisenklammern etwas abdrängend hinauf auf einen Felsturm und über eine kurze Eisenbrücke auf den nächsten Vorbau. Über gegliederte Felsen nach Norden, dann über den eingangs erwähnten Spalt (Brücke) nach links auf das bewaldete Gipfelplateau. Dort auf einem Fußweg über eine dritte Brücke zum **Bivacco Pian delle Stelle** (**3**, 1600 m) unter dem Gipfel **Sass de Ròcia**, 1610 m. Blick auf die Umrahmung der Talschaft Buchenstein mit dem Col di Lana!
Zurück in den erwähnten **Sattel (2)**. Rechts den breiten Fußweg durch einen Waldgraben bergab, dann über eine Wiese unter überhängenden Felswänden westwärts hinauf zum idyllischen **Wiesenplatz (4)**, 1545 m, vor dem Sass de Ròcia und dem eleganten Sass de la Gujela. Links auf unbez. Weg durch Lärchenwald kurz nach Südosten empor in den **Waldsattel (5)**, 1565 m, westlich des Sass de la Murada und jenseits zum Querweg Nr. 636 (Civettablick!). Diesen unterhalb der Südwand des Sass de la Murada nach links (Osten) abwärts, zuletzt auf asphaltiertem Fahrweg zum **Dorfplatz in Ronch (1)**.

Die Via ferrata zum Bivacco Pian delle Stelle führt über einige luftige Brücken hinweg. Im Hintergrund der Sasso Bianco (Tour 3).

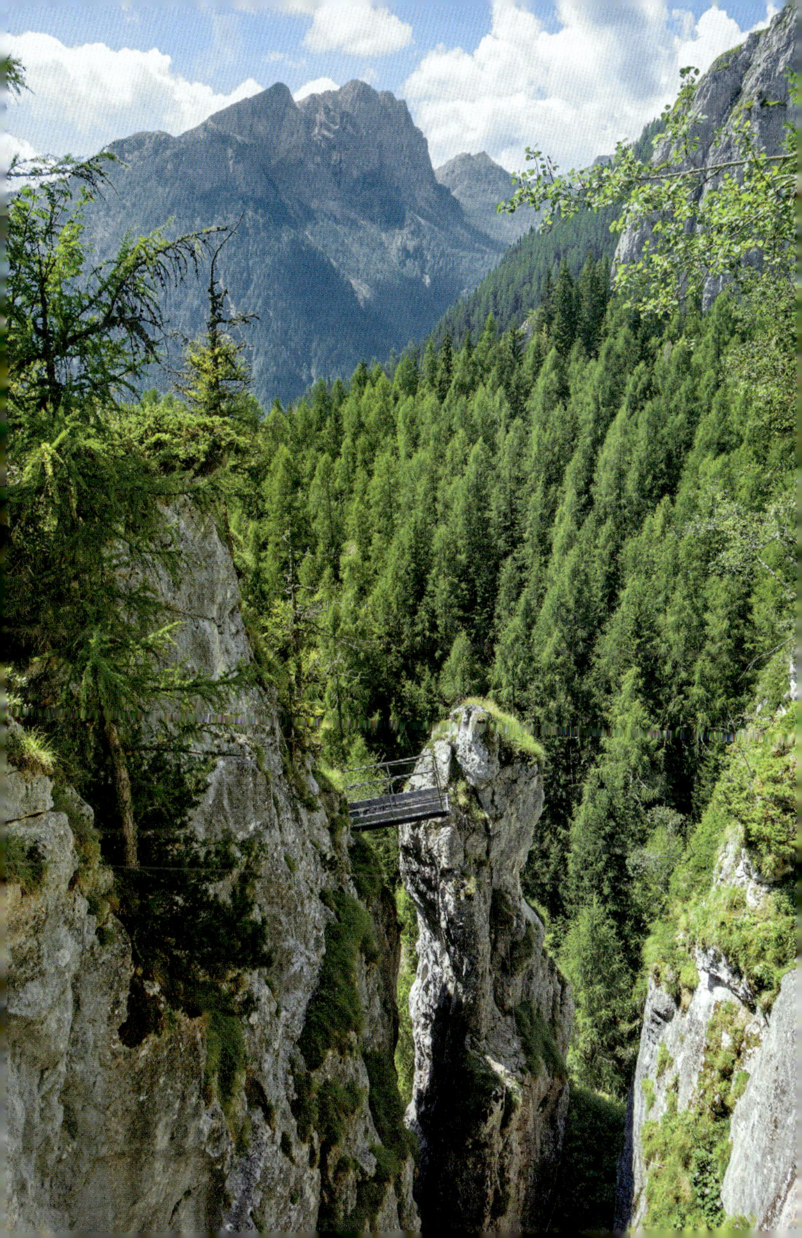

TOP

3 Sasso Bianco, 2407 m

2 Tage

Östliches Kalkbollwerk im Cime dell'Auta-Kamm

Weder Mut noch Ausdauer und Können sind es, worauf es beim Bergsteigen letztlich ankommt, sondern die Fähigkeit, an den Schönheiten der Natur und ihrer Entdeckung Gefallen zu finden. Mit solchen Voraussetzungen ist man für eine Besteigung des Sasso Bianco – einer der besten Panoramagipfel (mit Steilwänden gegen das Val Pettorina) – bestens gerüstet. Gestartet wird in dem an einer steilen Bergflanke über dem Cordevoletal thronenden Bergdörfchen Piaia. Der Gipfelanstieg vollzieht sich über die steilen Wiesenhänge der Südseite, weshalb trockene Verhältnisse und Trittfestigkeit unabdingbar sind. Zwei Tage sollte man für diese Tour einplanen, wobei in halber Höhe, am Rifugio Bianco übernachtet werden kann. Die Hütte ist auf einer paradiesischen Wiesenschulter gegenüber der grandiosen Civetta-Nordwestwand gelegen, welch ein erlesener Hüttenstandort!

Am Ostrücken des Sasso Bianco mit der Civetta als Kulisse.

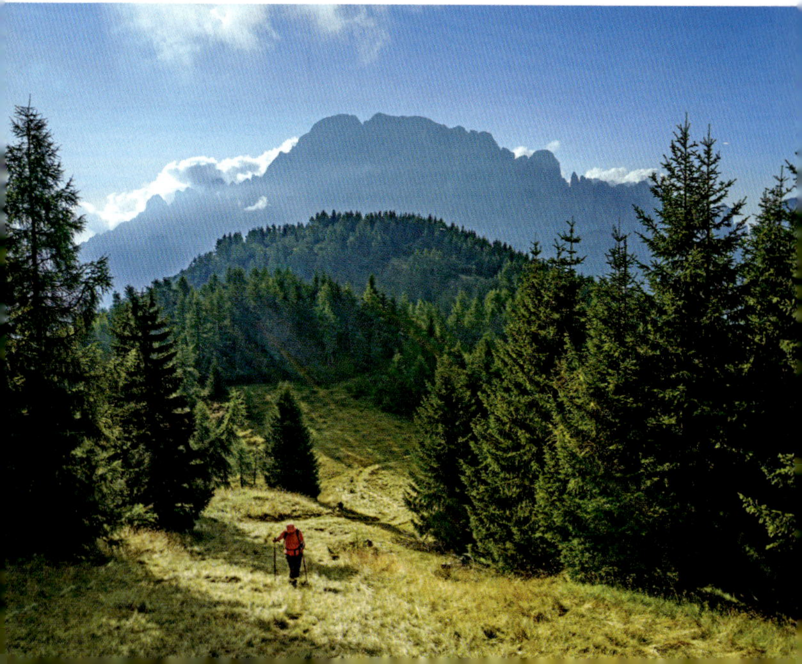

Talorte: Cencenighe Agordino (774 m), Gemeinde an der Mündung des Valle del Biois in das Cordevoletal. Alleghe (983 m), renommierter Urlaubsort im mittleren Cordevoletal.
Ausgangspunkt: Piaia (1140 m), zur Gemeinde San Tomaso Agordino gehörendes Bergdörfchen an steiler Talflanke orog. rechts des Cordevoletales. Zufahrt von Alleghe bzw. Cencenighe mit dem Bus oder eigenem PKW nach Vare (4,5 km), danach nur mit eigenem Auto oder zu Fuß auf schmaler, kurvenreicher Asphaltstraße nach Piaia (8,5 km von Alleghe bzw. Cencenighe). Eigentlicher Ausgangspunkt ist der Parkplatz (1180 m) im oberen Ortsbereich von Piaia.
Anforderungen: Unschwierige, aber lange, anstrengende Tour auf meist gut bez. Wegen, nur im Gipfelanstieg unbez. Steigspuren. Trittsicherheit und Schwindelfreiheit nötig. Nur bei trockenem Wetter!
Höhenunterschied: 1500 m im An- und Abstieg.
Einkehr: Rif. Sasso Bianco (26 L., im Juni und Sept. an Wochenenden, im Juli und August durchgehend geöffnet, Tel. +39 0437 598003 oder +39 0329 3611634).
Variante: Vom Sasso Bianco kann man auf unbez. Steigspuren über den grasigen Ostrücken in die Scharte vor der Cima da Pian absteigen und aus dieser durch Wiesen und über leichte Felsstufen auf den Gipfel (2359 m, Tiefblick in das Val Pettorina) des Berges. Weiterabstieg auf unbez. Steig durch Wiesen nach Südosten zur im Tourtext erwähnten Weggabelung (11); 15 Min. zusätzlicher Zeitaufwand.

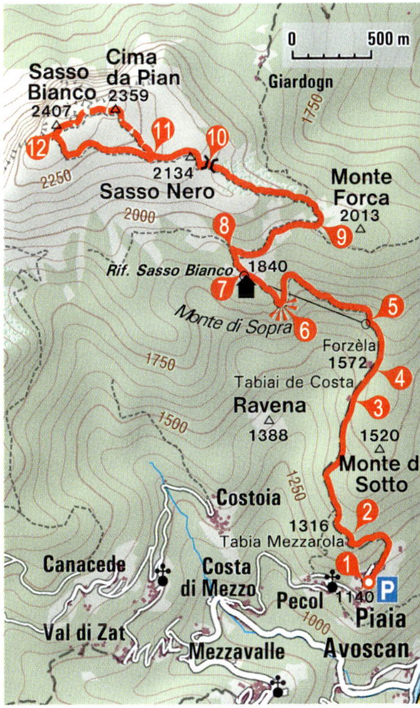

Von **Piaia** (**1**, Parkplatz) auf bez. Bergstraße (Fahrverbot) nach Nordosten aufwärts in den Wald und dort in weit ausholender Linksschleife (betonierte Straßenabschnitte, teils extrem steil!) zur **Tabia Mezzarola (2)**, 1316 m. Die jetzt weniger steile Schotterstraße an den bewaldeten Abhängen des Monte di sotto in Nordrichtung aufwärts zur Waldlichtung bei der Heuhütte **Tabiai de Costa (3)**, 1514 m, danach zur Heuhütte **Forzèla (4)**, 1572 m. Auf dem Fahrweg weiter aufwärts zu einer **Verzweigung** (rechts zum Col di Armente), dann eine vom Monte Forca herabreichende Talmulde querend im Linksbogen hinauf zum Fahrweg-Ende an der **Materialseilbahn-Talstation (5)**, 1600 m. Auf guten Fußweg an den Waldhängen des M. Forca nach Westen ansteigend in eine steile angegrünte Felsschlucht. Ihr folgend an der Grenze zwischen Eruptiv- und Kalkgestein neben einem Bach kurz bergauf, dann aus der Schlucht

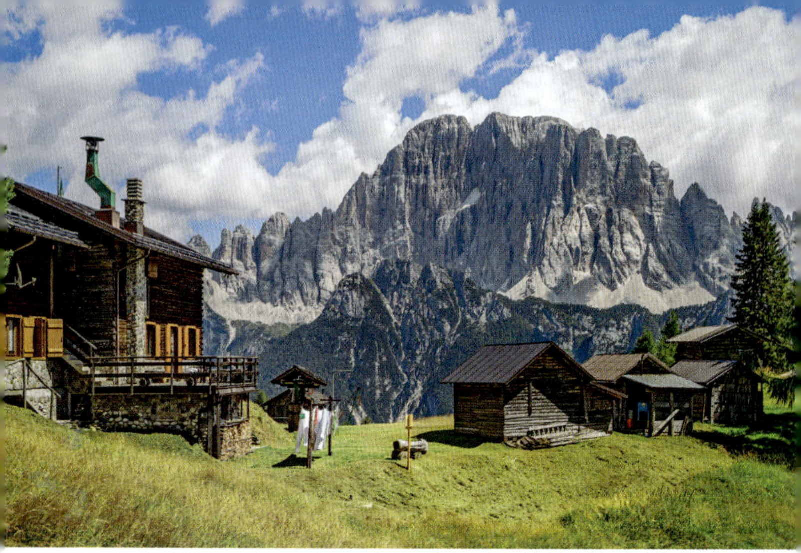

Das Rifugio Sasso Bianco in unvergleichlicher Lage vor der Civetta-Nordwestwand.

links empor auf den Rücken des Monte di sopra und rechts haltend zu einem **Aussichtspunkt (6)**, 1780 m, hart der Abbruchkante. Atemberaubender Tiefblick in das Cordevoletal mit seinen Dörfern – wie aus einem Flugzeug! Darüber links die Civetta, rechts die Pala mit Pale di San Lucano, Cima Pape und Pala-Hochfläche.

Im Wald nach Norden hoch, dann links in eine sanfte Wiesenmulde mit Heuhütten und dort westwärts hinauf zum **Rifugio Sasso Bianco (7)**, 1840 m, am Sattel zwischen M. di Sopra und Sasso Nero, einem der imponierendsten Hüttenstandorte der Dolomiten mit frontalem Einblick in die kilometerbreite Civetta-Nordwestwand.

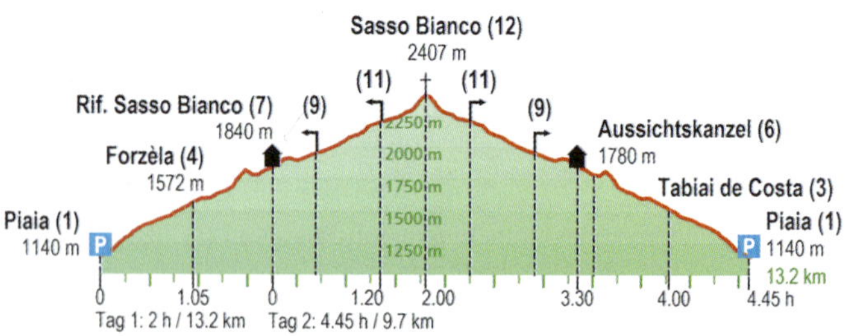

Von der Hütte auf bez. Fußweg über licht bewaldete Hänge nach Nordwesten hinauf zum **Querweg Nr. 682 (8)**. Diesen nach rechts auf eine geneigte Wiesenterrasse und dort in Nordostrichtung aufwärts zu einer **Verzweigung** (**9**, rechts zur Casera Bur und nach Bramezza). Hier links kurz durch Wiesen hinauf zum grasigen Ostrücken des Sasso Nero (den der Weg Nr. 682 gleich nach rechts verlässt). Am Rücken verbleibend (Fußweg) durch Wiesen und lichten Baumbestand zu einer Schulter, danach den Sasso Nero rechts umgehend in den **Sattel (10)**, 2102 m, zwischen Sasso Nero und Sasso Bianco. Eine steile Wiese in Kehren empor unter einen Steilaufschwung. Dort in Kehren über leichte Felsstufen (Drahtseil) hoch und etwas exponiert in wieder geneigtes Gelände, dann eben in den Wiesensattel vor dem Gipfelaufbau und ein Stück weiter zu einer **Weggabelung** (**11**, rechts auf die Cima da Pian). Hier geradeaus und, einige Gräben ausgehend, in langer Querung der steilen grasigen Südflanke des Sasso Bianco nach Westen aufwärts in die steile, vom Sasso Bianco herabreichende Wiesenmulde. Rechts von ihr entlang einer grasigen Rippe auf spärlich markierten Steigspuren mühsam nach Norden empor auf den Gipfelgrat und auf diesem rechts auf den **Sasso Bianco (12)**, 2407 m. Umfassendes Panorama über Ost- und Westdolomiten mit den Highlights Sorapiss, Tofanen, Antelao, Pelmo, Civetta, Pala, Marmolada (Südwand!) und Sella.
Abstieg entlang der Anstiegsroute.

Die Kammlinie der Cime dell'Auta vom Gipfel des Sasso Bianco.

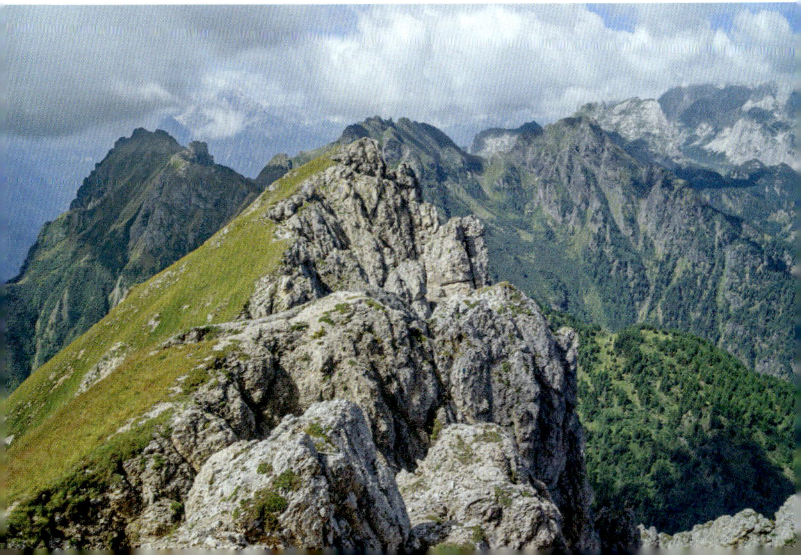

4 Rifugio Baita dei Cacciatori, 1745 m, und Baita Col Mont, 1854 m

4.00 Std.

Lohnende Hüttenrunde an der Südseite der Cime dell'Auta

Für den, der in den Bergen vorwiegend nach großen Zielen Ausschau hält, ist die hier gewürdigte Runde an den Abhängen der Cime dell'Auta wohl nur »Kleinkram«. Doch im Tourenangebot von Falcade hat die Tour sehr wohl Gewicht, denn zum einen erschließt sie einen Winkel der Marmoladagruppe, der deutschsprachigen Bergsteigern kaum bekannt ist, zum anderen entpuppt sich die unterwegs berührte Cacciatorihütte als urig-gemütliches Bergsteigernest, in dem man es auch mehrere Tage aushält, um den Schönheiten des Gebietes nachzuspüren.

Talorte: Falcade (1155 m), Sommer- und Wintersportort im inneren Valle del Biois. Caviola (1090 m) im Valle del Biois, 2,5 km östlich von Falcade gelegene Fraktion.
Ausgangspunkt: Colmean (1274 m), Weiler 2 km nördlich oberhalb von Caviola, auf schmaler Asphaltstraße mit dem Auto zu erreichen. Eigentlicher Startplatz ist der am Waldrand gelegene Parkplatz Colmean (1295 m) am Ende der Zufahrtsstraße von Caviola.
Anforderungen: Einfache Wanderung auf bez. Fahr- und Fußwegen.
Höhenunterschied: 600 m im An- und Abstieg.
Einkehr: Rif. Baita dei Cacciatori (privat, 23 L., ganzj. geöff., Tel. +39 335 1686126); Biv. Baita Col Mont (4 L. ohne Decken im Dachgeschoss, Aufenthaltsraum mit Sparherd und Kamin, stets geöffnet, aber nicht bewirtschaftet, Wasser gleich neben dem Haus).
Varianten: Vom Rif. Baita dei Cacciatori aus lohnt die Besteigung der Cima dell' Auta Orientale über die Via ferrata Paolin Piccolin (nur für Geübte!) sowie jene des etwas niedrigeren Nachbargipfels Monte Alto Auta (s. Tour 5). Ferner kann die gesamte Cime-dell'Auta-Gruppe auf markierten Wegen am reizvollen Lago dei Neghér (auch Lech dei Giài) vorbei lohnend umrundet werden.

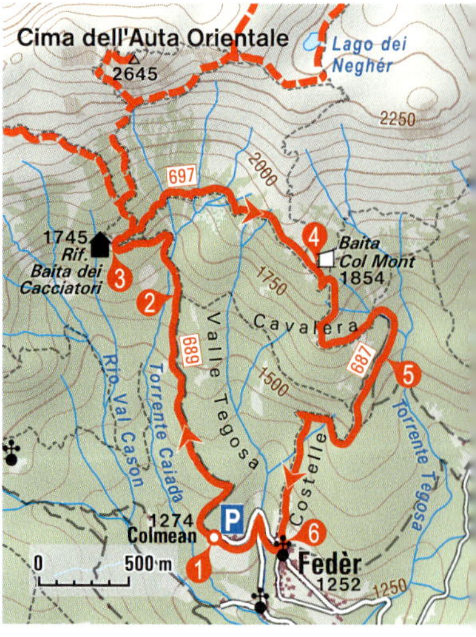

Vom **Parkplatz Colmean (1)** auf der rot bez. Schotterstraße mit Weg Nr. 689 in einigen Schleifen nordwärts durch schönen Nadelmischwald, dann direkt aufwärts zur Gabelung. Rechts die Straße im Wald bald steiler und ziemlich direkt (imponierender Aufblick zu den Cime dell'Auta) hoch zur Wegteilung an der **Materialseilbahn-Talstation (2)**, 1590 m. Geradeaus den Fahrweg Nr. 689 zur Rechten einer angegrünten Rinne im Wald steil bergauf, dann links über den Bach und jenseits im grasigen Gelände gegen die C. dell'Auta hinauf, bis der Fußweg nach links in den Wald führt. Dort in den Hängen (an einer Quelle vorbei) steil nach Westen aufwärts, später nur noch sanft bergauf zur **Verzweigung »El Mut«** (rechts Weg Nr. 697 zur Baita Col Mont). Hier geradeaus und an großen Felsblöcken vorbei eben zur erst ganz zuletzt auftauchenden, am bewaldeten Südabhang der C. dell'Auta auf einer Schulter gelegenen **Rifugio Baita dei Cacciatori (3)**, 1745 m. Wunderbare Schau nach Süden zur Pala von der Cima Pape links über die wuchtigen Felsgestalten der Focobongruppe bis zum Monte Mulàz rechts.

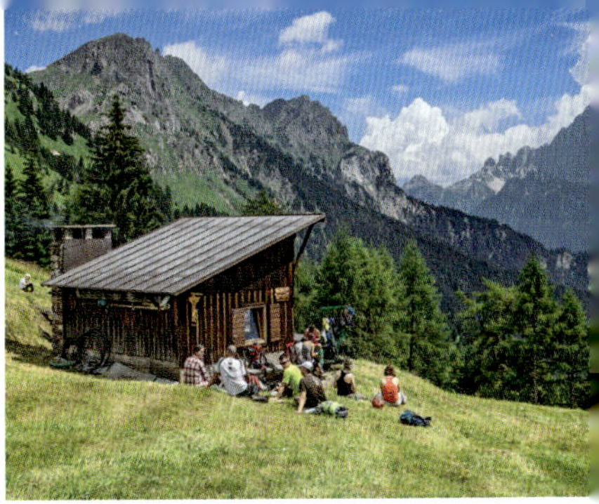

Rast vor der Baita Col Mont.

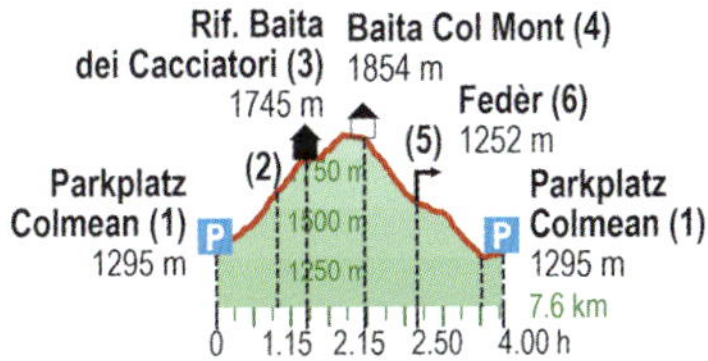

Den Anstiegsweg kurz zurück zur **Verzweigung »El Mut«**. Hier auf dem Weg Nr. 697 (»Alta Via dei Pastori«) nordostwärts durch Wald in die oben erwähnte angegrünte Rinne, die erneut traversiert wird. Jenseits durch lichten Wald etwa 100 Hm in steilen Kehren aufwärts, danach auf schlechter Wegtrasse in längerer Querung ostwärts an den Waldhängen auf und ab zu einer freien Wiesenschulter mit Wegverzweigung. Rechts die Wiesen kurz nach Südosten hinab zur aussichtsreich postierten Biwak-Holzhütte der **Baita Col Mont (4)**, 1854 m.

Von der Baita den Fahrweg Nr. 687 (Hütten-Zubringer) durch Wald in Schleifen nach Süden abwärts zur Waldblöße an der Schulter **Cavalera**. Den Fahrweg nun nach links (Osten) an Waldhängen entlang steil bergab zu einer Rechtskehre, danach in Südrichtung, an Quelle und Baumkreuz vorbei, zu einer wichtigen **Verzweigung (5)**, 1525 m: Links geht es zur Forcella di Lagazzon, gerade fort auf dem Fahrweg mit Nr. 687 nach Fedèr, Colmean und Caviola. Diesen durch den Wald von Costelle nach Südwesten hinab in das Dorf **Fedèr (6)**, 1252 m. Dort die querende Asphaltstraße nach rechts in den Waldgraben des **Valle Tegosa**, das im Linksbogen ausgegangen wird. Dann nach Südwesten empor zu den Häusern Colmean und an ihnen vorbei zum **Parkplatz (1)** am Waldrand.

5 Monte Alto Auta, 2545 m

6.00 Std.

Noch einer der Stillen im Lande!

Im Kamm der Cime dell'Auta ist das Felspult des Monte Alto Auta ein Außenseiter. Nach Norden abgesetzt und deshalb als Aussichtsberg prädestiniert, kann er von Süden, von der Cacciatorihütte etwa, von geübten Gehern ohne größere Probleme bestiegen werden. Er ist der wahre Aussichtsberg der Kleingruppe, um den sich die Riesen des Cadore, Zoldino und Agordino im weiten Bogen scharen.

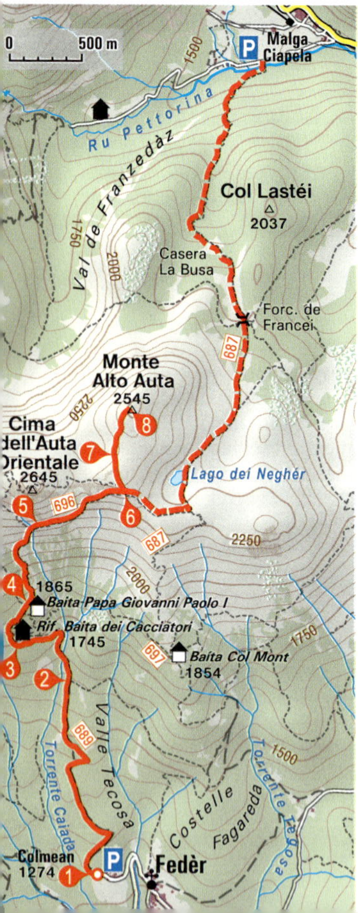

Talorte/Ausgangspunkt: S. Tour 4.
Anforderungen: Lange, anstrengende Tour für geübte trittfeste Geher. Einige durch Drahtseile gesicherte Felspassagen. Im Gipfelanstieg nicht markiert. Nur bei sicherem, trockenem Wetter.
Höhenunterschied: 1250 m im An- und Abstieg.
Einkehr: Rif. Baita dei Cacciatori (privat, 23 L., ganzj. geöff., Tel. +39 335 1686126); Baita Papa Giovanni Paolo I (6 L., stets geöffnet, aber nicht bewirtschaftet).
Variante: Der M. Alto Auta kann bei etwas geringerer Anstiegshöhe und Gehzeit, aber ohne Übernachtungsmöglichkeit unterwegs auch von Norden, von der Malga Ciapela her, erreicht werden. Auf Weg Nr. 687 geht es über Cas. la Busa und Forc. de Franzéi, dann am reizvollen Lago dei Neghér (auch Lech dei Giài) vorbei und über die Forc. dei Neghér (auch Forc. Lech dei Giài); 1110 m Höhenunterschied, 5.15 Std. Gesamtgehzeit.
Hinweis: Bei (empfohlener) Übernachtung am Rif. Baita dei Cacciatori Aufteilung der Tagesleistungen auf 1.15 Std. und 4.45 Std.

Vom **Parkplatz Colmean (1)** wie bei Tour 4 hinauf zum **Materialseilbahn-Talstation (2)** und weiter zum am bewaldeten Südabhang der Cime dell' Auta auf einer Schulter gelegenen **Rif. Baita dei Cacciatori (3)**, 1745 m. Von der Baita den Weg Nr. 689 über Felsstufen und durch lichten Baumbestand in Kehren nach Norden hoch zur nahen **Baita Papa Giovanni Paolo I (4)**, 1865 m. An der Verzweigung kurz unterhalb der Baita rechts auf dem Weg Nr. 696 durch Wald nach Norden aufwärts in ein steiles felsiges Hochtal und durch dieses mühsam gegen die Wände der Cime dell'Auta empor zu einer wichtigen **Weggabelung (5)**, 2150 m. Wir folgen der Normalroute auf die C. dell'Auta (Weg Nr. 696) an steilen Grashängen nordostwärts, mehrere Rinnen querend, später auf bez. Steigspuren im grasigen Gelände sehr steil nach links (Norden) hinauf unter die Wände. Dort auf trassiertem Steig (Drahtseile) teils im felsigen Gelände schräg rechts ansteigend zu einer grasigen **Schulter (6)**, 2340 m, am Höhenrücken der C. dell'Auta und dort zu einer Verzweigung. Links haltend (jedoch ohne dem bez. Normalweg auf die Cima dell'Auta Orientale zu folgen!) auf unbez. Steigspuren quer durch die schrofig-geröllige Ostflanke des P. 2490 m nordwärts in den weiten Wiesensattel der **Forcella della Banca del Làrese (7)**, 2426 m, zwischen P. 2490 m und M. Alto Auta. Auf unbez. Steigspuren durch Wiesen und über Felsplatten unschwierig nach rechts (Norden) empor zum Gipfel des **Monte Alto Auta (8)**, 2545 m.

Abstieg entlang der Anstiegsroute.

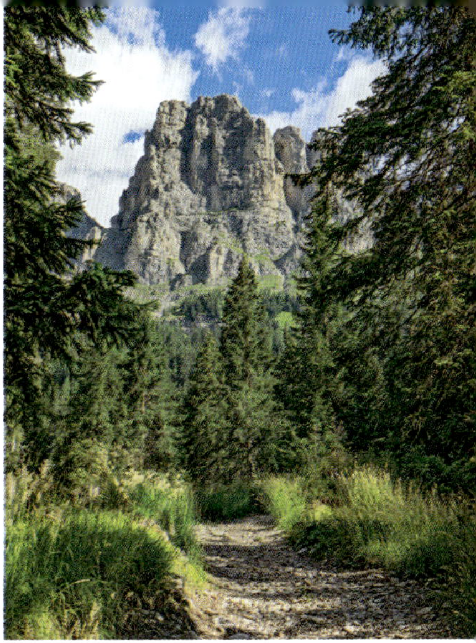

Im Anstieg zum Rifugio Baita dei Cacciatori, Aufblick zur Cima dell'Auta Orientale.

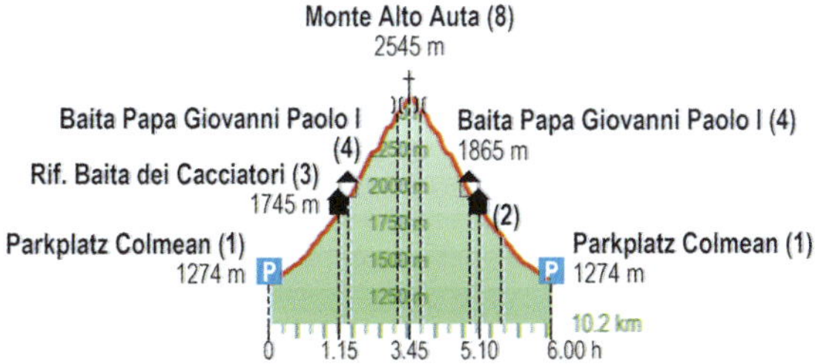

6 Von Falcade auf den Sass de la Palaza, 2214 m

5.00 Std.

Großzügige Almenrunde mit obligater Gipfelbesteigung

Es wäre ein Fehler, Falcade zu verlassen, ohne diese Wanderung unternommen zu haben. Sie führt nicht nur an zwei prachtvoll gelegenen, den Sommer über bewirtschafteten Almen vorbei, sondern schließt auch die Besteigung des Sass de la Palaza ein, einer recht bescheidenen Rückfallkuppe im Süden der Marmolada. Doch welch ein Schauberg! Vom Pelmo bis zur Pala und den Fleimstaler Alpen überblickt man den ganzen südlichen Dolomitenraum. Das Unternehmen ist zwar lang und wegen des Höhenunterschieds anstrengend, Schwierigkeiten gibt es aber bei guten Verhältnissen keine.

Talort: Falcade (1155 m), Sommer- und Wintersportort im inneren Valle del Biois.
Ausgangspunkt: Valt (1302 m), 1,5 km nördlich von Falcade im Seitental des Torrente Gaon gelegene Fraktion. Zufahrt von Falcade mit eigenem Kfz über Tabiadon. Der Startplatz ist bei der Kapelle (kleine Parkplätze).
Anforderungen: Unschwierige, aber lange Wanderung auf meist markierten Wegen. Ausdauer nötig. Nur bei trockenem Wetter!
Höhenunterschied: 1000 m im An- und Abstieg.
Einkehr: Jst. Malga Bosch Brusa (keine Nächtigung, 20./25. Juni bis 15. Sept. geöffnet, Tel. +39 0437 590544 und +39 340 0821667); Jst. Malga ai Lach (keine Nächtigung, 1./10. Juni bis 30. Sept. geöffnet, Tel. +39 366 1972837).
Variante: Man kann vom Sass de la Palaza wie bei Tour 7 etwas kürzer, aber anspruchsvoller (Schwierigkeit ROT, bei Nässe gefährlich!) über den Südrücken direkt in die Forc. Marmoi absteigen; 15 Min. Zeitersparnis.

Blick vom Aussichtspunkt vor der Malga Bosch Brusa auf die Palagruppe.

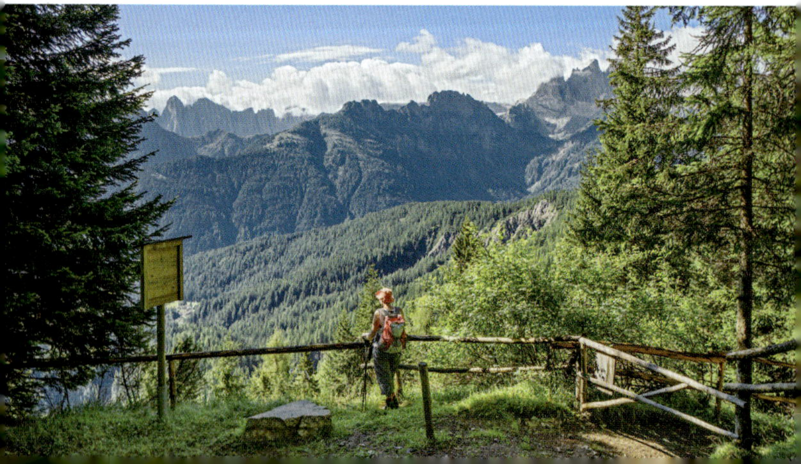

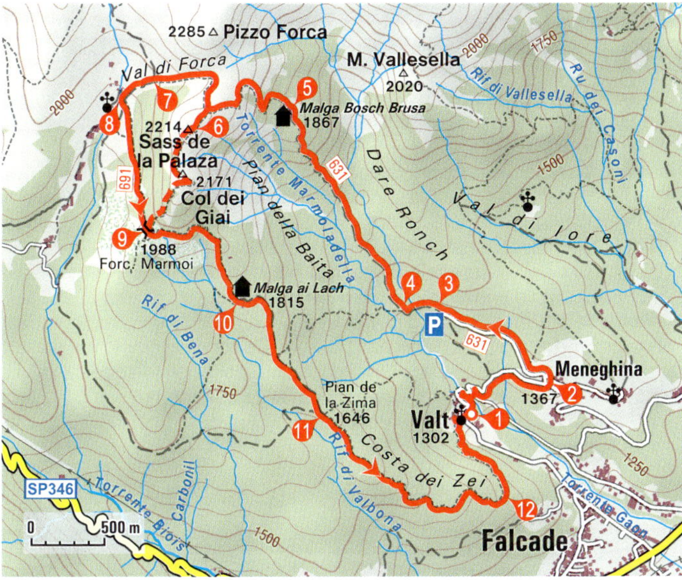

Von der Kapelle in **Valt (1)** durch den Ort nach Norden zur Straßengabelung. Rechts die schmale Asphaltstraße über den Torrente Gaon und jenseits durch Wald in Kehren nach Nordosten empor zu den Häusern von **Meneghina (2)**, 1367 m, mit Verzweigung. Links die Straße mit Weg Nr. 631 an der rechten Seite des Val Gaon durch Wiesen (Palablick!), dann im Wald nach Nordwesten aufwärts zur Gabelung beim **Almparkplatz (3)**. Den unteren Fahrweg sanft abwärts, dann auf der Brücke Ponte delle Barezze über den Torrente Gaon (links ab zur Cascata delle Barezze) und hinauf zur **Verzweigung Col delle Barezze (4)**, 1451 m. Geradeaus auf dem rot und blau bez. Fahrweg mit Nr. 631 dem Waldrücken zwischen Torrente Marmoladella und Torrente Gaon folgend nach Nordwesten aufwärts zu einem Flachstück, danach den sehr steilen Rücken in vielen Windungen und Kehren mühsam empor zu einem prächtigen Aussichtspunkt. Im schönen Lärchenwald danach nur noch sanft ansteigend zu den Wiesen um die **Malga Bosch Brusa (5)**, 1867 m, einer urigen Alm mit Jausenstation am Ostabhang des Sass de la Palaza über den Murbrüchen des inneren Val Gaon.

Den Fußweg Nr. 631 eine aufsteilende Grasmulde, dann durch Lärchenwald in Kehren nach Westen hinauf auf eine Wiesenterrasse. Über diese nach rechts bergan, dann unter einer Felswand mit wellenförmiger Schichtung

über Schutt links empor und über Bergwiesen zu einer Schulter am Nordostrücken des Sass de la Palaza. Links vom Weg Nr. 631 ab und auf unbez. Steig über den Grasrücken empor zum Gipfel des **Sass de la Palaza (6)**, 2214 m. Wunderbare Schau auf Pelmo und Civetta (Osten), Schiaragruppe (Südosten), Palagruppe, Fleimstaler Alpen und Bocchegruppe (Südwesten und Westen).
Über den Nordostrücken zurück zur erwähnten Schulter und dort auf Weg Nr. 631 links haltend durch Wiesen nordwärts hinab ins **Val di Forca**. Im grasigen Hochtal in Westrichtung abwärts zum **Querweg Nr. 694 (7)**, 1985 m, und auf diesem weiter abwärts zu einer **Verflachung mit Verzweigung (8)**, 1935 m. Links den (oberen) Fußweg mit Nr. 691 in die Westflanke des Sass de la Palaza hinein und dort im lichten Lärchenwald nach Süden aufwärts in die **Forcella Marmoi (9)**, 1988 m. Jenseits an den Südflanken des Sass de la Palaza entlang zum Ansatzpunkt des Rückens **Costa dei Zei** und auf diesem durch traumhaft schönen Lärchenwald, später über Wiesen südostwärts hinab zu der auf einer Schulter gelegenen **Malga ai Lach** (**10**, 1815 m, Jausenstation). Herrliche Schau zu den Cime dell'Auta (Nordosten), zu Pelmo, Civetta (Osten) und Pala (Süden).

Lärchenwiesen im Anstieg auf den Sass de la Palaza, Blick auf das Focobon-Massiv.

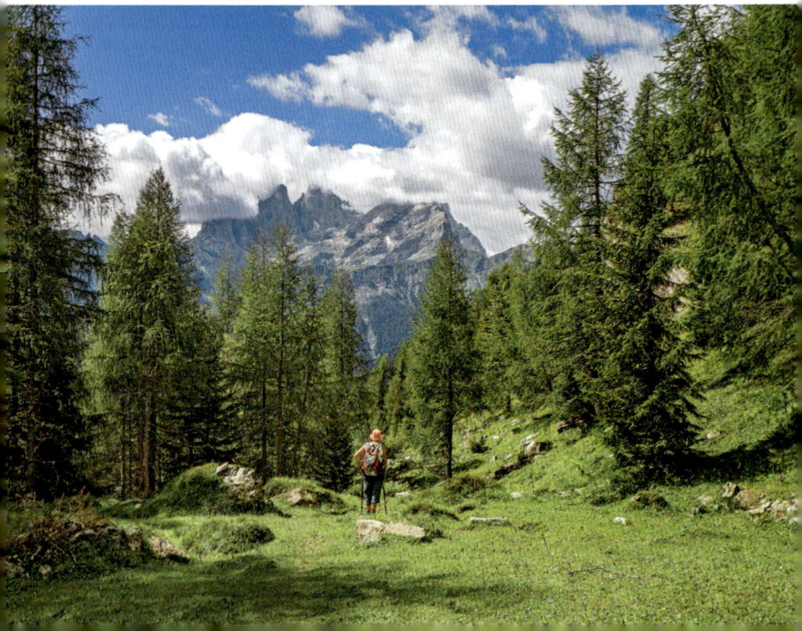

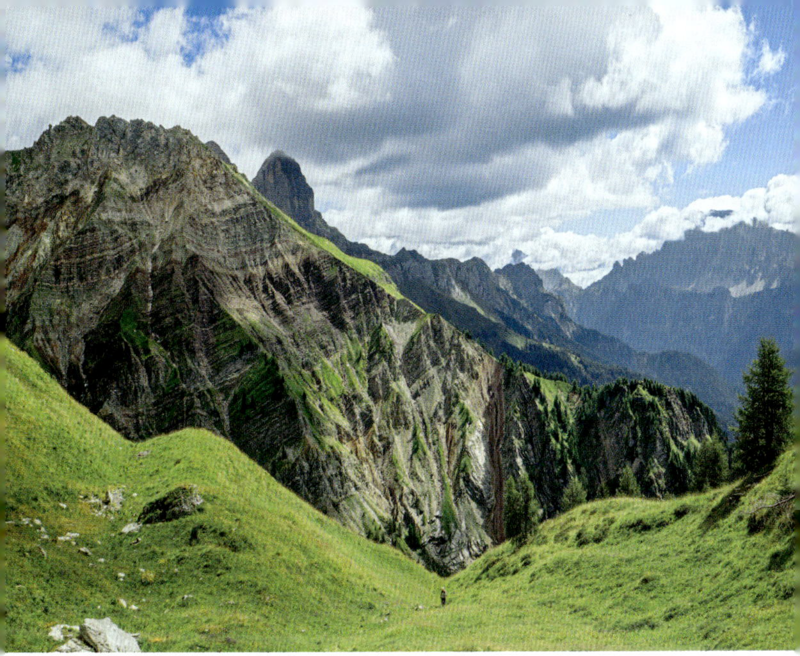

Col Becher, Cime dell'Auta und Civetta vom Sass de la Palaza.

Weiter dem Waldrücken Costa dei Zei und dem Fahrweg mit Nr. 691 folgend südostwärts hinab, anfangs an dem in einer Walddoline gelegenen Weiher **I Lach** vorbei, dann zur Verzweigung am **Pian de la Zima** (**11**, 1646 m, auch Tabia Valbona). Am Rücken verbleibend (!) den Fahrweg Nr. 691 weiter bergab, später in Ostrichtung steiler hinunter zu einer **Wegteilung** (**12**, 1375 m, rechts Weg Nr. 691 nach Coste). Auf dem Fahrweg ohne Nummer links in die Ostflanke der Costa dei Zei hinein und dort durch die Waldhänge zurück nach **Valt (1)**.

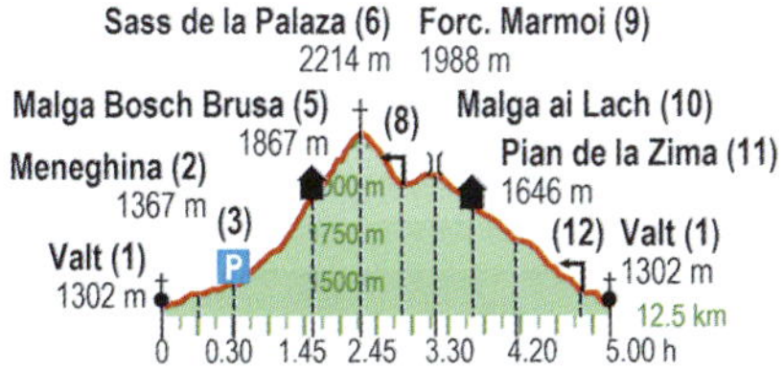

7 Überschreitung des Sass de la Palaza, 2214 m

2.45 Std.

Schaugenuss hat Vorrang!

Wird der Sass de la Palaza auf Tour 6 von Falcade her berührt, so nähern wir uns dem Berg nun von Westen, vom Pellegrinopass her. Der erste Teil der Route führt durch das an der Marmolada-Südseite eingelagerte Valfredda, das mit seinen prachtvollen Lärchenwiesen, malerischen Heuhütten und den im Süden grüßenden Pala-Recken eigentlich einen Superlativ verdient hat. Der zweite Teil gipfelt in der aussichtsreichen Nord-Süd-Überschreitung des Sass de la Palaza, die trotz Steig Trittsicherheit und trockene Verhältnisse voraussetzt. Eine kleine, aber feine Tour für geübte Geher!

Talorte: Falcade (1155 m), Sommer- und Wintersportort im inneren Valle del Biois. Moena (1184 m) im unteren Fassatal.

Ausgangspunkt: Parkplatz Malga de Col de Mez (1850 m) östlich des Passo di San Pellegrino am Waldrücken zwischen Valfredda und Val di Cigole. Zufahrt über die Pellegrino-Passstraße zur Verzweigung westl. des Rif. Fior di Roccia, dann Stichstraße in Richtung Malga de Col de Mez und Pian dei Cros; 9.5 km von Falcade, 15 km von Moena.

Anforderungen: Leichte, kurze Tour auf nicht durchweg markierten Fahr- und Fußwegen. In den steilen Grasflanken im Abstieg vom Sass de la Palaza sind trotz

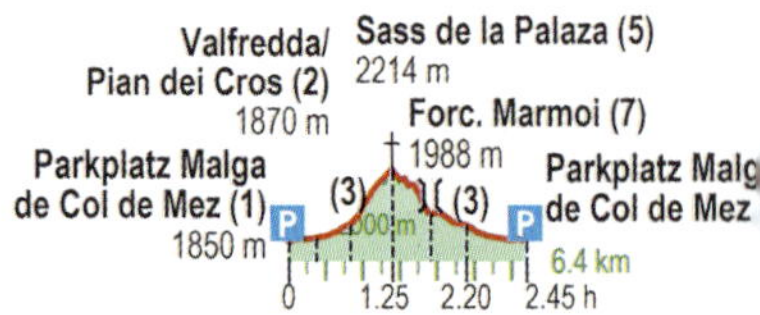

Die südliche Marmoladakette aus dem zauberhaften Valfredda.

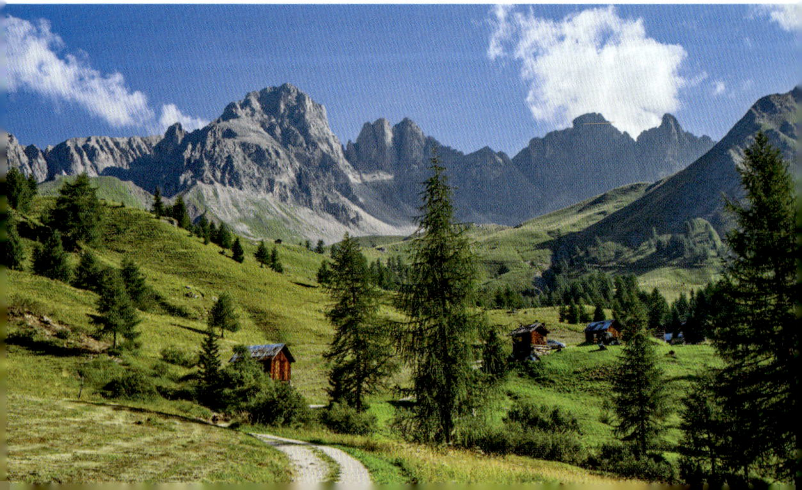

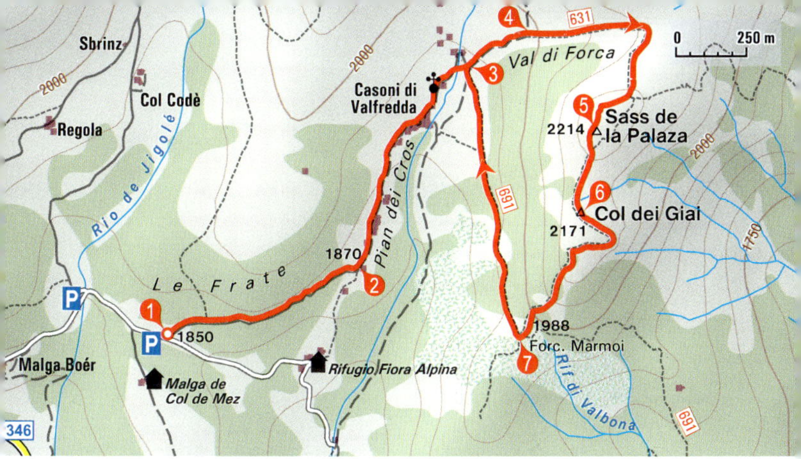

Steig Trittsicherheit und Schwindelfreiheit nötig. Nur bei trockenem Wetter!

Höhenunterschied: 380 m auf und ab.

Einkehr: Unterwegs keine Einkehr! Unweit des Ausgangspunkts Rif. Flora Alpina (60 B., ganzj. geöff., Tel. +39 0437 599150, www.floralpina.it.) und Jst. Malga de Col de Mez (im Sommer geöffnet).

Variante: Wem der Abstieg über den Südrücken des Sass de la Palaza zu anspruchsvoll erscheint, kehrt entlang der Anstiegsroute zum Ausgangspunkt zurück. Bei 30 Min. Zeitersparnis wird so aus der roten eine blaue Tour.

Hinweis: Vom Parkplatz Malga Col de Mez lohnt der Abstecher zur 100 m südlich gelegenen Alm mit Blick auf C. Pape, M. Agner und die nördliche Palagruppe.

Auf der am **Parkplatz Malga de Col de Mez (1)** halb links abzweigenden Naturstraße (geradeaus zum Rif. Flora Alpina) mit der Alta Via dei Pastori ostwärts durch schönen Lärchenwald zu den Heuhütten am **Pian dei Cros (2)**, 1870 m, im Auslauf des Valfredda. Wunderbarer Blick nach Süden zur Pala, Aufblick gegen die südliche Marmoladagruppe. Die Straße durch das Valfredda führt uns an weiteren Heuhütten vorbei und über traumhaft schöne Lärchenwiesen talein zu den **Casoni di Valfredda** mit pittoresker Holzkapelle, danach geht es rechts auf einer Brücke über den Rio di Valfredda und weiter zu einer **Verzweigung (3)**. Links den Karrernweg Nr. 694 über Wiesen in Windungen nach Osten hinauf zu einer **Weggabelung bei einem Felsblock (4)**, 1985 m. Rechts den Fußweg Nr. 631 durch die grüne Mulde des Val di Forca nach Osten aufwärts und unter dem Sattel zwischen Sass de la Palaza und Pizzo Forca über Wiesenhänge rechts empor zu einer Schulter am Nordostrücken des Berges. Rechts vom Weg Nr. 631 ab und auf unbez. Steig über den Grasrücken empor zum Gipfel des **Sass de la Palaza (5)**, 2214 m. Wunderbare Schau!

Den Südrücken des Berges auf dem mit Steinmännern bez. Steig (Vorsicht!) links der Kammhöhe steil hinab in die **Scharte**, 2150 m, vor dem Col dei

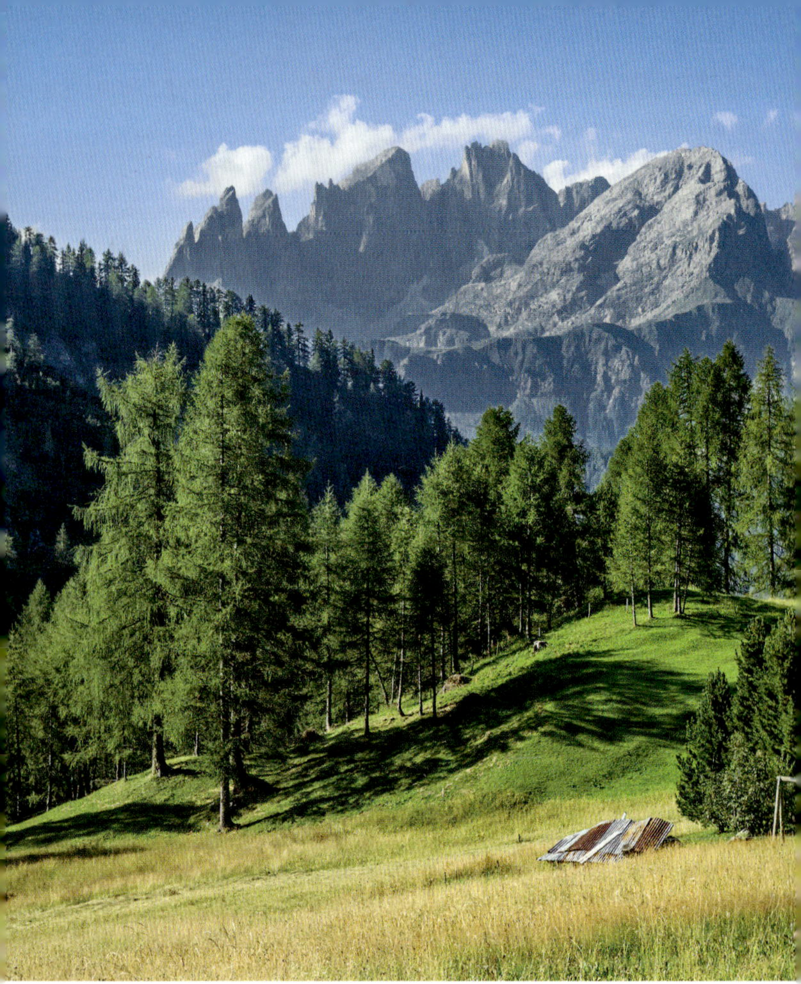

Blick aus dem Valfredda auf Focobon-Massiv, Monte Muáz und Cimone della Pala.

Giai. Dort den Felsgrat auf guter Wegtrasse rechts umgehen, danach den grasig-erdigen Rücken empor zum Gipfel des **Col dei Giai (6)**, 2171 m. Im Abstieg zunächst den grasigen Gipfelrücken sanft nach Südosten abwärts, dann in längerer Hangquerung nach rechts an den Südwestrücken des Ber-

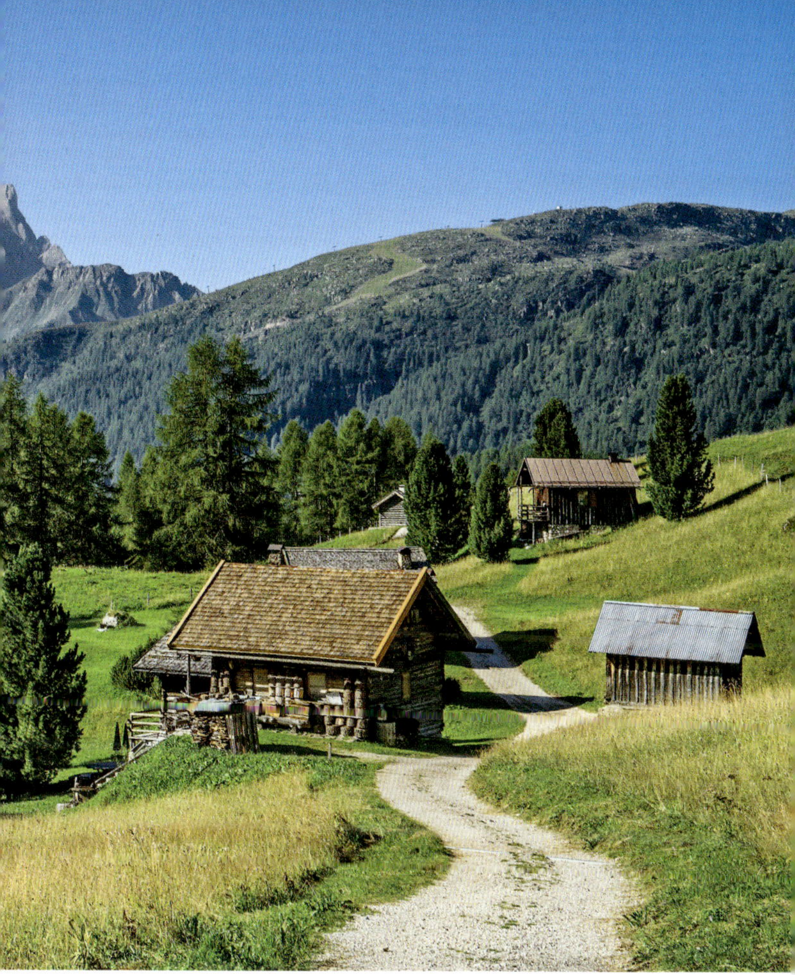

ges. Dort durch Wiesen und Lärchenwald in Kehren hinab, zuletzt über einen steilen Grashang (Vorsicht!) und schließlich durch Latschen in die **Forcella Marmoi (7)**, 1988 m. Den Querweg Nr. 691 scharf nach rechts in die Westflanke des Sass de la Palaza hinein und dort durch lichten Lärchenwald nordwärts hinab zur **Verzweigung (3)** bei der Brücke über den Rio di Valfredda. Weiter auf bekanntem Weg zum **Ausgangspunkt (1)**.

8 Rifugio Falier, 2074 m

3.00 Std.

Altehrwürdiger Bergsteigerstützpunkt am Fuß der Marmolada-Südwand

Am Westende des Hochtals von Ombretta, am Fuß der mehr als 5 km breiten und bis zu 800 m hohen Marmolada-Südwand gelegen, steht der altehrwürdige Steinbau des Rifugio Falier, vorrangig ein Stützpunkt für Kletterer, versierte Wanderer und Bergsteiger. Die beeindruckende Lage der Hütte auf einem Absatz am Ostfuß der Cime Ombretta mit Einblick in das von wuchtigen Berggestalten flankierte Vallon Ombrettola rechtfertigt aber auch einen Tagesausflug von der Malga Ciapela her, der kurzweiligen Wegen folgt.

Talorte: Caprile (998 m), Sommer- und Wintersportort an der Mündung des Val Pettorina in das Val Cordevole. Rocca Pietore (1156 m) im äußeren Val Pettorina.
Ausgangspunkt: Malga Ciapela (1440 m), Hotelsiedlung im Hintergrund des Val Pettorina an der Talstation der Marmolada-Seilbahn. Zufahrt von Caprile (10 km) oder Rocca Pietore (8 km) über Sottoguda mit dem Bus oder dem eigenen Auto. Eigentlicher Startpunkt ist der Parkplatz beim Rist. Agrit. Malga Ciapela (1513 m) am Pian Gran, von der Hotelsiedung auf schmaler Asphaltstraße zu Fuß oder mit dem Auto zu erreichen (1,5 km).
Anforderungen: Einfache Hüttenwanderung. Gut bez. Fahr- und Fußwege.
Höhenunterschied: 565 m auf und ab.
Einkehr: Rist. Agrit. Malga Ciapela und Jst. Malga Ombretta (beide keine Nächtigung, 15. Juni bis 15. Sept. geöff.); Rif Falier (16 B., 40 L., durchgehend bew. 20. Juni bis 20. Sept., im Frühjahr und Herbst an Wochenenden und Feiertagen, Tel. +39 0437 722005, +39 0437 590193 und +39 335 6122748, www.rifugiofalier.altervista.org).
Tipps: Im Val Pettorina kann die großartige Felsschlucht Serrai di Sottoguda auf einer stillgelegten Asphaltstraße von Sottoguda (5,5 km von Caprile) bis zur Malga Ciapela durchwandert bzw. mit dem Erlebniszug Trenino dei Serrai durchfahren werden (10./13. Juni bis 25./30. Sept.

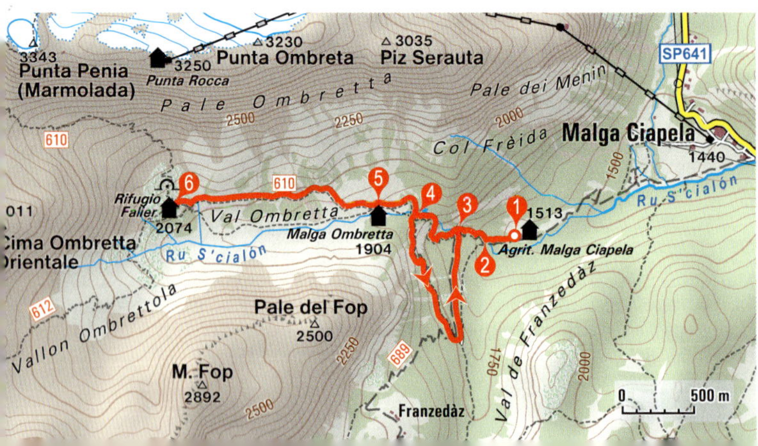

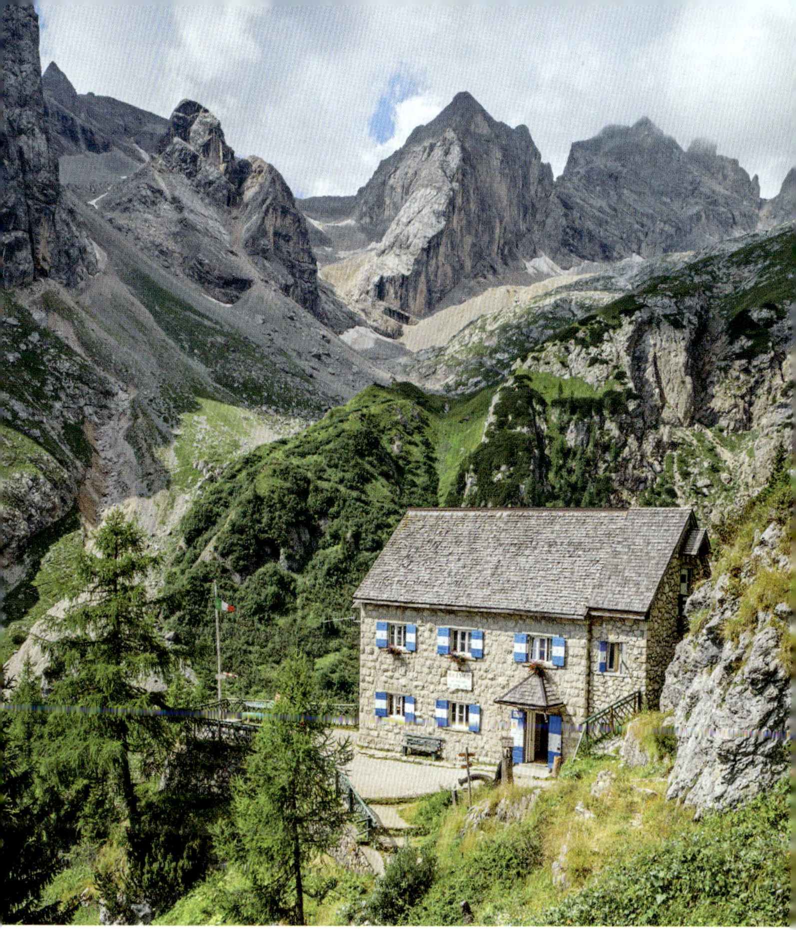

Das Rifugio Falier im inneren Val Ombretta. Aufblick durch den Seitenast des Vallon Ombrettola auf Cima Formenton und Sasso di Valfredda.

tägl. 9–2.30 und 14.30–18.30 Uhr mehrmals in beiden Richtungen, Maut- bzw. Fahrgebühr, Tel. +49 349 1076007, www.treninodeiserrai.com). Von Malga Ciapela lohnt bei schönem Wetter eine Auffahrt mit der Marmolada-Seilbahn (drei Sektionen, insges. 1815 m Höhendifferenz und 12 Min. Fahrzeit, Sommerbetrieb 20./25. Juni bis 10./15. Sept. tägl. 9–16 Uhr, www.funiviemarmolada.com) auf den zweithöchsten Gipfel der Marmolada, die Punta Rocca, 3250 m.

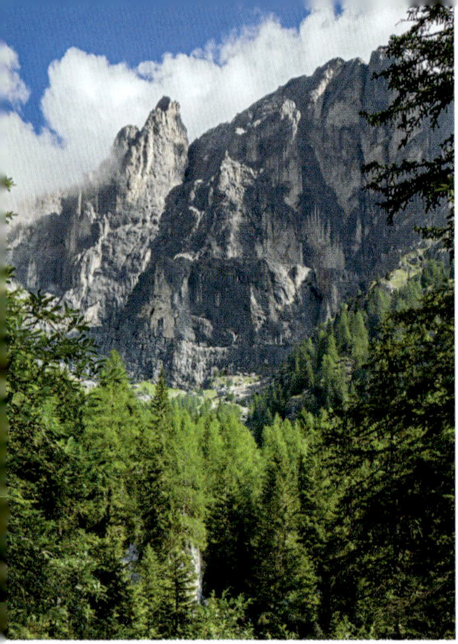

Die Marmolada-Südwand aus dem Val de Franzedàz.

Vom Parkplatz am **Rist. Agriturismo Malga Ciapela (1)** die schmale Asphaltstraße mit Weg Nr. 610 (Dolomiten-Höhenweg Nr. 2) im Wald nach Westen aufwärts zur Brücke über den in Kaskaden herabstürzenden Ru S'cialón, danach kurz auf Schotter zur **Linksabzweigung (2)** von Weg Nr. 684. Die Straße in Kehren durch den Wald weiter bergauf zur nächsten **Verzweigung (3)**. Dort rechts ab und auf dem abkürzenden Fußweg Nr. 610 (»Variante diritto«) zur Linken der Wasserfälle des Ru S'cialón die Waldrippe in Kehren hoch, später durch eine Wandzone (Holzstiege, Drahtseile), an einer Staumauer vorbei, zum querenden **Hauptweg** (**4**, Schotterfahrweg). Diesen in Westrichtung hinauf zu den sanften Wiesenböden rings um die **Malga Ombretta (5)**, 1904 m. Erster Einblick in den Talschluss des Val Ombretta und Aufblick gegen die grandiose Marmolada-Südwand. An der Wegteilung gleich hinter der Alm auf dem oberen Fußweg an den rechtsseitigen Talhängen durch Wiesen und Wald westwärts sanft bergauf, zuletzt in einigen Kehren empor zum **Rifugio Falier (6)**, 2074 m. Einblick in das großartige Vallon Ombrettola. Im Norden über uns die in genickbrechender Steilheit aufragende Marmolada-Südwand, talaus die beiden Zoldiner Riesen Pelmo und Civetta.

Im Abstieg geht es zurück zur **Malga Ombretta (5)**. Nun stets auf dem Hauptweg Nr. 610 (Schotterfahrweg) quer durch eine Wand, dann im Wald gegen Val de Franzedàz nach Süden hinab zur Linkskehre (Verzweigung), danach nordwärts zur bekannten Abzweigung der »Variante diritto« (3) und weiter zum Parkplatz an der **Malga Ciapela (1)**.

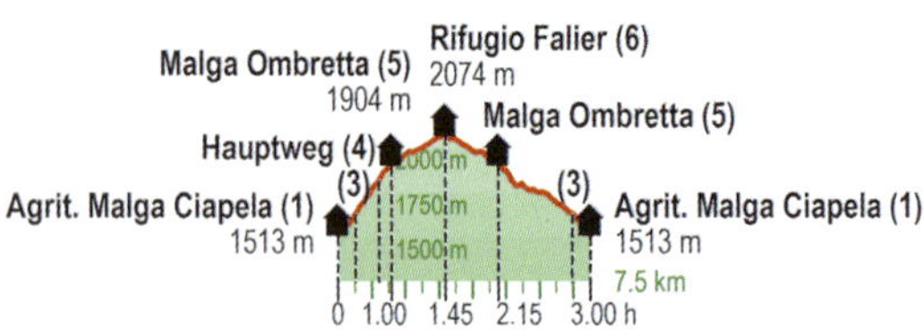

2 Tage

Cima Ombretta Orientale, 3011 m

9

TOP

Im Bann der Marmolada-Südwand

Für die Betrachtung der mehr als 5 km breiten und an die 800 m hohen Marmolada-Südwand gibt es keinen besseren Standort als die östliche der drei Ombrettaspitzen. An ihrem Scheitel steht man der Riesenmauer gerade gegenüber, im Osten und Süden grüßen Pelmo, Civetta und Pala. Wir wählen hier als Zugang jenen von der Falierhütte über den Passo Ombretta und die Cima Ombretta di Mezzo, eine markierte Route, die, von dem zu bewältigenden Höhenunterschied abgesehen, bei schneefreien Verhältnissen kaum größere Probleme bereitet.

Talorte/Ausgangspunkt: S. Tour 8.
Anforderungen: Lange, anstrengende Tour auf durchweg markierter Route, die auf zwei Tagesetappen aufgeteilt werden sollte (Übernachtung im Rif. Falier). Trittsicherheit und Schwindelfreiheit nötig. Vorsicht an Schneeresten im Frühsommer!
Höhenunterschied: 1500 m auf und ab.
Einkehr: Rist. Agrit. Malga Ciapela und Jst. Malga Ombretta (beide keine Nächtigung, 15. Juni bis 15. Sept. geöff.); Rif. Falier (16 B., 40 L., durchgehend bew. 20. Juni bis 20. Sept., im Frühj. und im Herbst an Wochenenden und Feiertagen, Tel. +39 0437 722005, +39 0437 590193 und +39 335 6122748, www.rifugiofalier.altervista.org); Biv. Marco Dal Bianco (9 L., stets geöffnet, aber nicht bew.).
Hinweis: Vom Sattel im Ombretta-Gipfelkamm (9) kann die C. Ombretta (2983 m) unschwierig bestiegen werden; 1 Std. zusätzlicher Zeitaufwand.

Vom **Rist. Agriturismo Malga Ciapela (1)** wie bei Tour 8 beschrieben über die **Malga Ombretta (5)** zum **Rifugio Falier (6)**, 2074 m. Von der Hütte den Serpentinenweg Nr. 610 über angegrünte Geröllhänge nordwärts hinauf gegen die himmelragenden Wände der Marmolada, später das Hochtal unter der grandiosen Wandflucht über Schutt und Geröll nach links (Westen) empor

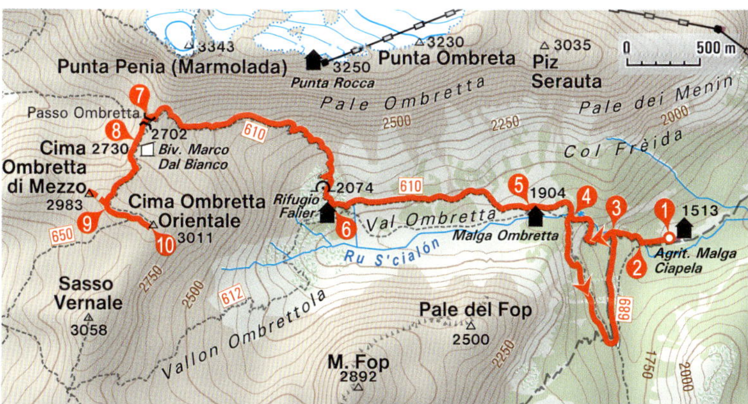

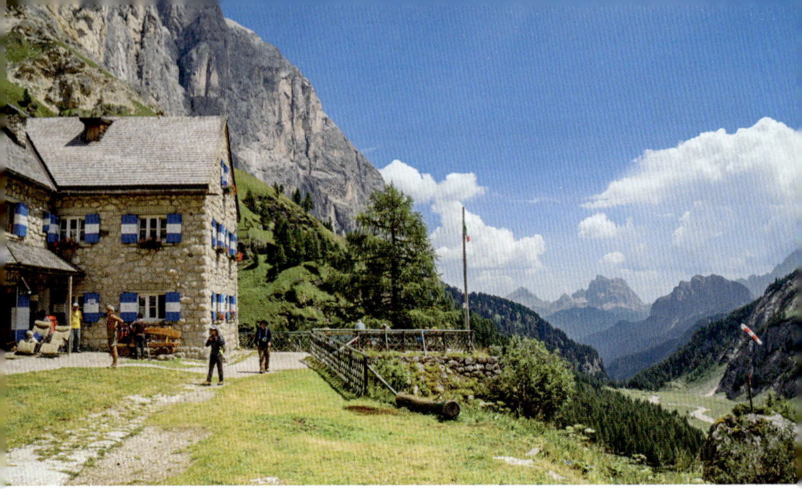

Das Rifugio Falier im Val Ombretta, rechts dahinter Monte Pelmo und Sasso Bianco.

in den **Passo Ombretta (7)**, 2702 m, zwischen Marmolada rechts und Cime Ombretta links. Links ab und auf Weg Nr. 650 kurz nach Süden hoch zum **Bivacco Marco Dal Bianco (8)**, 2730 m. Weiter dem bez. Steig folgend am Nordkamm der Cima Ombretta di Mezzo entlang einer Rinne (Drahtseil), dann etwas mühsam über Geröll und Schrofen nach Süden aufwärts, schließlich schräg links hinauf in den **Sattel (9)**, 2945 m, zwischen Cima Ombretta di Mezzo rechts und Cima Ombretta Orientale links. Gegen diese am Grat oder rechts unterhalb in seiner Südseite über Schutt und leichte Felsen empor zum Gipfel der **Cima Ombretta Orientale (10)**, 3011 m.
Abstieg zum **Rifugio Falier (6)** entlang der Anstiegsroute, danach wie bei Tour 8 weiter zum **Rist. Agriturismo Malga Ciapela (1)**.

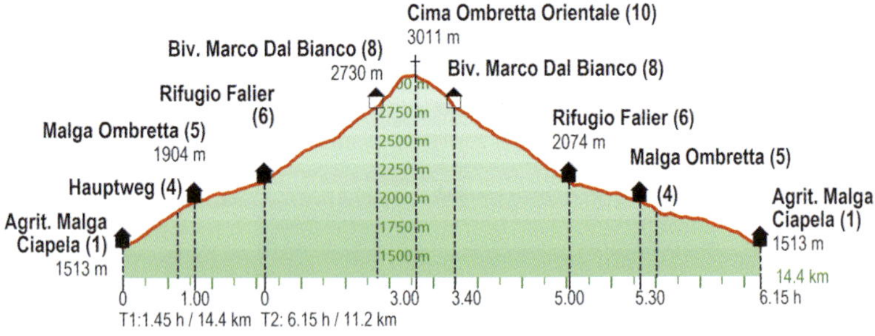

2 Tage

Sasso Vernale, 3058 m

10

Einsamer Hochgipfel im Süden der Marmolada

Gewährt die gerade vor der Marmolada stehende Cima Ombretta Orientale den Einblick in deren montröse Südwandflucht, so weitet sich die Schau vom Scheitel des weiter südlich gelegenen Sasso Vernale zum fulminanten 360°-Panorama. Als höchste Erhebung der Ombretta-Ombrettolagruppe spielte die elegante Felspyramide im Dolomitenkrieg 1015–18 eine bedeutende Rolle, was die vielen Kriegsreste entlang der Zugänge belegen. Der hier beschriebene markierte Anstieg von der Malga Ciapela über das Rifugio Falier (Übernachtung), den Passo Ombrettola und den Südgrat ist bei schneefreien Verhältnissen keine Hexerei, erfordert jedoch wegen des zu bewältigenden Höhenunterschieds und des steilen, schuttbedeckten Geländes Ausdauer und Durchhaltewillen.

Talorte, Ausgangspunkt: S. Tour 8.
Anforderungen: Lange, anstrengende Tour auf großteils markierter Route, die auf zwei Tagesetappen aufgeteilt werden sollte (Übernachtung im Rif. Falier). Trittsicherheit, Schwindelfreiheit und Ausdauer nötig. Der steile Gipfelanstieg ist im Frühsommer erst nach völliger Ausaperung des Geländes zu empfehlen (sonst mit dem Ausweichziel Cima Ombrettola begnügen!).
Höhenunterschied: 1550 m im An- und Abstieg.
Einkehr: Rist. Agrit. Malga Ciapela und Jst. Malga Ombretta (beide keine Nächtigung, 15. Juni bis 15. Sept. geöff.); Rif. Falier (16 B., 40 L.; durchgehend bew. 20. Juni bis 20. Sept., im Frühjahr und Herbst an Wochenenden und Feiertagen; Tel. +39 0437 722005, +39 0437 590193 und +39 335 6122748).
Variante: Aus dem Passo Ombrettola (Wegpunkt 7) kann die Cima Ombrettola (2931 m) über den gerölligen Nordwestrücken unschwierig bestiegen werden; 30 Min. zusätzlicher Zeitaufwand.

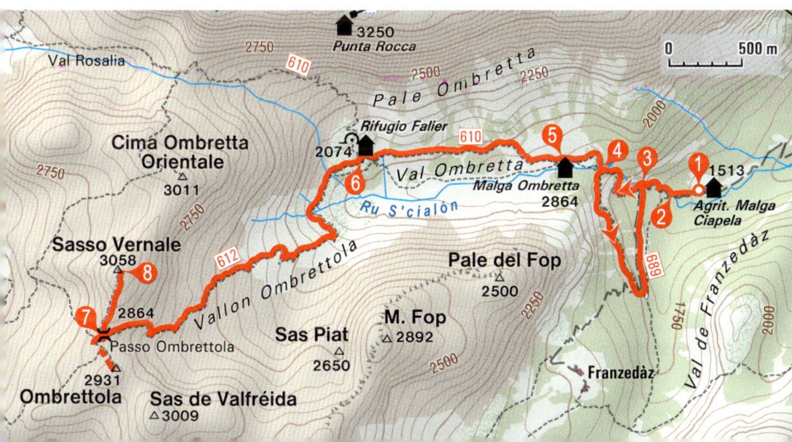

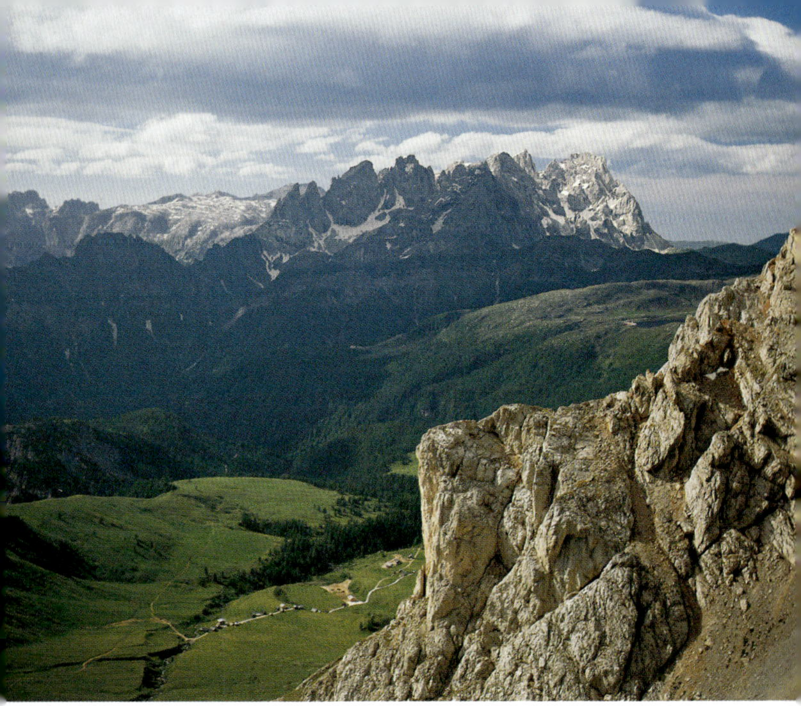

Die nördliche Palakette vom Anstieg auf den Sasso Vernale.

Vom Parkplatz am **Rist. Agriturismo Malga Ciapela (1)** wie bei Tour 8 zum **Rifugio Falier (6)**, 2074 m. Von der Hütte (Tafeln) auf Weg Nr. 612 eine Flanke querend durch Buschwerk nach Süden ins großartige Vallon Ombrettola. Dort durch begrüntes Gelände mäßig steil nach Südwesten aufwärts, später an der rechten Seite des Hochtales über Schutthänge teils in Kehren steiler hoch und unter den Ostabstürzen des Sasso Vernale entlang, zuletzt über steilen Schutt in Kehren mühsam nach rechts (Westen) empor in den **Passo Ombrettola (7)**, 2864 m, zwischen Sasso Vernale rechts und Cima Ombrettola links.
Noch vor dem Erreichen der Passhöhe rechts ab und auf bez. Steig (Steinmänner) am Oberrand der Schutthänge aufwärts, danach über eine felsige Steilstufe, an Stellungen aus dem Dolomitenkrieg vorbei, gegen den Vernale-Südgrat empor. Rechts unterhalb der Gratschneide über schuttbedeckte Platten (Vorsicht!) teils entlang der Eisenstifte des alten Alpiniweges hinauf, zuletzt am Grat in leichter Kletterei (I) empor zum Steinmann am Gipfel des **Sasso Vernale (8)**, 3058 m. Umfassende Rundsicht!

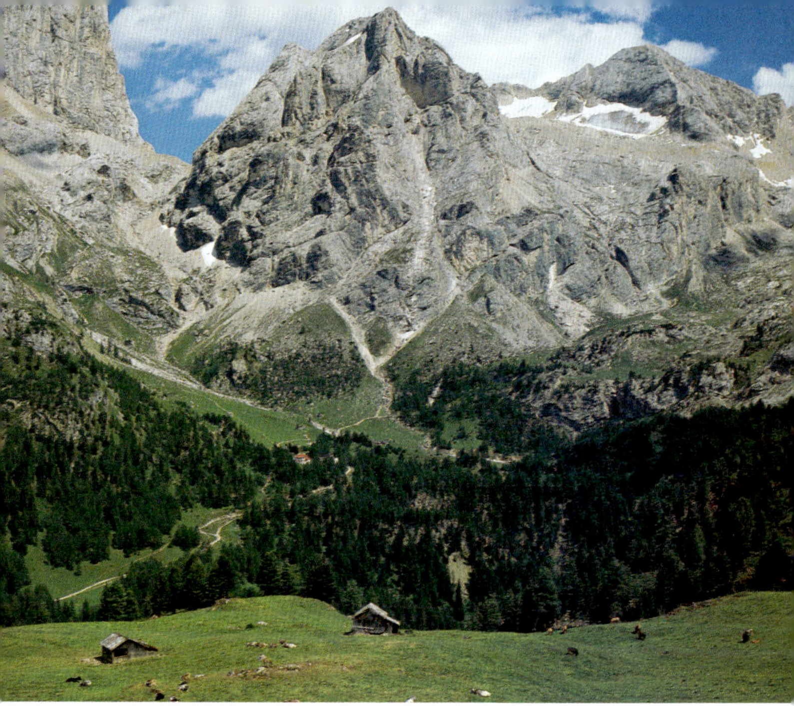

Passo Ombretta, Cima Ombretta Occidentale und Sasso Vernale (rechts) von Westen.

Der Abstieg folgt bis zum **Rifugio Falier (6)** der Anstiegsroute, danach geht es wie bei Tour 8 beschrieben über die **Malga Ombretta (5)** gegen das Val de Franzedàz und weiter zum **Rist. Agriturismo Malga Ciapela (1)**.

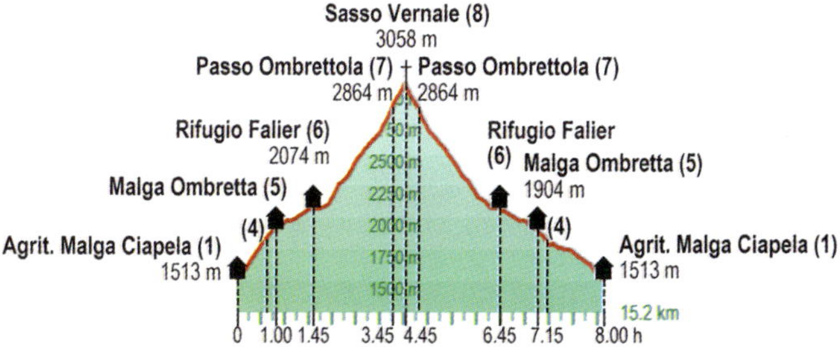

11 Alta Via della Mariotta

4.15 Std.

Sommer, Sonne, Bergeshöhn', nichts auf dieser Welt so schön!

Für jene, die eine Wanderung nicht nur nach ihrem sportlichen Wert, sondern auch nach ästethischen Kriterien, nach Abwechlungsreichtum und landschaftlicher Schönheit beurteilen, ist die Begehung der Alta Via della Mariotta, an Militärstellungen des Dolomitenkriegs vorbei, sicher ein Hit. Sie startet im Osten der Bocchegruppe, am Col Margherita, der vom Pellegrinopass mit der Gondelbahn erreichbar ist. Eine faszinierend schöne, aussichtsreiche Kammwanderung macht den Beginn, bevor man im weiten Rechtsbogen in die Nordseite der Cima Iuribrutto wechselt, wo eine sanft geneigte Wiesenrampe die problemlose Rückkehr nach Pellegrino ermöglicht.

Talorte: Falcade (1155 m), großer Fremdenverkehrsort im inneren Valle del Biois. Moena (1184 m), Sommerfrische im unteren Fassatal.
Ausgangspunkt: Talstation (1874 m, Großparkplatz) der Col-Margherita-Gondelbahn, 700 m östlich vom Passo di San Pellegrino (10 km ab Falcade, 13 km ab Moena). Bergstation (2508 m), nordöstlich unter dem Gipfel des Col Margherita. Betrieb 1./5. Juli bis 10./15. Sept. tägl. 9–12.30 Uhr und 14–17.30 Uhr; Auffahrt alle 20 Min.
Anforderungen: Einfache Wanderung. Im felsigen Steilanstieg auf die Cima Iuribrutto (Umgehungsmöglichkeit!) und an der langen Querung ihrer Westflanke sind aber Trittsicherheit, Schwindelfreiheit sowie trockene Verhältnisse nötig.
Höhenunterschied: 300 m im Anstieg, 1000 m im Abstieg.
Einkehr: Bar Huski am Col Margherita (keine Nächtigung, bei Seilbahnbetrieb geöffnet). Am Passo di San Pellegrino Hotel Arnika (183 B., geöffnet 1. Juni bis 30. Sept. Tel. +39 0462 573337, www.arnika.it), Hotel Monzoni (170 B., geöffnet 10. Juni bis 10./15. Sept., Tel. +39 0462 573352, www.hotelmonzoni.it), Hotel Cristallo (92 B., geöffnet 1. Juni bis 30. Sept., Tel. +39 0462 573342, www.hotelcristallo.com), Hotel Costabella (50 B, geöffnet 1. Juni bis 10./15. Sept. Tel. +39 0462 573326, www.costabella.it) und Hotel San Marco (124 B., geöffnet 1. Juli bis 10./15. Sept., Tel. +39 0462 573475, www.hotel-sanmarco.it).
Varianten: Der etwas exponierte Steilanstieg aus der Forc. di Vallazza auf die C. Iuribrutto kann über einen Abkürzer umgangen werden (30 Min. Zeitersparnis). Aus der Forc. Grana di Iuribrutto kann wie bei Tour 12 beschrieben die C. Bocche (2745 m) lohnend bestiegen werden.

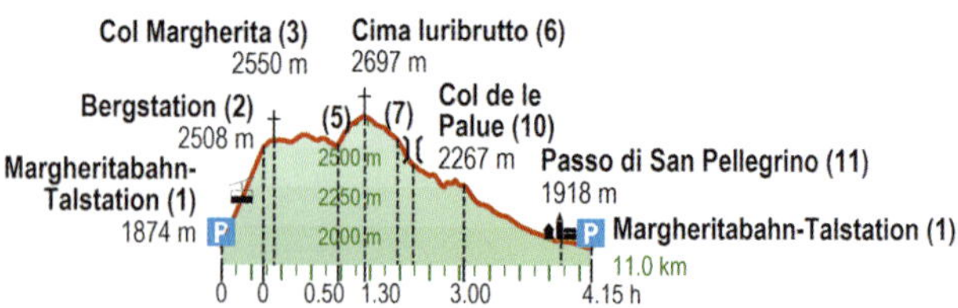

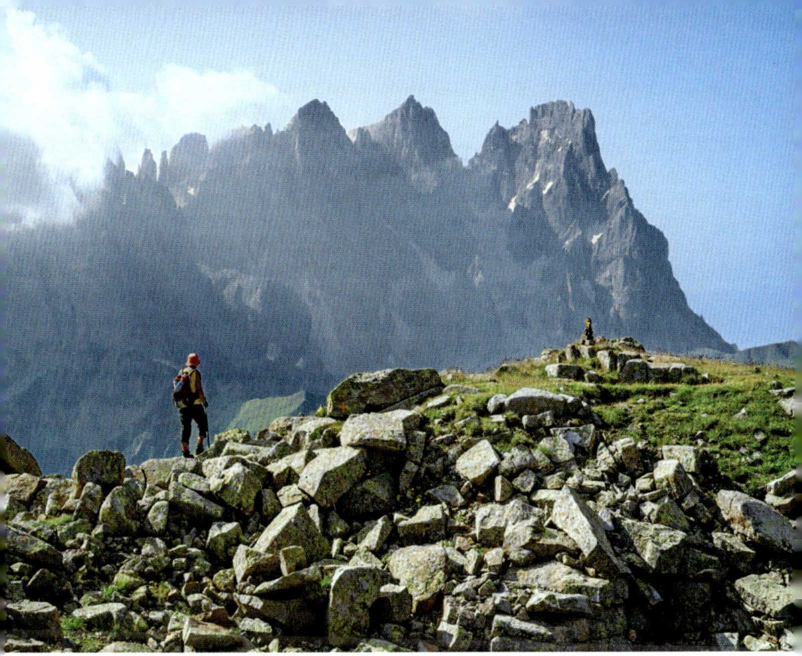

Die Pala-Nordkette mit dem Cimone della Pala vom Gipfel des Col Margherita.

Von der **Margheritabahn-Talstation (1)** mit der Gondel hinauf zur **Bergstation (2)**. Auf Naturfahrweg führt uns die Alta Via della Mariotta durch Wiesen und über Felsblöcke nach Südwesten aufwärts zum Gipfel des **Col Margherita (3)**, 2550 m. Nun auf gut bez. Fußweg am Rande der nördlichen Abbruchkante des plateauartigen Westrückens des Berges durch Wiesen und Blockwerk in aussichtsreicher Wanderung (wunderbarer Palablick, Rückblick auf Marmolada, Pelmo und Civetta!) auf und ab dahin, zuletzt hinab in die **Forcella di Vallazza (4)**, 2521 m, vor der steil aufragenden Cima Iuribrutto und weiter in ihre Südflanke hinein zu einer wichtigen **Verzweigung (5)**, an der der **Abkürzer** geradeaus weiterführt, auf dem die Cima Iuribrutto umwandert werden kann (Variante). Wir gehen rechts auf der »Variante ripida« den Südostgrat des Berges über steile Grashänge und leichte Felsstufen in Serpentinen hoch zu einer geräumigern **Schulter** (2640 m) mit Stellungen, Laufgräben und Unterständen aus dem Dolomitenkrieg 1915–18. Über den oberen Südostrücken jetzt nur noch sanft aufwärts und zuletzt links empor zu dem von Laufgräben flankierten Gipfel der **Cima Iuribrutto (6)**, 2697 m. Umfassende Rundsicht!

Blick von der Alta Via della Mariotta in die Pophyrwände der Cima Iuribrutto.

Vom Gipfel entlang von Markierung und Steinmännern über einen Laufgraben hinweg sanft absteigend nach Süden, später durch Blockwerk steiler bergab in eine lang gestreckte Mulde und diese über Felsplatten mäßig steil hinab zur **Einmündung des Abkürzers (7)**. Mit diesem vorerst noch durch die Mulde, dann an den felsdurchsetzten Grashängen schräg nach rechts (Südwesten) hinunter in die **Forcella Grana di Iuribrutto** (**8**, 2394 m, Regenunterstand **Bivacco Iuribrutto** mit Sitzgarnitur) vor der Cima Bocche. Vom Sattel auf Weg Nr. 628 durch das blockige Hochtal zwischen C. Iuribrutto und C. Bocche nach rechts (Norden) abwärts, danach durch eine riesige Bergsturzzone zu einer **Weggabelung (9)**, 2325 m. Rechts haltend auf Weg Nr. 628 an den steilen Grashängen (Vorsicht!) unterhalb der roten Wände der C. Iuribrutto (kurze Gegensteigung) in ebener oder leicht fallender Querung nach Norden zur Wiesenschulter **Col de le Palue (10)**, 2267 m, wo der Weg nach rechts in die Nordseite der Bocchegruppe einschwenkt.
Über steile Wiesen, an der Linksabzweigung zu den »Gallerie Italiane« vorbei, ostwärts in Kehren zu einem Wiesenboden mit Felsblöcken hinunter, danach auf erodiertem Weg zur großen Bergsturzzone vor der C. Iuribrutto. Links am Blockfeld entlang durch Wiesen nach Nordosten hinab, später auf altem gepflastertem Kriegsweg über eine lang gestreckte Wiesenterrasse, schließlich auf Naturfahrweg an den Waldhängen zu den Hotels am **Passo di San Pellegino (11)**, 1918 m. Auf der Passstraße 600 m rechts in Richtung Falcade, dann noch einmal rechts ab zur **Margheritabahn-Talstation (1)**.

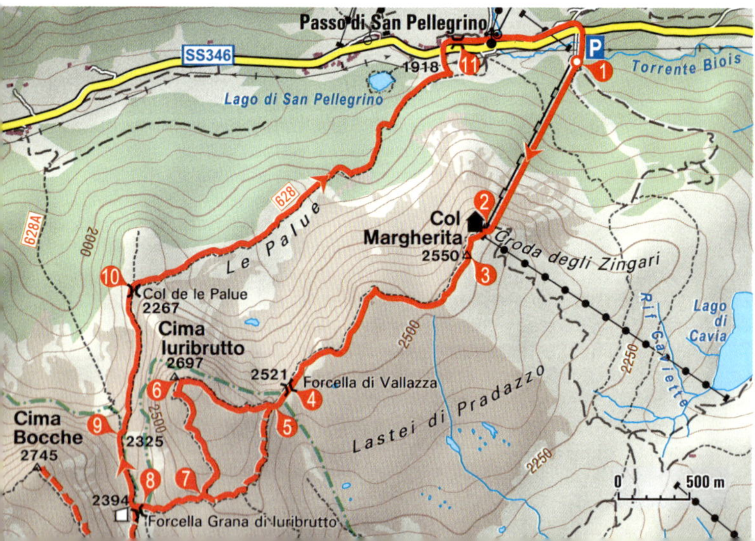

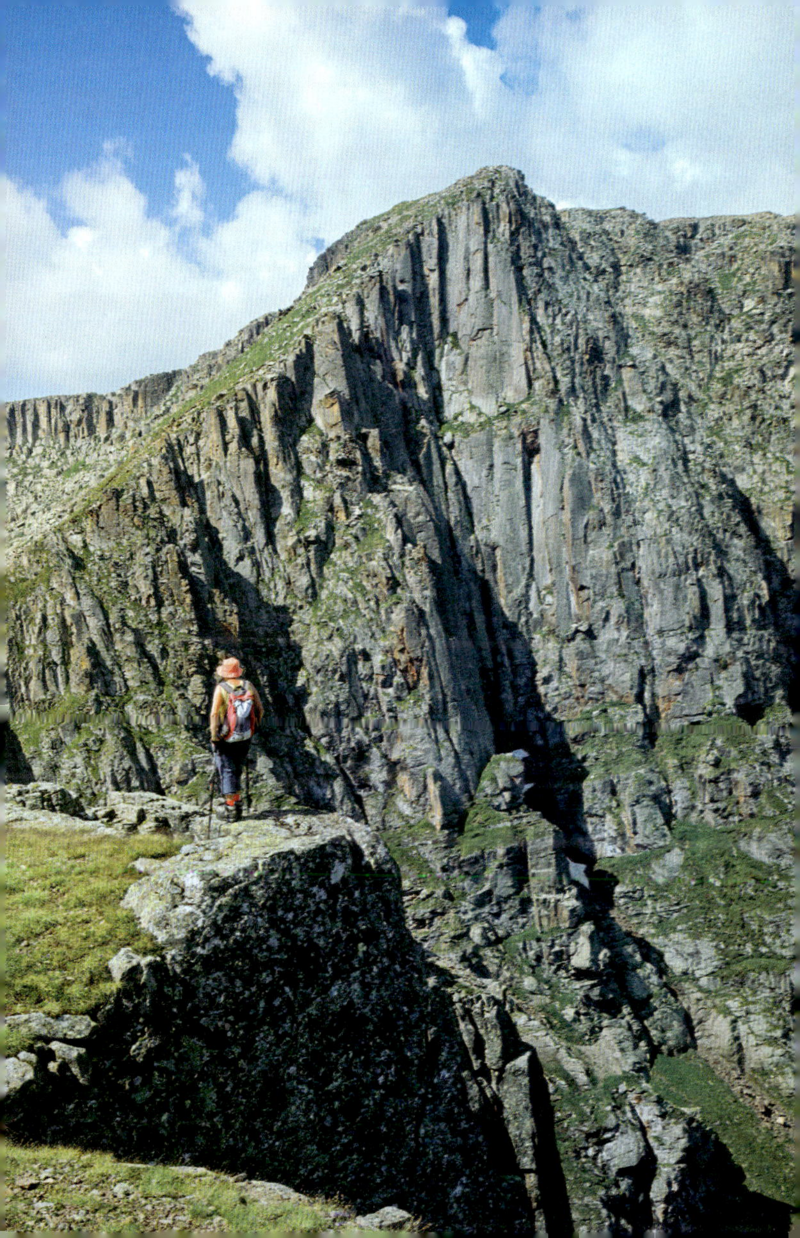

TOP **12** # Cima Bocche, 2745 m (Südanstieg)

6.30 Std.

Kristalliner Hochgipfel zwischen den Dolomiten

Zwischen Pala und Marmoladagruppe schiebt sich ein aus Pophyrgestein geformter Bergkamm: die Bocchegruppe. Ihren sanften, von malerischen Bergseen geschmückten südseitigen Grashängen stehen im Norden gegen das Valle di San Pellegrino schroffe Steilabbrüche gegenüber. Die höchste Erhebung dieses »Kristallingebirges zwischen den Dolomiten«, die Cima Bocche, kann sowohl aus dem Fassatal (s. WF Dolomiten 4) als auch vom südlich gelegenen Vallespass her erklommen werden. Der bis zu den Scheitelhöhen reichende Naturpark Paneveggio–Pale di San Martino hält die Südseite des Massivs von Seilbahnbauten und sonstigen Eingriffen frei. Als Highlight unterwegs verdient der traumhafte Lago di Iuribrutto (Palablick!) Erwähnung. Der schlussendlich erreichte Gipfel beschert ein Panorama der Extraklasse.

Im Südanstieg zur Forcella Grana di Iuribrutto. Tiefblick gegen den Lago di Iuribrutto, dahinter die nördliche Palakette und der Rollepass rechts.

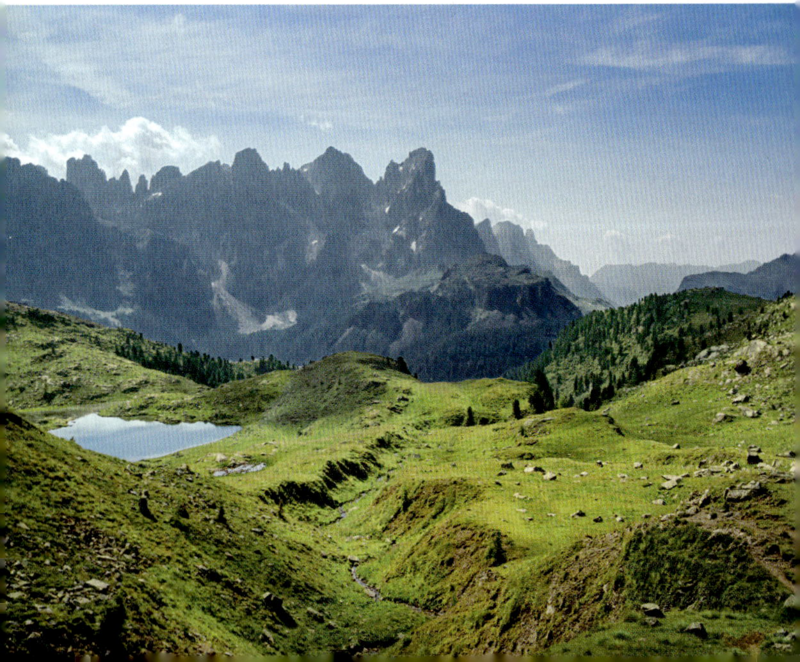

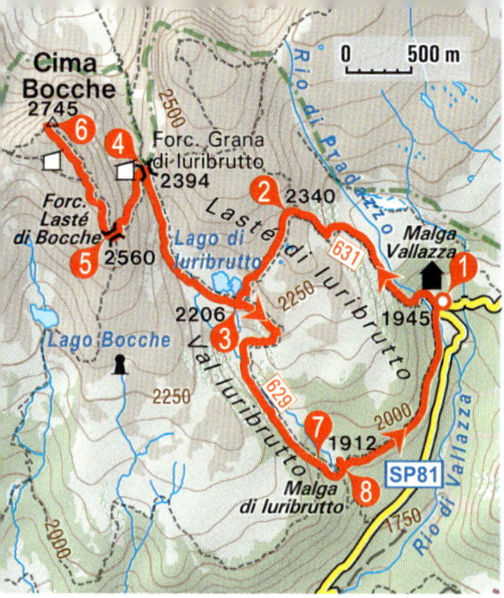

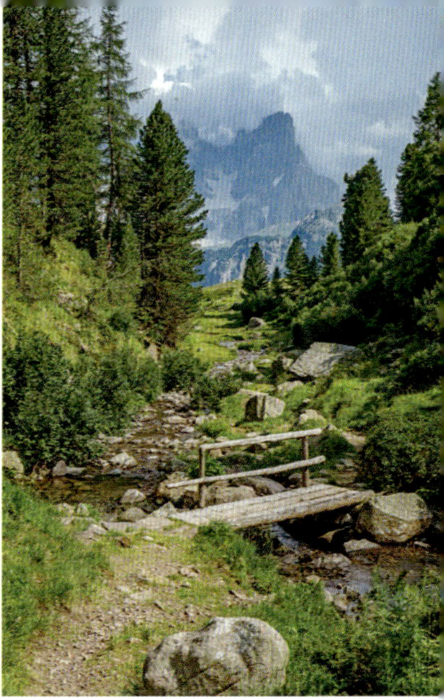

Die »malerische Talenge« im Val Iuribrutto. Durchblick gegen den Cimone della Pala.

Talorte: Falcade (1155 m), großer Fremdenverkehrsort im inneren Valle del Biois. Predazzo (1008 m), Ferienort im Fleimstal, an der Mündung des Val Travignolo. Bellamonte (1372 m), auf einer Terrasse über dem Val Travignolo, 6 km von Predazzo.

Ausgangspunkt: Parkplatz an der Malga Vallazza (1945 m) an der Vallesstraße 1 km westlich der Passhöhe; 12 km von Falcade, 21 km von Predazzo, 15 km von Bellamonte.

Anforderungen: Sehr lange, anstrengende Tour mit beachtlichem Höhenunterschied. Meist gut markierte Wege. Trittsicherheit nötig. Nur bei trockenem Wetter!

Höhenunterschied: 1000 m auf und ab.

Einkehr: Unterwegs keine Einkehr! Rif. Passo Valles am Vallespass (25 B., 8 L. in der Dependance, 15. Juni bis 31. Okt. geöffnet, Tel. +39 437 599136, www.passovalles.com); Ist. Malga Vallazza (keine Nächtigung, 10./15. Juni bis 31. Okt. geöffnet); Biv. Renato Jellici (einfache, aus Felsblöcken errichtete Hütte, 4 L., ohne Decken und Matratzen, stets geöffnet, aber nicht bewirtschaftet).

Variante: Rückkehr vom Lago di Iuribrutto (3) zur Malga Vallazza über die Anstiegsroute; etwa 30 Min. Zeitersparnis.

Von der **Malga Vallazza (1)** 50 m nach Westen zur Wegverzweigung. Rechts auf Fahrweg Nr. 631 kurz über Wiesen nach Nordwesten aufwärts, dann links über den Rio di Pradazzo in den Wald und dort zu einer Quellfassung (Brunnen). Auf teils gepflastertem Fußweg durch lichten Lärchen- und Zirbenwald nordwestwärts hinauf zu einer Wiesenschulter (Palablick!). Die von Porphyrblöcken übersäten Wiesen weiter aufwärts in ein seichtes Hochtal und dort links vom Bach in Kehren nach Westen empor an den Rücken **Lasté di Iuribrutto (2)**, 2340 m. Rückblick nach Osten auf Monte Pelmo, Civetta und Moiazza mit Cima Pape rechts davor. Im Süden die Nordkette der Pala.

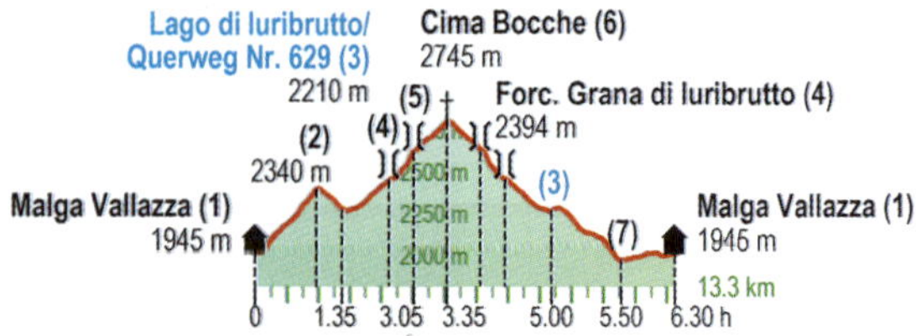

Jenseits durch sanfte Wiesen absteigend nach Südwesten, dann im blockigen Gelände steiler bergab ins **Val Iuribrutto.** Dort oberhalb des gleichnamigen Sees zum **Querweg Nr. 629 (3)**. Auf diesem rechts haltend hinab zum Seeabfluss, dann in Nordwestrichtung am Südufer des **Lago di Iuribrutto** (2206 m, einzigartiger Palablick!) entlang, später dann links über den Iuribrutto-Bach und jenseits das Val Iuribrutto über felsdurchsetzte Wiesen nordwestwärts empor zu einer Verengung. Dort an der linken Talseite bergauf und durch eine sanfte Wiesenmulde in die **Forcella Grana di Iuribrutto** (**4**, 2394 m, Regenunterstand Bivacco Iuribrutto mit Sitzgarnitur) zwischen der Cima Bocche mit ihren dunkelroten Porphyrwänden links und Cima Iuribrutto rechts. Rückblick zur nördlichen Palakette mit Cima della Vezzana und Cimone della Pala.

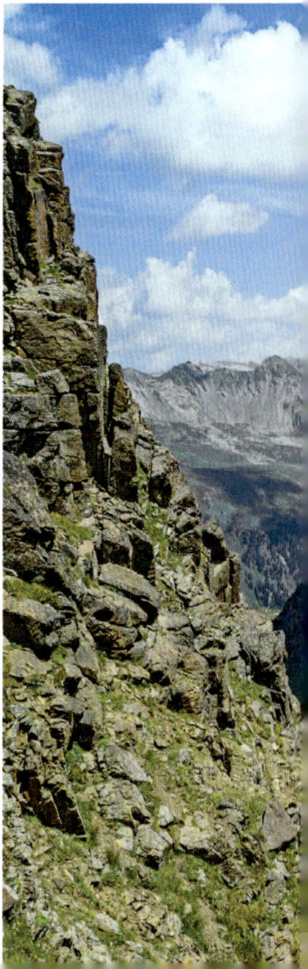

Links auf Weg Nr. 628 an den Grasflanken unter den Wänden der C. Bocche nach Südwesten hoch auf eine geneigte Terrasse. Dort durch eine Bergsturzzone (große Porphyrblöcke), dann über steile felsdurchsetzte Wiesen in Kehren rechts (westwärts) empor in die **Forcella Lasté di Bocche (5)**, 2560 m, am Südrücken des Berges. Rechts auf Weg Nr. 628 den blockig-gerölligen Rücken hinauf zu einer Verzweigung (2680 m, links in 10 Min. zum **Bivacco Renato Jellici**, 2660 m) und knapp links der Kammhöhe (Laufgräben) weiter zum Gipfel der **Cima Bocche (6)**, 2745 m. Umfassende Rundsicht mit einzigartigem Palablick!

Zurück zur Verzweigung am Südufer des **Lago di Iuribrutto (3)**. Rechts auf Weg Nr. 629 an felsdurchsetzten Grashängen entlang nach Süden und nach einigem Auf und Ab in einen Sattel, danach auf steinigem Fußweg durch Wiesen in

Windungen nach rechts (Westen) hinab in die Talsohle des unteren **Val Iuribrutto**. Dort entlang des Bachs (s. Bild S. 73), mehrmals das Ufer wechselnd, durch eine malerische Talenge (Palablick!) zu einer aussichtsreichen Wiesenschulter, danach durch Wald steiler bergab zu **Querweg Nr. 623 (7)**. Rechts geht es zur Malga Bocche, wir aber folgen dem alten gepflasterten Kriegsweg Nr. 623 geradeaus durch Wald hinab zu einer großen Almwiese und dort über den Bach nach links zu den teilweise verfallenen Gebäuden der **Malga di Iuribrutto (8)**, 1912 m. Auf dem alten Kriegsweg entlang der Stallung nach rechts in den Wald und dort an den Hängen nach Nordosten aufwärts zu einer Anhöhe, 1975 m, danach am Waldrand entlang leicht fallend zur **Malga Vallazza (1)**.

Rückblick aus der Forcella Lasté di Bocche zur Cima Iuribrutto.

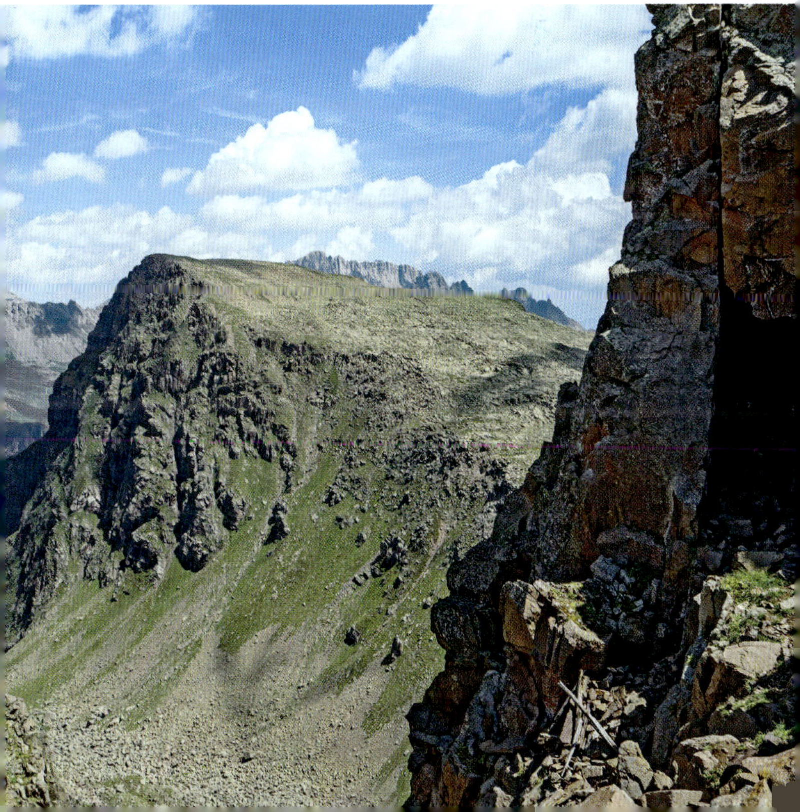

13 Valle d'Angheraz

2.45 Std.

Ein Hochgebirgs-Amphitheater bei Agordo

Auf der Fahrt in das großartige Val di San Lucano öffnet sich bei den Häusern von Col di Pra völlig unerwartet und schlagartig ein neues Tal: das Valle d'Angheraz. Zwischen Pala-Zentralstock und Agnermassiv eingelagert, wird seine kesselartige Talsohle von himmelragenden Wänden und Türmen flankiert. Ein Gang durch diesen Gebirgscanyon bis unter die imposanten Nordwände von Croda Granda, Cime del Marmor, Cima del Coro und Cima dell'Alberghetto ist touristisch zweifellos eine bescheidene Sache. Freunde unberührter Bergnatur aber, die den durch Wolken und Sonnenstand bedingten Wechsel von Stimmung und Beleuchtung an den Felsmauern bewundern wollen, erwarten hier genussreiche Stunden!

Talorte: Agordo (610 m), belebtes Städtchen in einer Weitung des Cordevoletales. Taibon Agordino (625 m), Ort und Gemeinde an der Mündung des Val di San Lucano und das Val Cordevole.

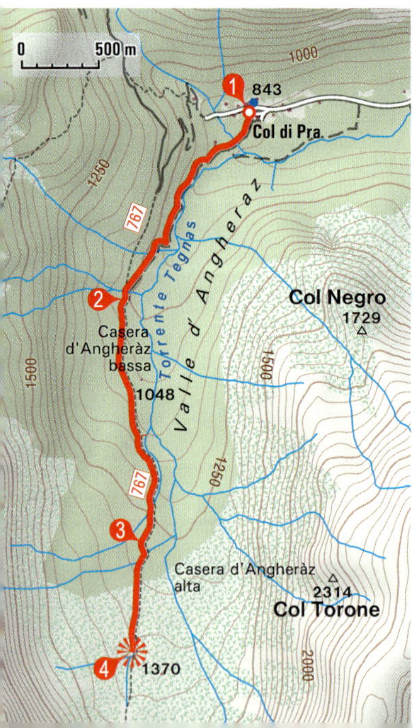

Ausgangspunkt: Ortszentrum von Col di Pra (843 m), Fraktion von Taibon Agordino im Hintergrund des Val di San Lucano, an der Mündung des Valle d'Angheraz. Mehrere kl. Parkplätze im Ortsgebiet, Zufahrt mit eigenem Auto von Agordo (11 km) bzw. Taibon Agordino (8 km).
Anforderungen: Einfacher Anstieg auf bez. Fahr- und Fußwegen.
Höhenunterschied: 530 m im An- und Abstieg.
Einkehr: Unterwegs keine Einkehr! In Col di Pra Bar-Ristorante Col di Pra (keine Nächtigung, Sommerbewirtschaftung, Campingplatz, Mi. Ruhetag; Tel. +39 437 660180) und Locanda Al Cacciatore di Benvegnu (keine Nächtigung, Sommerbewirtschaftung, Tel. +39 0437 660038).
Hinweis: Das in einigen wenigen Karten noch eingezeichnete Biv. Dordei (1370 m) im Talschluss des Val d'Angheraz wurde 1994 abgetragen.

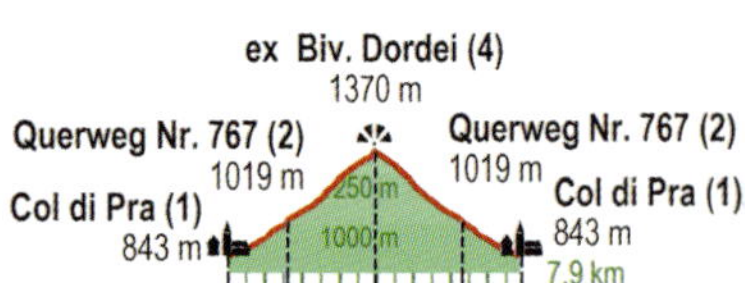

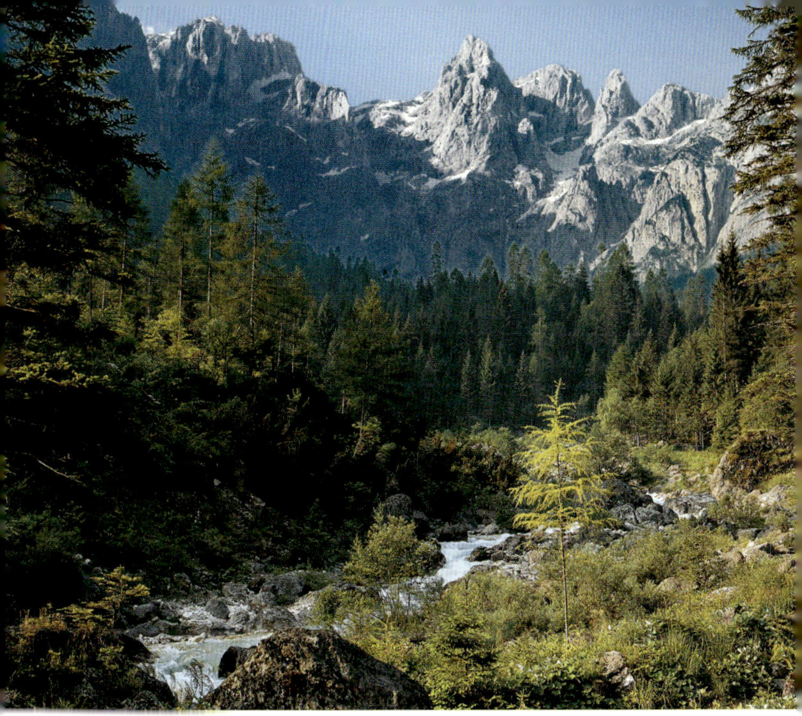

Von urwelthafter Schönheit ist die Landschaft im Hintergrund des Valle d'Angheraz.

Von **Col di Pra (1)** auf bez. Naturstraße (Fahrverbot, Wegweiser Richtung Via ferrata dell'Orsa) südwestwärts über den Torrente Bordina und jenseits das Valle d'Angheraz rechts neben dem Torrente Tegnàs aufwärts zum **Querweg Nr. 767 (2)**. Prachtblick in den Talschluss mit Cima della Bota, Croda Granda, Cima del Coro und Cima dell'Alberghetto.

Nun geradeaus den Fahrweg mit Nr. 767 an der rechten Talseite an der Cas. d'Angheraz bassa (bleibt links) vorbei durch Wald in Südrichtung steil bergauf zum Ende des Weges am **flachen Talboden (3)** rings um die verfallene Cas. d'Angheraz alta, die ebenfalls links bleibt. Auf Fußweg weiter auf das breite, nach Süden ansteigende Schuttfeld im Talschluss und an seinem rechten Rand hinauf, danach durch Buschwerk zum Standort des ehemaligen, längst **abgetragenen Biv. Dordei (4)**, 1370 m, der von einem gewaltigen felsigen Amphitheater umgeben ist.

Der Fußweg setzt sich in Richtung Via ferrata dell'Orsa fort, wir aber steigen auf dem bekannten Weg wieder hinab nach **Col di Pra (1)**.

14 Bivacco Bedin, 2210 m, und Monte San Lucano, 2409 m

10.00 Std.

Anspruchsvolle Bergtour am »Himmelspfeiler von Agordo«

Aus der Gegend von Agordo bestaunt man die kolossalen Felspfeiler der Pale di San Lucano und weiß, dass oben in schwindelnder Höhe eine rot getünchte Biwakhütte steht, in wahrhaft unvergleichlicher Position »hoch über Tälern und Menschen«: das Biwak Bedin. Zu ihm und auf die höchste Erhebung der Gruppe, den Monte San Lucano, führt diese Wanderung, nicht auf der südseitigen Direktroute aus dem Val di San Lucano, sondern weniger steil und kräfteraubend auf markierten Wegen von Norden, von Pradimezzo bei Cencenighe Agordino über die Malga d'Ambrosogn und die Forcella Besausega. Dass aber auch diese Route an Ausdauer und bergsteigerischer Übung Anforderungen stellt, sei ausdrücklich betont!

Talort: Cencenighe Agordino (774 m), Gemeinde an der Mündung des Valle del Biois in das Cordevoletal.
Ausgangspunkt: Pradimezzo (873 m), Bergdorf westlich über dem Cordevoletal, an der Mündung des Valle del Torcòl. Zufahrt von Cencenighe 600 m entlang der Staatsstraße Nr. 203 in Richtung Agordo zur Verzweigung beim Dorf Pascol. Rechts ab und auf schmaler Asphaltstraße südwärts in engen Kehren empor nach Pradimezzo (2 km). Mehrere kleine Auto-Abstellplätze kurz vor Erreichen des Ortes.

Anforderungen: Lange, in jeder Hinsicht anspruchsvolle Tour mit beachtlichem Höhenunterschied. Im Gipfelanstieg (ab Forc. Besausega) nicht markiert. Kletterstellen im Schwierigkeitsgrad I. Nur bei bestem Wetter ratsam!
Höhenunterschied: 1630 m im An- und Abstieg.
Einkehr: Biv. Margherita Bedin (9 L., stets geöffnet, aber nicht bewirtschaftet).
Variante: Verkürzung der Tour durch Verzicht auf den Besuch des Biv. Bedin; 2 Std. Zeitersparnis.

Die Pale di San Lucano mit der Forcella Besausega von der Cima Pape (Tour 15).

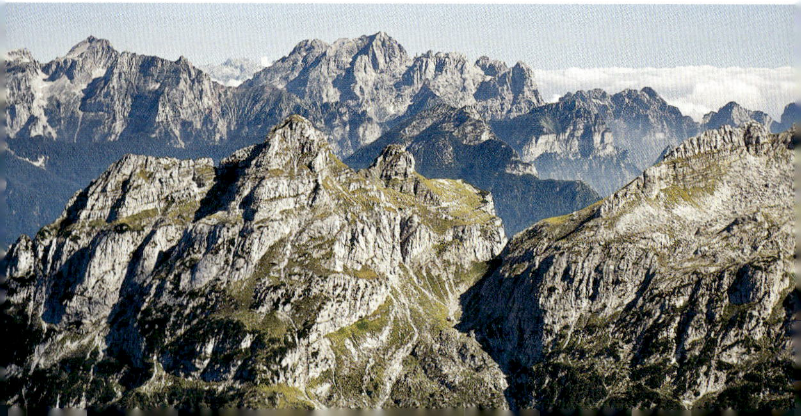

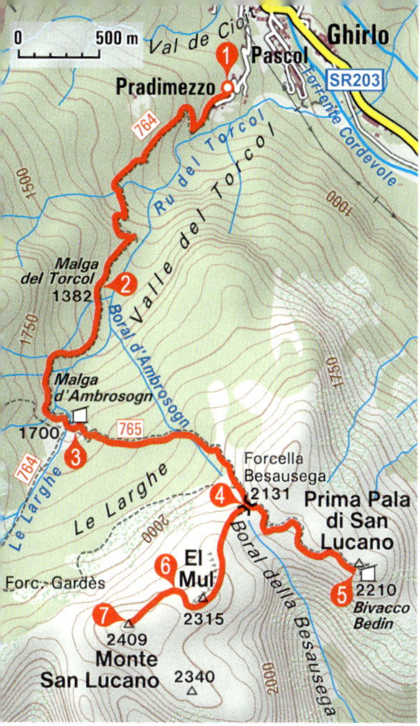

In **Pradimezzo (1)** auf Straße (Fahrverbot!) durch den idyllischen Ort aufwärts. Beim Haus Nr. 24 durch einen Durchgang zum grasbewachsenen Fahrweg Nr. 764. Auf ihm südwestwärts in den steilen Waldgraben des Valle del Torcol. An seiner rechten Seite durch Buchenwald in vielen Kehren aufwärts zu einem Murbruch (Hochwasser 1966), danach an einer Wasserstelle vorbei durch Hochwald in Serpentinen über eine Steilstufe weiter bergauf zur Lichtung um die **Malga del Torcol (2)**, 1382 m. Durch Wald an einem kleinen Wasserfall vorbei, dann rechts der Talsohle in Südwestrichtung weiter zu den großen Wiesenflächen der **Malga d'Ambrosogn** (**3**, 1700 m, Brunnen, immer offener Aufenthaltsraum im Wirtschaftsgebäude).

Links ab und nun auf Weg Nr. 765 im krautigen Gelände und durch lichten Baumbestand ostwärts, oberhalb der Baumgrenze dann über angegrünte Schutthänge weiter bergauf in Richtung der Cime d'Ambrosogn, schließlich schräg rechts (Südwesten) empor in die **Forcella Besausega (4)**, 2131 m. Kurz vor dem Erreichen der Scharte den Weg Nr. 765 durch eine Rinne kurz nach links auf eine begrünte Terrasse. Auf ihr und auf Bändern an den Abhängen der Cime d'Ambrosogn und der »Le Cime« hoch über der Schlucht »Boral delle Besausega« in langer, zum Teil ausgesetzter Querung nach Südosten zum besonders aus-

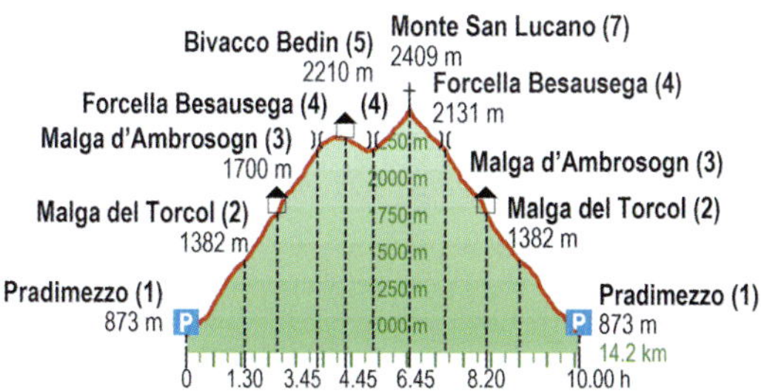

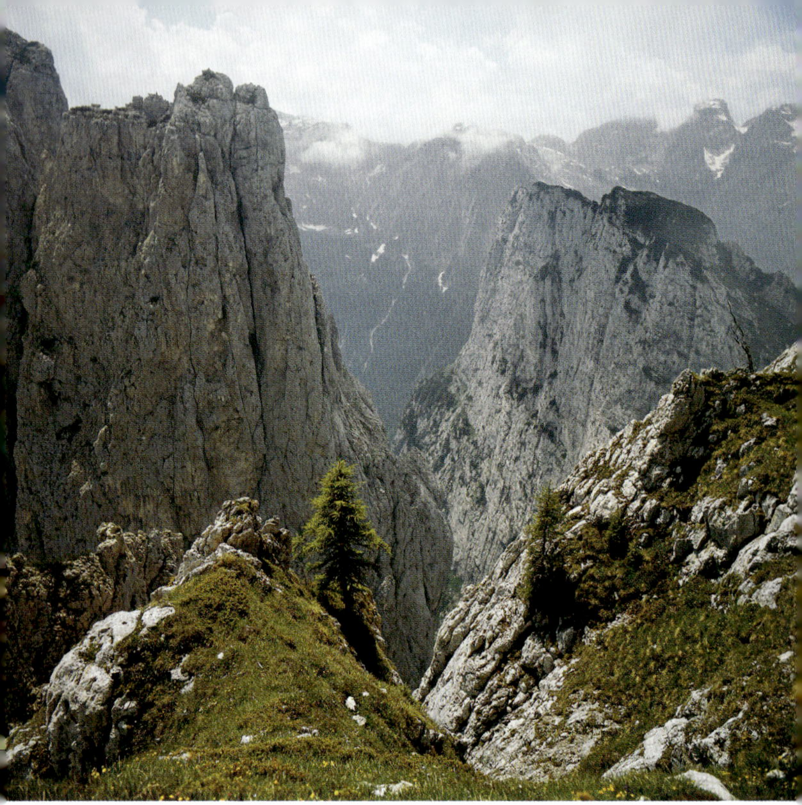

Die steilen Felsabbrüche des Monte San Lucano gegen das Val di San Lucano.

sichtsreich am Gipfelplatau der Prima Pala di San Lucano gelegenen **Biv. Margherita Bedin (5)**, 2210 m. Zurück in die **Forcella Besausega (4)**. Aus ihr auf unbez. Steigspuren über eine 30 m hohe felsige Steilstufe in leichter Kletterei (I) links hoch, danach die Südwestrichtung beibehaltend über Wiesen empor unter die Felsen des El Mul. Nach links in die Südseite des Berges und dort über der abgrundtiefen Schlucht Boral della Besausega auf zum Teil ausgesetzten, aber gut gangbaren Bändern nach Westen, später im Rechtsbogen nach Norden in den **Sattel (6)**, 2315 m, westlich des El Mul. Aus diesem durch Blockwerk und über Felsstufen in leichter Kletterei nach links (Südwesten) empor zum Gipfel des **Monte San Lucano (7)**, 2409 m. **Abstieg** entlang der Anstiegsroute.

5.45 Std.

Cima Pape (Cima Sanson), 2503 m

15 TOP

Schwarzer Vulkangipfel am Rande der Pala

An der Talgabel zwischen Cordevole und Biois liegt eine Zone aus Eruptivgestein, in der Biwakhütten und bewirtschaftete Stützpunkte fehlen, was Besuchern einiges an Ausdauer und Durchhaltevermögen abverlangt. Höchste Erhebung dieser im Nordosten der Pala gelegenen Kleingruppe schwarzer Berge ist die Cima Pape, die ihren Namen dem in Canale d'Agordo geborenen Papst Albino Luciani, dem Kirchenoberhaupt mit der kürzesten Amtsperiode, verdankt. Der 1300-Meter-Anstieg von Bogo oberhalb von Cencenighe ist lang und erfordert im Gipfelbereich Trittsicherheit, Schwindelfreiheit und trockene Verhältnisse. Alle Beschwernisse werden indes durch eine umfassende, selten geschaute Rundsicht belohnt, für die es sich auszahlt, auch mehrere Tage auf schönes Wetter zu warten.

Talort: Cencenighe Agordino (774 m), Gemeinde an der Mündung des Valle del Biois in das Cordevoletal.

Ausgangspunkt: Bogo (1194 m, kleiner Parkplatz), Weiler in eindrucksvoller Lage am Ostabhang der Cima Pape hoch über dem Cordevoletal. Zufahrt von Cencenighe über das Dorf Martin auf asphaltierter Serpentinenstraße mit dem eigenen Auto (4 km).

Anforderungen: Bis zur Cas. Rudelefin alta markierte Wege, danach nur bez. Steigspuren. Trittsicherheit, Schwindelfreiheit, Ausdauer und sicheres Wetter nötig. An den Steilrasenhängen im Gipfelanstieg besondere Vorsicht (nur bei trockenen Verhältnissen!).

Höhenunterschied: 1310 m im An- und Abstieg.

Einkehr: Keine.

Variante: Wer sich die Gipfelbesteigung nicht zutraut, sollte von der Cas. Rudelefin alta aus auf dem Steig Nr. 759 zumindest die Forcella Pape (2284 m) besuchen.

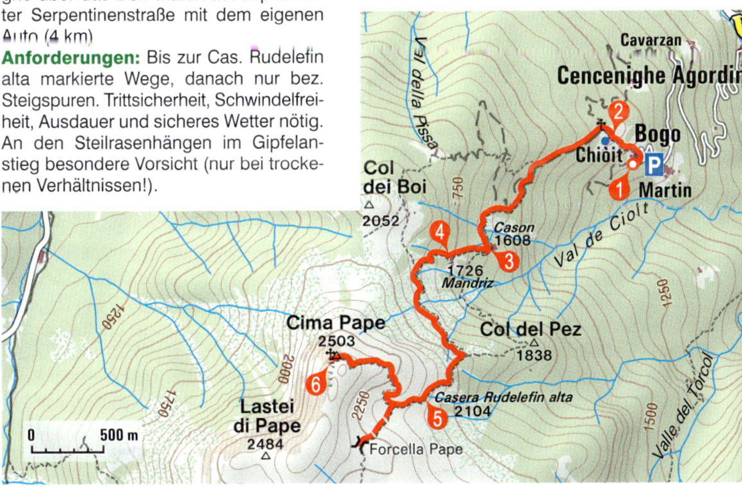

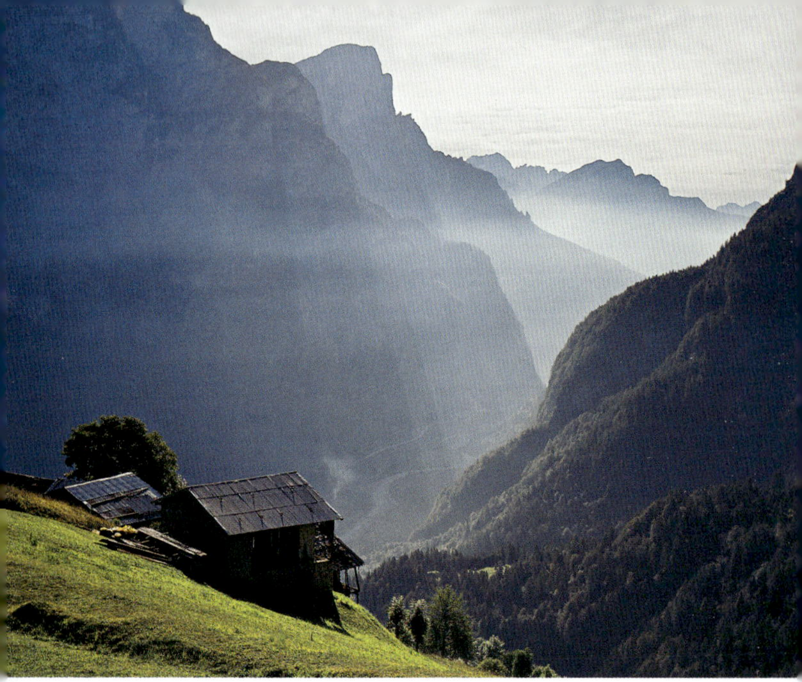

Tiefblick bei den Häusern von Chiòit in die von den ersten Sonnenstrahlen erhellte Talsohle des Val Cordevole.

Vom Weiler **Bogo (1)** auf dem Weg Nr. 759 durch Wiesen nordwestwärts steil hinauf zu den verlassenen Wohnhäusern von **Chiòit** (**2**, 1289 m, Brunnen) am Ostrücken des Col dei Boi. Links haltend in die bewaldete Südseite des Rückens hinein und dort südwestwärts gegen eine Schlucht hoch. Rechts von ihr im Wald bergauf, dann Querung nach links (Süden), schließlich steiler empor zur Almhütte **Cason (3)**, 1608 m. Weiter dem Weg Nr. 759 folgend einen begrünten Rücken in steilen Windungen nach Westen empor zu den Häusern von **Mandriz (4)**, 1726 m, danach südwestwärts ansteigend zu einer Verzweigung. Hier links haltend in die steile grasige Ostflanke der Cima Pape hinein und dort aufwärts zu einigen Hütten, danach durch Buschwerk einige Rinnen querend eben zu einer Quelle. Nun durch Gesträuch steiler empor zu einer Schulter am Ostrücken der C. Pape. Nach rechts in die Südseite des Berges und dort in Südwestrichtung hoch, schließlich durch felsdurchsetzte Grashänge in ein weites Hochtal mit den Resten der **Casera Rudelefin alta (5)**, 2104 m.

Von der Casera führt uns Weg Nr. 759 westwärts in Kehren gegen die Forcella Pape hinauf in einen Karboden mit Felsblöcken und Wegteilung. Rechts ab und nun ohne Wegnummer auf bez. Steigspuren über steile Grashänge nach Norden empor an den oberen Ostrücken der C. Pape und dort zu einer Scharte vor dem Gipfelaufbau. Auf der Wegtrasse in Windungen über die von Felstürmen durchsetzte, sehr steile Grasflanke (Vorsicht bei Nässe!) hinauf in eine Rinne und durch sie hoch, dann links haltend an den Gipfelgrat und auf diesem zum höchsten Punkt der **Cima Pape** (**6**, 2503 m, auch Cima Sanson). Das Gipfelkreuz steht am niedrigeren Nordostgipfel, hier befindet sich auch eine Gedenktafel für Albino Luciani, den am 17. Oktober 1912 in Canale d'Agordo geborenen, nach nur 33 Amtstagen am 28. September 1978 in Rom verstorbenen Papst Johannes Paul I.
Der **Abstieg** erfolgt entlang der Anstiegroute.

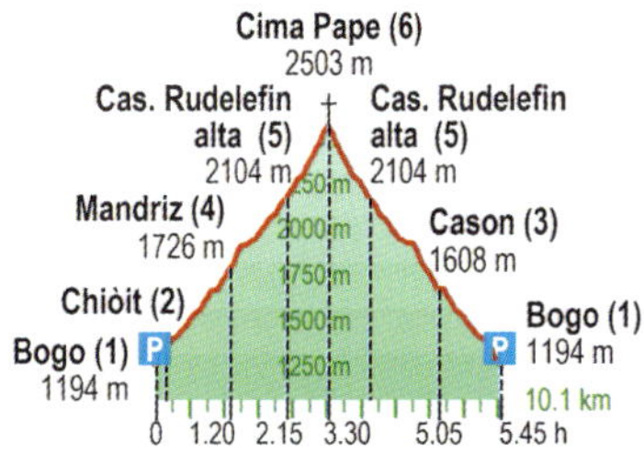

Tiefblick von der Cima Pape ins Valle di Garés, darüber die nördliche Palakette.

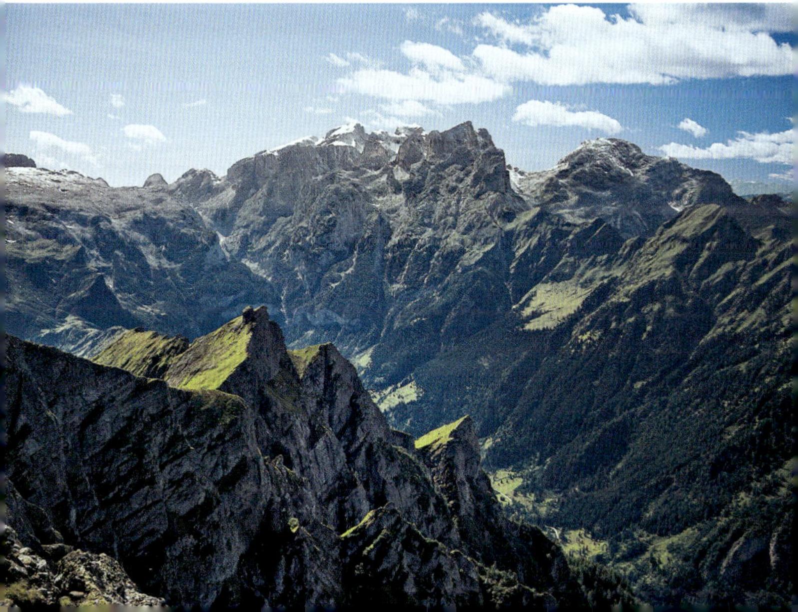

16 Malga Stia, 1785 m, und Forcella della Stia, 2150 m

3.30 Std.

Erste Wahl im Valle di Garés

Ein abgeschiedenes Bergdorf am Ende der Welt, überragt von Bergen aus dunklem Eruptivgestein, das ist Garés in einem Seitental der Pala südlich von Falcade. Man erreicht den Ort mittels privater Buslinie oder eigenem Auto von Canale d'Agordo, dem Geburtsort von Papst Johannes Paul I (1912–1978), der mit einem Pontifikat von 33 Tagen das Kirchenoberhaupt mit der bislang kürzesten Amtszeit war. Und der Wanderer? Für ihn kommt als rasches Tourenziel vorrangig die im Sommer bewirtschaftete Malga Stia in Frage. Auf der mühelosen Wanderung zur Alm und weiter zur Forcella della Stia im Focobon-Kamm wird man mit wundervollen Landschaftsbildern verwöhnt.

Talorte: Canale d'Agordo (977 m), Ort an der Mündung des Valle di Garés ins Valle del Biois. Garés (1381 m), Dorf im Hintergrund des gleichnamigen Tales.
Ausgangspunkt: Parkplatz (1381 m), am nördlichen Ortseingang von Garés. Zufahrt von Canale d'Agordo mit dem eigenen Auto oder dem privaten Bus-Service; 7 km von Canale d'Agordo.
Anforderungen: Einfache, mittellange Wanderung auf bez. Fahr- und Fußwegen.
Höhenunterschied: 770 m auf und ab.
Einkehr: Agrit. Malga Stia (8 L., bew., im Juni an den Wochenenden, vom 1. Juli bis 30. Sept. tägl. geöffnet, Tel. +39 338 4801464, www.malgastia.it). Zwei Gastbetriebe in Garés.
Hinweis: Bei Verzicht auf den Besuch der Forc. della Stia reduziert sich die Gesamtgehzeit auf 2.30 Std.

Vom **Parkplatz (1)** auf einem Fußweg zwischen den blumengeschückten Häusern von Garés hindurch nordwärts zum Dorfbrunnen oberhalb der Kirche, danach auf schmaler Straße weiter zu einer **Verzweigung mit Schranke (2)**. Links ab und auf dem Fußweg Nr. 754 einen Waldgraben anfangs links, dann rechts vom Bach nach Westen aufwärts zur nächsten Gabelung. Dort auf Weg Nr. 754 ver-

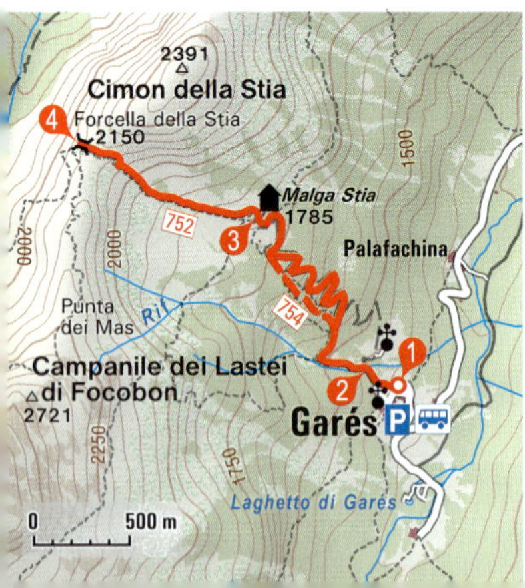

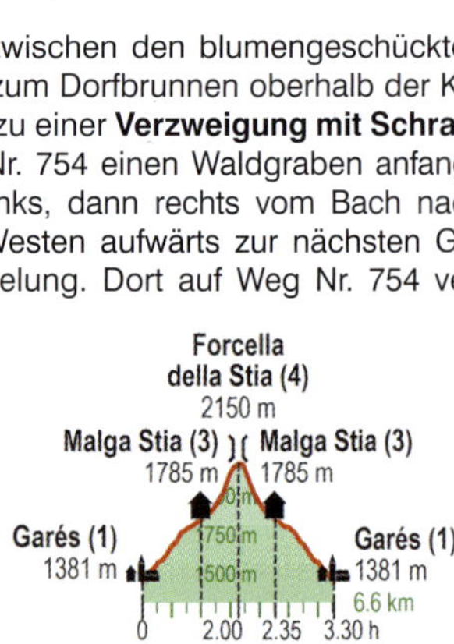

Die Wiesenteppiche der Malga Stia mit dem Massiv des Monte Agner.

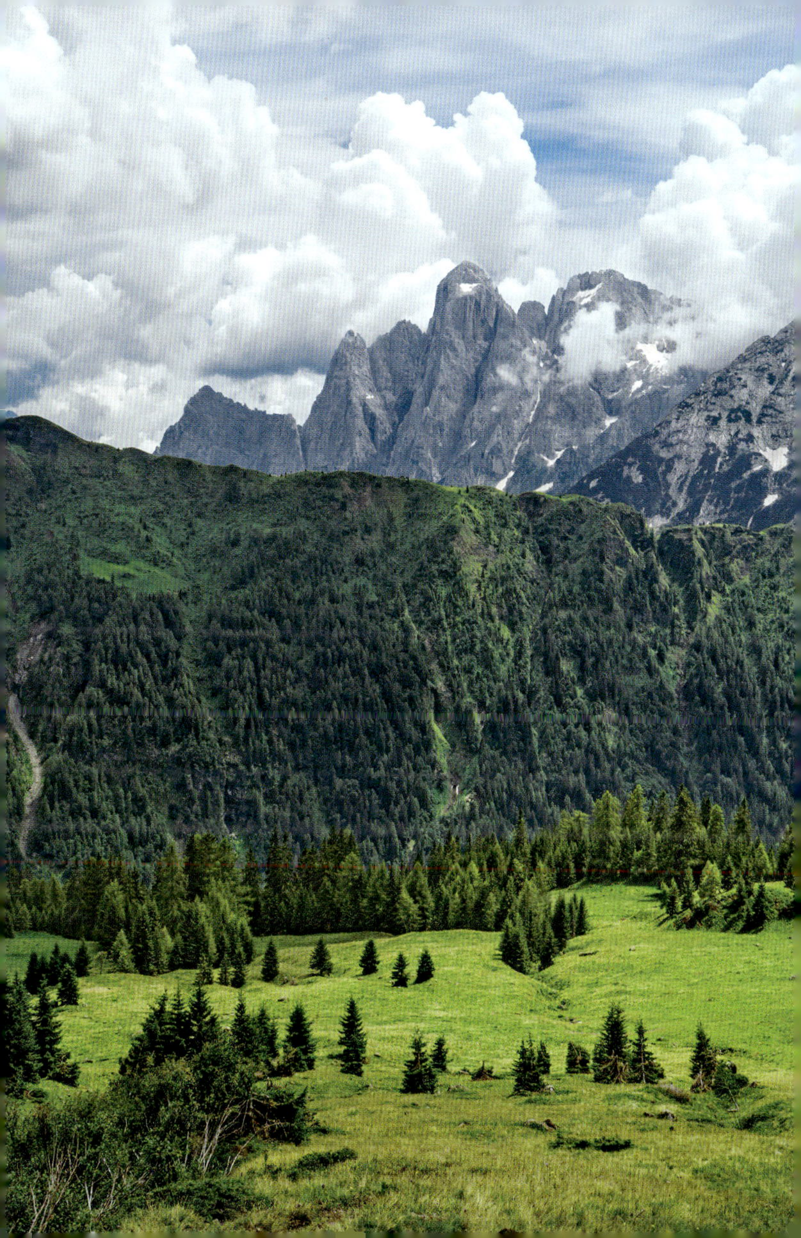

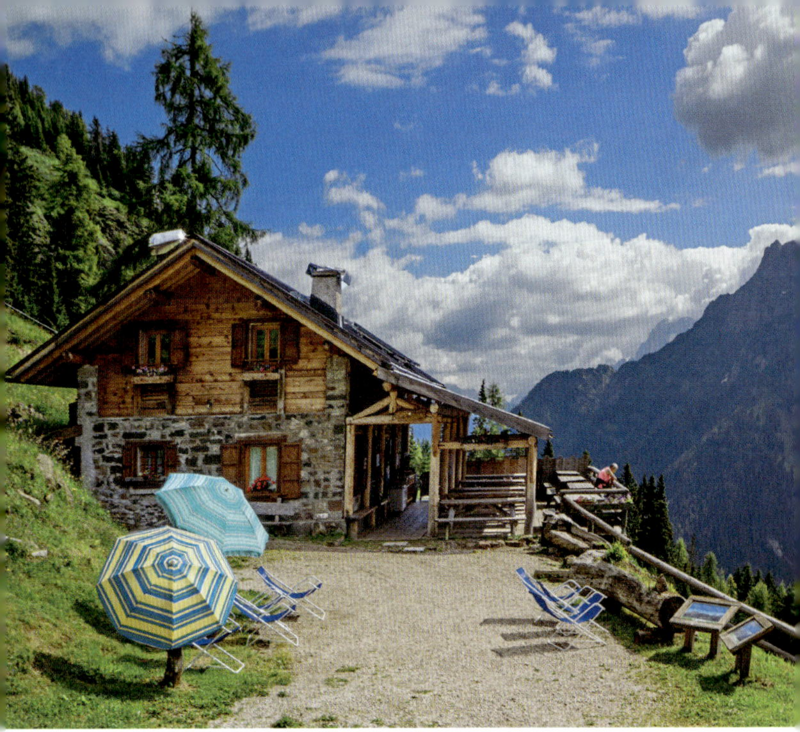

Der Agriturismo Malga Stia lädt zur Rast und zum Verkosten heimischer Schmankerl ein.

bleibend steil nach rechts (Norden) empor, bis in einer Kehre die Straße wieder erreicht ist. Entlang der Straße (oder auf dem bez. abkürzenden Fußweg) zur Rechten des **Val di Creta** in Kehren nach Nordwesten aufwärts, später durch Almwiesen zu der auf aussichtsreicher Schulter hoch über dem Valle di Garés gelegenen **Malga Stia (3)**, 1785 m. Prachtblick auf den dunkelfelsigen Zackengrat der Cima Pape (Tour 15) jenseits des Garéstals, links dahinter die Civetta.

Von der Malga Stia auf Weg Nr. 752 durch die sanfte Wiesenmulde (Viehweide) des oberen Val di Creta nach Westen aufwärts, dann durch eine steile Grasmulde in Kehren empor zur **Forcella della Stia (4)**, 2150 m, zwischen Cimon della Stia rechts und Punta dei Mar links. Überraschender Tiefblick nach Norden auf Falcade mit der Marmoladagruppe darüber. Im Südosten der kristallformige Monte Agner in der südlichen Palakette.

Abstieg entlang der Anstiegsroute.

4.30 Std.

Cima Venegia, 2305 m, und Cima della Venegiota, 2401 m

17

Zwei leicht erreichbare Panoramagipfel im Norden der Pala

Wer vom Vallespass dem Wanderweg Nr. 751 in Richtung Mulàzhütte folgt, dem enthüllt sich an der Forcella di Venegia ein Prachtblick auf die wie eine Phalanx aufgereihten Gipfel der Pala-Nordkette vom Monte Mulàz bis zum Cimone della Pala. Nicht ohne Grund wurde diese Strecke zur Etappe des Dolomiten-Höhenwegs Nr. 2 auserkoren, obwohl sie keine Gipfel berührt. Letzteren aber widmen wir uns auf dieser Tour, besteigen aus den Scharten Venegia und Venegiota die beiden leicht (aber nicht gefahrlos!) erreichbaren Höhen. Man vergesse nur den Fotoapparat nicht, denn es wird ein Augenschmaus der Sonderklasse geboten, bei dem sich das Landschaftsbild auf dem Weg nach oben immer weiter entfaltet und steigert.

Talorte: Falcade (1155 m), Sommer- und Wintersportort im inneren Valle del Biois. Predazzo (1008 m), Ferienort im Fleimstal an der Mündung des Val Travignolo. Bellamonte (1372 m), auf einer Terrasse über dem Val Travignolo, 6 km von Predazzo.

Ausgangspunkt: Passo Valles (2031 m, Parkplatz, kein Bushalt!) zwischen Pala- und Bocchegruppe, der den Übergang aus dem Valle del Biois in das Travignolotal vermittelt; 11 km von Falcade, 22 km von Predazzo, 16 km von Bellamonte.

Anforderungen: Einfache Tour auf meist markierten Wegen, Gipfelanstiege auf unbez. Steigspuren. Schwindelfreiheit und Trittsicherheit nötig. Nur bei trockenem Wetter!

Höhenunterschied: 750 m im An- und Abstieg.

Einkehr: Unterwegs keine Einkehr! Am Ausgangspunkt Rif. Passo Valles (25 B., 8 L. in der Dependance, 15. Juni bis 31. Okt. geöffnet, Tel. + 39 437 599136, www.passovalles.com).

Hinweis: Nimmt man von der Cima della Venegiota die Anstiegsroute zurück zum Passo Valles, spart man 30 Min. Gehzeit.

Vom **Passo Valles (1)** auf Weg Nr. 751 durch Wiesen nach Süden aufwärts an den Nordrücken der Cima Venegia. Dort in steilen Kehren durch felsig-begrüntes Gelände bergauf, bald aber nach links in die Nordostflanke des Berges hinein. Durch steile Wiesenhänge, zuletzt in Serpentinen nach rechts empor in die **Forcella di Venegia** (**2**, 2217 m, auch Forc. di Caladòra) zwischen C. Venegia und Cima Caladòra. Nun rechts (westwärts) auf unbez.

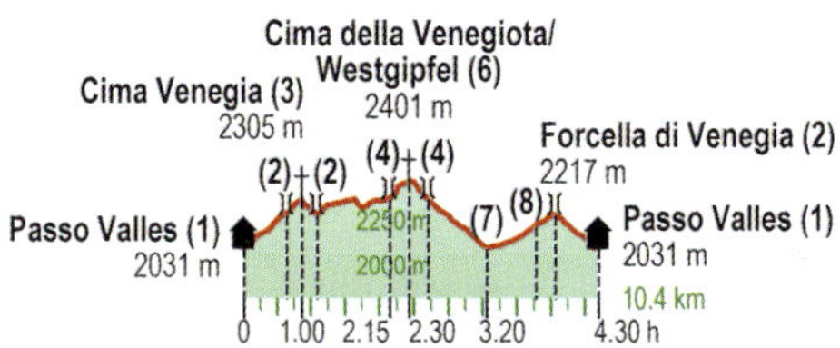

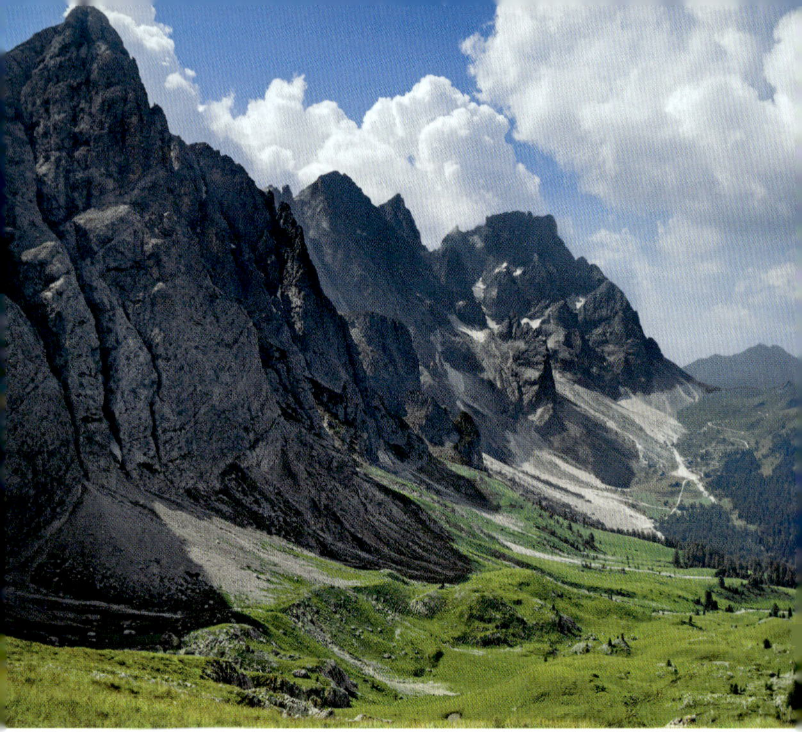

Am Passo di Venegiota. Einblick in die Westwandflucht der Pala-Nordkette.

Steig knapp links des grasigen Rückens empor zum Gipfel der **Cima Venegia** (**3**, 2305 m, auch Cima Valles).
Zurück in die **Forcella di Venegia (2)**. Jenseits auf Weg Nr. 751 den grasigen Westrücken der C. Caladòra hoch und unter ihrem Gipfel nach rechts in die grüne Mulde mit dem reizenden **Laghetto Caladòra**. In längerer Querung an den Südhängen der Cima della Venegiota weiter, danach unter lang gestreckter Wand abwärts, bis der Weg um einen Vorsprung herum links in das Vallon della Venegiota einschwenkt. Dort durch Wiesen und an felsdurchsetzten Hängen entlang ostwärts hinauf, zuletzt kurz bergab in den **Passo di Venegiota (4)**, 2303 m. Den begrünten Ostrücken der C. della Venegiota auf unbez. Steigspuren nach links hoch, dann links vom Kamm sehr steil (Vorsicht!) weiter auf eine Schulter. Am geröllig-begrünten Rücken (Edelweiß!) nun weniger steil auf den **Ostgipfel (5)**, 2400 m, danach auf Fußweg an Laufgräben vorbei eben und aufwärts zum **Westgipfel der Cima della**

Venegiota (6), 2401 m. Einblick in die Wände der Pala-Nordkette, Tiefblick auf Falcade!
Zurück zum **Passo di Venegiota (4)**. Nun rechts den bez. Weg Richtung Malga Venegiota an der rechten Seite des Vallon della Venegiota über Wiesenterrassen und durch Mulden nach Südwesten hinab zum **Querweg Nr. 749 (7)**. Auf ihm rechts haltend an einer Holzhütte vorbei, durch Wiesen und durch lichten Baumbestand nach Nordwesten empor zu einem **querenden Fahrweg (8)**. Diesen links haltend durch Wiesenhänge nordwestwärts hinauf in die **Forcella di Venegia (2)**. Auf dem bereits bekannten Weg zurück zum **Passo Valles (1)**.

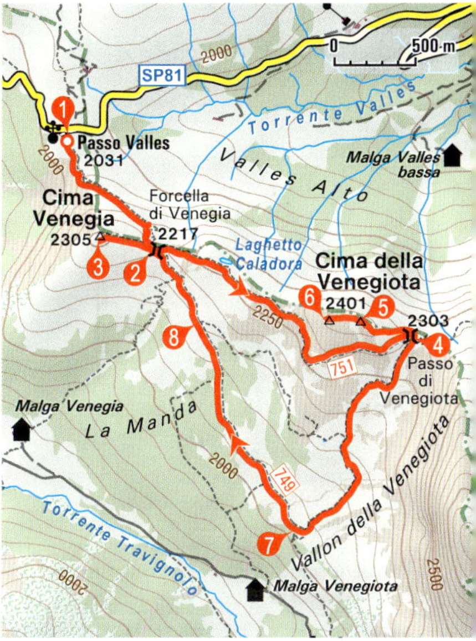

Der hübsche Laghetto Caladòra.

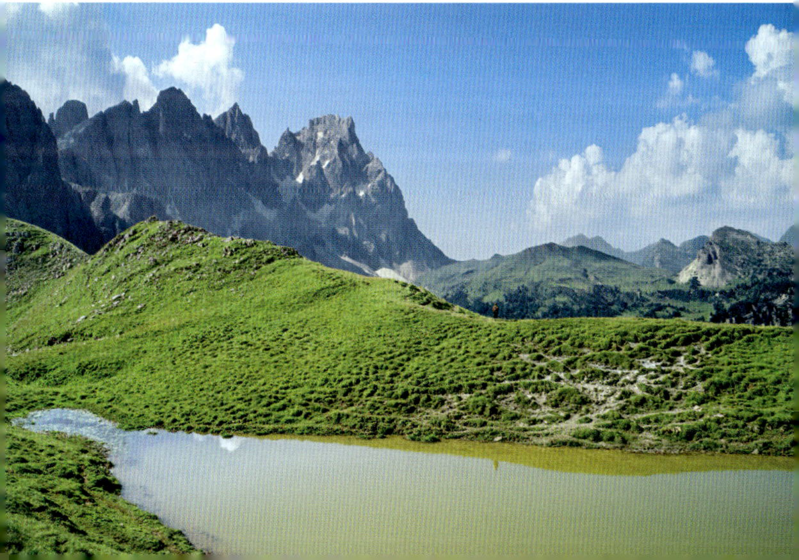

18 Monte Mulàz, 2906 m

2 Tage

Exzellenter Schauplatz vor den Türmen der Pala

Aussichtsberge, Panoramapunkte, Logenplätze gibt es in den Dolomiten zuhauf, doch kaum einer kommt dem Ideal näher als der den Pala-Türmen nördlich vorgelagerte Monte Mulàz. Der lange, auf zwei Tage angelegte An- und Abmarschweg vom und zum Vallespass tut dem Vergnügen keinen Abbruch, im Gegenteil, als Schauweg stimmt er ein auf ein »Fest der Augen«, das an der Mulàzhütte im Schatten der Focobontürme einen ersten Höhepunkt erfährt. Am Gipfel steht man dann den im Süden vollzählig aufgereihten Türmen der Pala-Nordkette gegenüber – ein Breitwandgemälde von den Campanili dei Lastei über Cima und Campenile del Focobon, die Torri Farangole und die Cima della Vezzana bis zum Cimone della Pala.

Talorte, Ausgangspunkt: S. Tour 17.
Anforderungen: Lange, anstrengende Tour auf meist bez. Wegen. Einzelne leichte Kletterstellen im Schwierigkeitsgrad I. Nur bei schneefreien Verhältnissen!
Höhenunterschied: 1100 m im An- und Abstieg.

Einkehr: Rif. Volpi al Mulàz (39 B, 20 L., 12 Notlager im Winterraum, bew. 20. Juni bis 25. Sept., Tel. +39 0437 599420 und +39 338 5924343). Am Ausgangspunkt Rif. Passo Valles (25 B., 8 L. in der Dependance, 15. Juni bis 31. Okt. geöffnet, Tel. + 39 437 599136, www.passovalles.com).

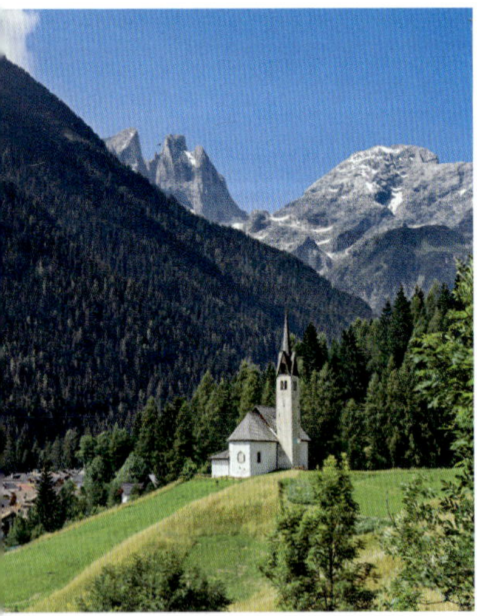

Vom **Passo Valles (1)** wie bei Tour 17 empor in die **Forcella di Venegia** (**2**, 2217 m, auch Forcella di Caladòra) zwischen Cima Venegia und Cima Caladòra. Prachtblick nach Süden zur nördlichen Palakette, im Rückblick die Marmolada (Südwand), im Westen die Fleimstaler Alpen.
Mit Weg Nr. 751 den grasigen Westrücken der C. Caladòra und auf der bei Tour 17 ausführlich beschriebenen Route in den **Passo di Venegiota (3)**, 2303 m. Von dort in Kehren steil empor zu einer Schulter, dann schöne Querung einer steilen Flanke (dunkles Eruptivgestein!) zu ei-

Die Kirche Beata Vergine della Salute von Caviola (Falcade), dahinter rechts unser Wanderziel: der Monte Mulàz.

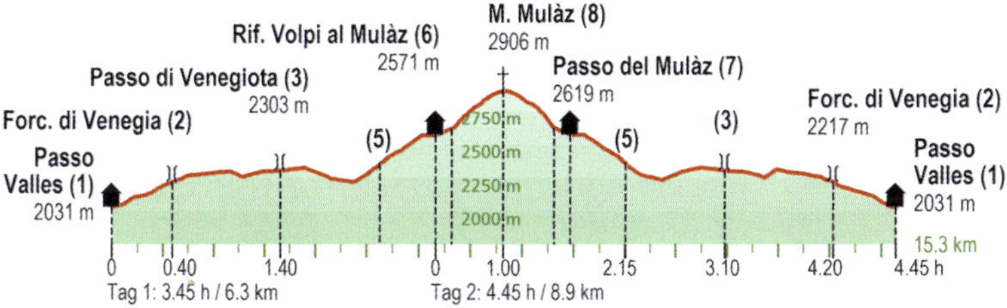

ner weiteren **Schulter direkt über dem Passo dei Fochèt** (**4**, 2330 m, Linksabzweigung von Weg Nr. 753). Unser Weg Nr. 751 schwenkt nun rechts in das von imposanten Berggestalten flankierte Val Focobon ein und führt dort an der rechten Talseite an den Ostflanken Monte Mulàz weiter. Zunächst in Südostrichtung bergab auf eine grüne, muldenreiche Geländerampe, eben weiter und dann an steiler Felsflanke (Drahtseile) etwas ausgesetzt nach rechts (Süden) in ein Gerölltal. Dieses in Kehren hoch, später durch eine Steilrinne zu einer markanten **Schulter mit Wiese (5)**, die sich als Rastplatz mit imponierendem Aufblick zu den Campanili dei Lastei anbietet. Anschließend geht es über einen plattigen Felsaufschwung (I) zur nächsten Schulter, dann über gestufte Felsen und durch eine Geröllmulde in die Scharte zwischen M. Mulàz rechts und Sasso Arduini links. Jenseits kurz bergab, dann eben zum

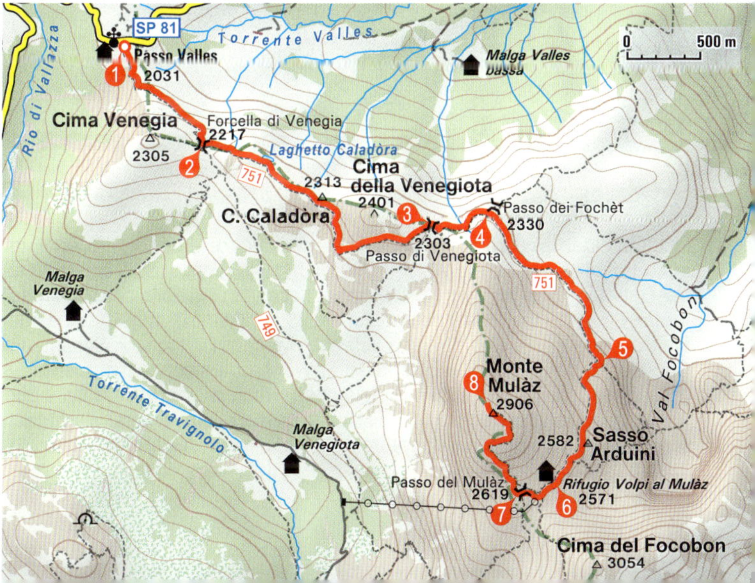

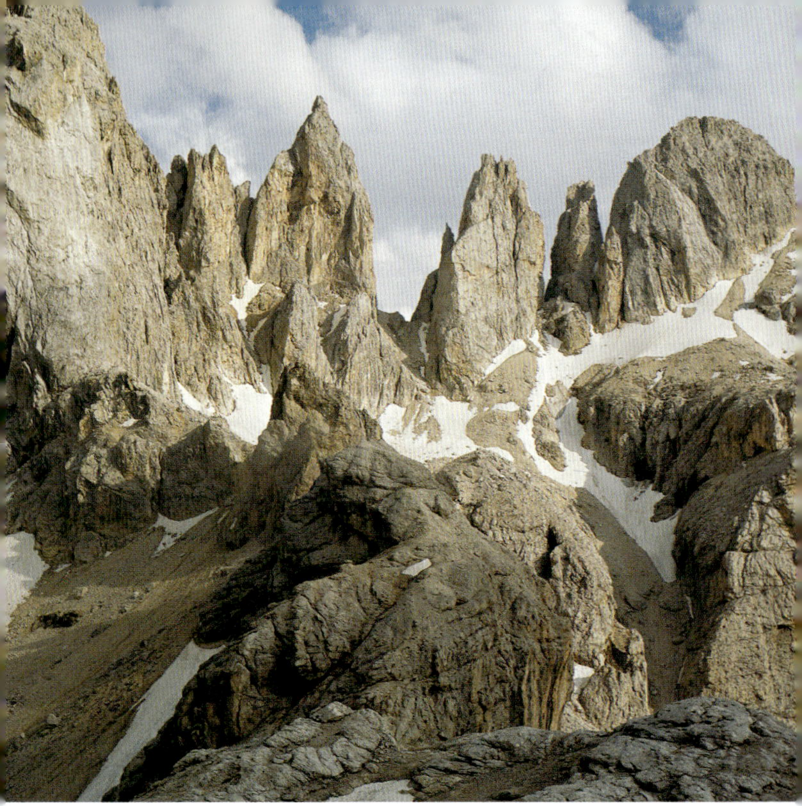

Blick vom Monte Mulàz auf die Torri delle Farangole.

inmitten eines großartigen felsigen Amphitheaters gelegenen **Rifugio Volpi al Mulàz (6)**, 2571 m. Auf Weg Nr. 703 und 710 kurz nach Südwesten zu einer Gabelung und auf Weg Nr. 710 rechts haltend aufwärts in den **Passo del Mulàz (7)**, 2619 m. Rechts ab und auf bez. Steig (keine Nummer) einen steilen Schutthang in vielen Kehren nach Nordwesten hoch in eine Scharte am Südgrat. Entlang einer Geröllterrasse in Windungen rechts (nordostwärts) empor unter den senkrechten Gipfelaufbau. Nach links in die Ostseite und dort über Bänder und leichte Felsstufen in die Gipfelscharte. Kurz nach rechts (Norden) empor auf den Nord- und Hauptgipfel des **Monte Mulàz (8)**, 2906 m, mit Glockenturm.
Abstieg entlang der Anstiegsroute.

2.45 Std.

Malghe Venegia, Iuribello und Costoncella

19

Drei-Almen-Runde im Banne des Cimone della Pala

Wem nach anstrengendem Tun einmal nicht nach großen Aktivitäten zumute ist, wer schauen, einkehren, bummeln und einen Tag verträumen möchte, dem empfehle ich die hier vorgestellte Almenrunde im Naturpark Paneveggio – Pale di San Martino vor den fantastischen Zinnen der Palagruppe. Was auf dieser kleinen Tour an Schaugenüssen geboten wird, übertrifft bei Weitem den investierten Kraftaufwand und garantiert allein oder mit der Familie ein perfektes Wandererlebnis.

Talorte: Falcade (1155 m), Sommer- und Wintersportort im inneren Valle del Biois. Predazzo (1008 m), Ferienort im Fleimstal an der Mündung des Val Travignolo. Bellamonte (1372 m), auf einer Terrasse über dem Val Travignolo, 6 km von Predazzo.

Ausgangspunkt: Großparkplatz Malga Venegia (1747 m), in der Talsohle des Val Venegia gleich unterhalb der gleichnamigen Alm. Zufahrt mit eigenem Auto von Bellamonte (11 km), Predazzo (17 km) und Falcade (16 km). Vom 1. Juli bis zum zweiten Sonntag im Sept. wird am Pian dei Casoni am Eingang des Val Venegia zwischen 8 und 16 Uhr eine Maut (Parkgebühr) erhoben. Zwischen 23 und 7 Uhr besteht Parkverbot. Vom 1. Juli bis zum 5. Sept. sowie davor und danach an Wochenenden verkehrt zwischen 9.35 und 16.25 Uhr etwa stündlich ein Shuttlebus von Paneveggio zur Malga Venegia.

Anforderungen: Von einer weglosen Passage zwischen den Almen Iuribello und Costoncella abgesehen einfache Wanderung auf bez. Fahr- und Fußwegen.

Höhenunterschied: 360 m im An- und Abstieg.

Einkehr: Agrit. Malga Iuribello (30 L., 10. Juni bis 20./25. Sept. geöffnet, Tel. +39 348 8925841). Unweit des Ausgangspunkts Agrit. Malga Venegia (keine Nächtigung, 10. Juni bis 20./ 25. Sept. geöffnet, Tel. +39 348 0627886).

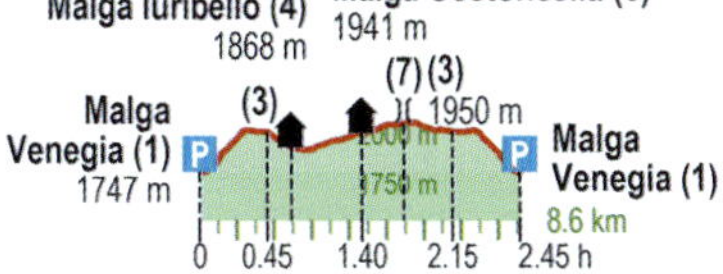

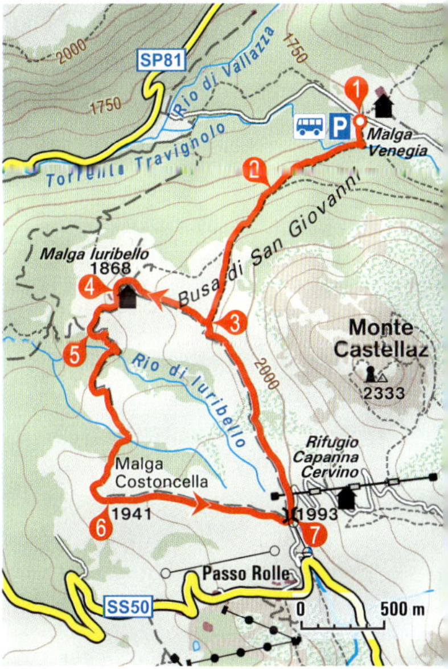

Vom **Parkplatz Malga Venegia (1)** die Schotterstraße 50 m talein zur Schranke. Gleich danach zweigt rechts der rot bez. Fußweg zur Malga Iuribello (keine Tafel) ab. Auf diesem südwärts über den Torrente Travignolo (Holzbrücke) und jenseits an den Waldhängen teils in Kehren westwärts empor zu einer **Verzweigung (2)**. Geradeaus, oberhalb eines Murbruchs aufwärts und dann über freie Wiesen (mit überraschendem Aufblick gegen den fingerförmigen Cimone della Pala im Süden!) eben zu einem querenden **Naturfahrweg (3)**. Auf diesem rechts haltend hinunter zur **Malga Iuribello (4)**, 1868 m.
Die Zufahrtsstraße durch Wiesen nach Südwesten absteigend zur Linksabzweigung eines unbez. **Naturfahrwegs (5)**. Ihm folgen wir nach Süden in den Wald und dort hinab in einen Graben. Über den Bach (Rio de Iruibello) und jenseits rechts hoch, danach in zwei Kehren durch Wiesen aufwärts zum Ende des Fahrwegs. Nun weglos bzw. auf Steigspuren in Südrichtung weiter bergauf, danach rechts haltend gegen den nächsten Graben abwärts

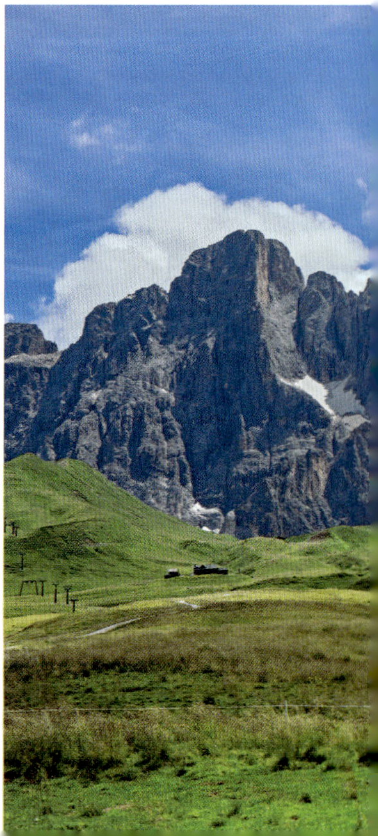

Cima dei Bureloni, Cima della Vezzana und Cimone della Pala von der Malga Costoncella (rechts). – Die Felssäule des Cimone della Pala von der Malga Iuribello (unten).

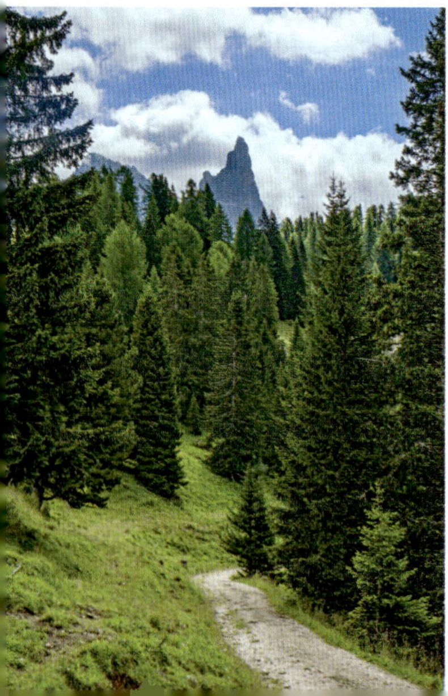

zu querender Wegtrasse. Diese nach links in die Grabensohle und jenseits nach rechts hoch, später durch Wiesen südwärts hinauf zur Schulter mit der **Malga Costoncella (6)**, 1941 m. Aufblick gegen die Felsriesen der Pala-Nordkette.

Auf der Zufahrtsstraße nach Osten, einem runden Wiesenrücken folgend hinauf auf eine Anhöhe und jenseits zur Straßenkreuzung am **Sattel vor der Cima Costazza (7)**, 1993 m. Links auf einer Naturstraße oberhalb der Talstation des Segantini-Sessellifts (kein Sommerbetrieb!) vorbei, dann durch Almwiesen nach links (Norden) abwärts und unter dem Monte Castellaz durch zur **Einmündug des Anstiegswegs (3)**. Auf diesem zurück zum **Parkplatz Malga Venegia (1)**, von wo aus der kurze Abstecher zum **Agriturismo Malga Venegia** lohnt.

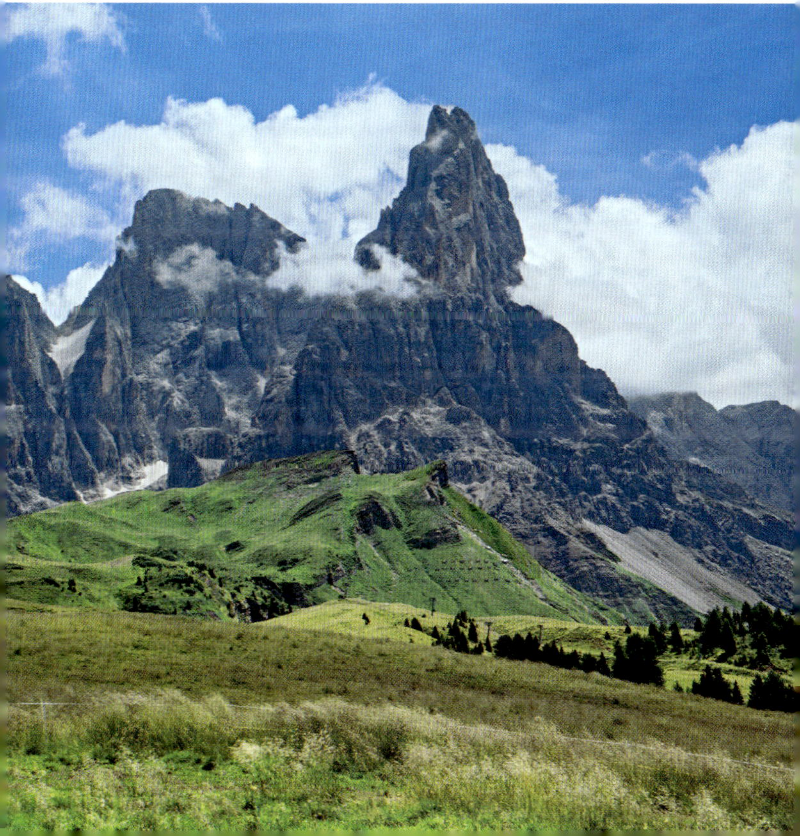

20 Um und auf den Monte Castellaz, 2333 m

3.30 Std.

Viel Volk auf einer Paradetour der Dolomiten

Verglichen mit der unmittelbar und kühn darüber aufragenden Säule des Cimone della Pala ist der Monte Castellaz nur ein Zwerg. Doch was besagen Höhe und Form eines Berges, den man gerade bestiegen hat? Ich behaupte: Wer den Monte Castellaz – ein »Freilichtmuseum« mit den zahlreichen Relikten aus dem Dolomitenkrieg – besucht und umwandert, von ihm die himmelragenden Felsriesen der nördlichen Palakette bestaunt hat, der nimmt in Summe mehr Eindrücke auf als bei so mancher alpinen »Großtat« anderswo! Dass man hier kaum einmal alleine unterwegs ist, spricht weder für noch gegen diese Tour, die Naturliebhabern schon allein der Landschaft wegen ans Herz gelegt sei.

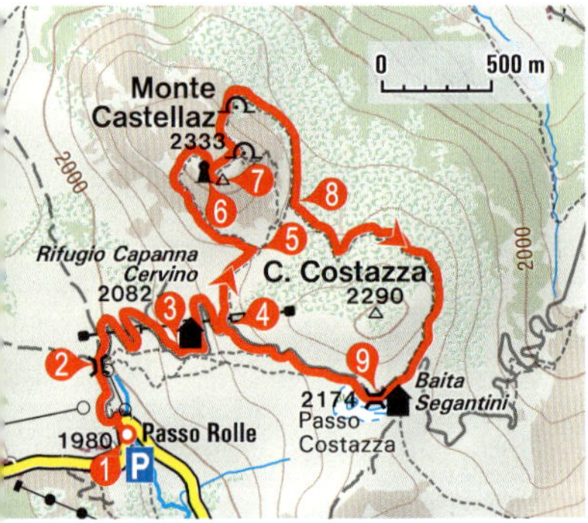

Talorte: San Martino di Castrozza (1466 m), renommierter Urlaubsort im oberen Cismontal am Westfuß der Pala. Predazzo (1008 m), Ferienort im Fleimstal an der Mündung des Val Travignolo. Bellamonte (1372 m), auf einer Terrasse über dem Val Travignolo. Falcade (1155 m), Sommer- und Wintersportort im inneren Valle del Biois.

Ausgangspunkt: Passo Rolle (1980 m, Bushalt) zwischen Palagruppe und Fleimstaler Alpen mit Verbindungsstraße aus dem Travignolotal ins Val Cismon; 9 km von San Martino di Castrozza, 14 km von Bellamonte, 20 km von Predazzo, 23 km von Falcade. Eigentlicher Ausgangspunkt ist der Großparkplatz (1960 m) an der Straßenkehre östlich unter dem Rollepass.

Anforderungen: Einfache Wanderung auf gut markierten und beschilderten Wegen, im Hochsommer besonders stark frequentiert! Auch mit Kindern zu empfehlen.

Höhenunterschied: 420 m im An- und Abstieg.

Einkehr: Rif. Capanna Cervino (18 B., bew. 15. Juni bis 20./30 Sept., Tel. +39 0439 769095 und +39 340 0747643, www.capannacervino.it), Bar-Rist. Baita Segantini (keine Nächtigung, geöffnet

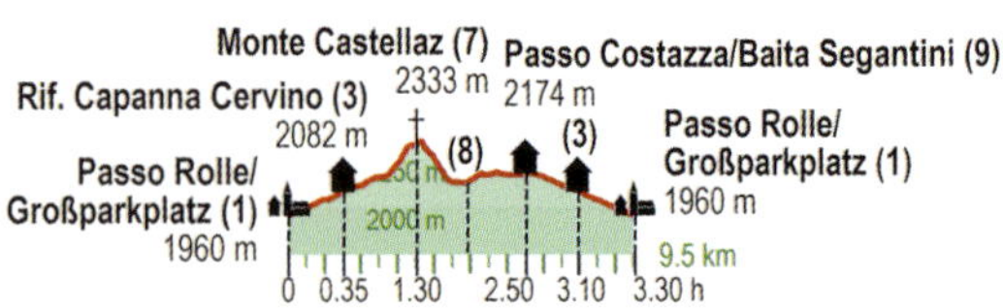

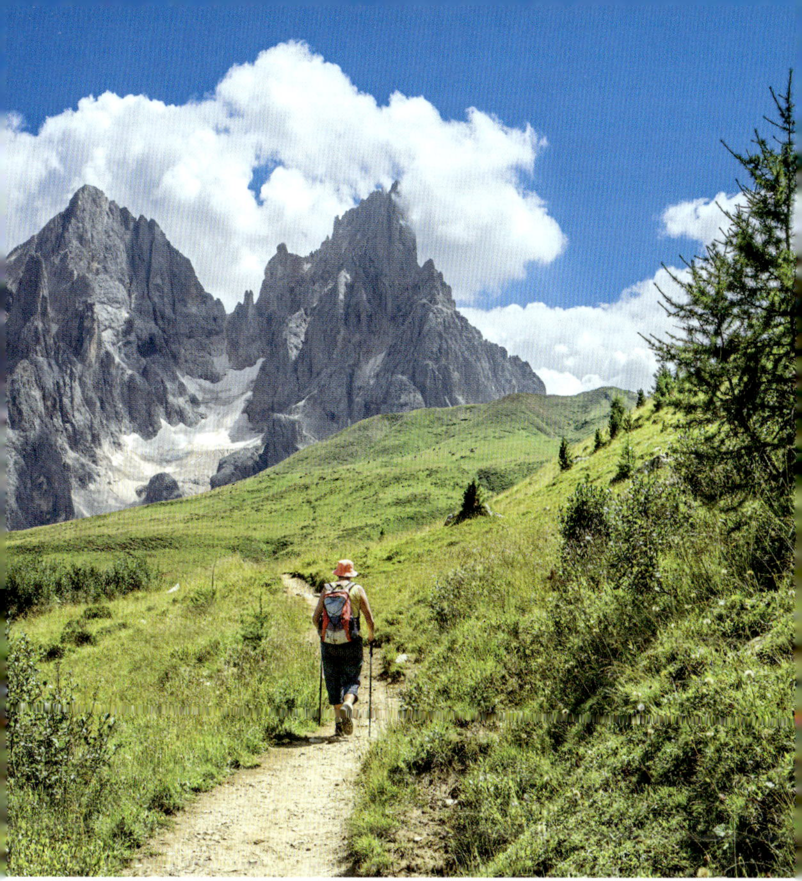

Vom Anstieg zum Passo Costazza präsentieren sich Cima della Vezzana und Cimone della Pala als eindrucksvolles Gipfelpaar.

15./20. Juni bis 25./30. Sept. 8.30–18 Uhr, Restaurant 12–14.30 Uhr). Am Rollepass mehrere Hotels, Restaurants und Bars.
Hinweise: Die Seggiovia Segantini ist nur während der Wintermonate in Betrieb. Rif. Capanna Cervino und Baita Segantini können vom Rollepass her auch per Shuttlebus erreicht werden.

Infos: Der M. Castellaz wurde im Dolomitenkrieg 1915–18 von ital. Truppen befestigt. Zahlreiche Schützengräben, Grotten, Stollen und Stacheldrähte erinnern daran. Die Baita Segantini am Passo Costazza wurde 1936 vom italienischen Künstler Alfredo Paluselli geschaffen, der sie dann über 35 Jahre lang allein bewohnte.

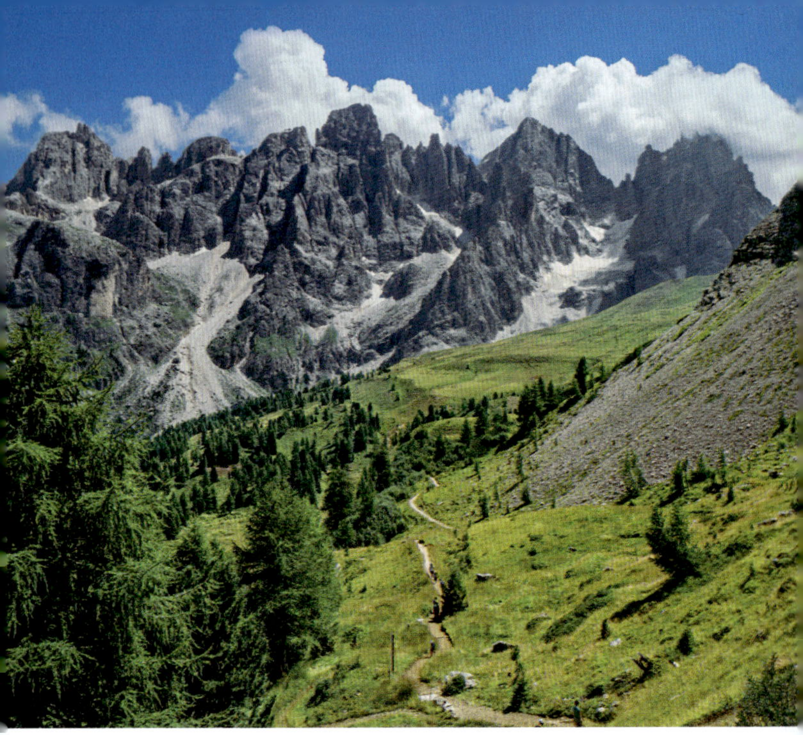

Die nördliche Palakette von der Cima del Focobon bis zum Cimone della Pala aus der Ostflanke des Monte Castellaz.

Am **Parkplatz (1)** die Passstraße kreuzen und auf einer Schotterstraße (Fahrverbot) anfangs in Kehren, dann durch eine Wiesenmulde nach Norden aufwärts in einen **Sattel mit Straßenkreuzung (2)**, 1993 m. Hier rechts die Straße in Kehren durch Wiesen ostwärts bergauf zum **Rifugio Capanna Cervino (3)**, 2082 m, und in weiteren Kehren zu einer **Verzweigung (4)**. Links ab und auf Naturfahrweg durch Almweiden in Nordostrichtung aufwärts zur nächsten **Gabelung (5)**. Wir folgen lnks dem rot bez. Weg R01 (»Cristo-Pensante-Trail« bzw. »Thinking-Crist-Trail«) in die Westseite des Monte Castellaz hinein und steigen dort durch angegrünte Schutthänge und eine Schrofenzone steil bergauf, dann durch Wiesen nach rechts in die geneigte Nordabdachung des Berges hinein. Über die Karrenflanke rechts empor zu einem auf einer Schulter am Westrücken des Berges stehenden Bronzekreuz und der hellen **Steinskulptur »Cristo Pensante«** (**6**, 2320 m, »Nachdenklicher Chris-

tus«). Auf Fußweg in der Nordseite des Kammes nach links empor zum Gipfel des **Monte Castellaz (7)**, 2333 m. Großartiges Panorama!
Zurück zur Steinskulptur und auf dem bez. Weg R01 nach rechts, dann nordwärts in Kehren gegen Val Venegia hinunter und schließlich rechts in die Ostflanke des M. Castellaz. Dort eben durch Wiesen nach Südosten, den grandiosen Felsrecken der Pala-Nordkette entgegen, dann nach rechts in eine Wiesenmulde und durch sie bergauf zur nächsten **Verzweigung (8)**. Links auf markiertem Wiesenweg nach Südosten hinauf, dann an den nordseitigen Grashängen der Cima Costazza eben dahin und nach rechts in die Ostseite des Berges. Dort südwärts in ebener Hangquerung zu einer Naturstraße und diese rechts haltend in den von der grandiosen Felssäule des Cimone della Pala überragten **Passo Costazza (9)**, 2174 m, mit der **Baita Segantini** (s. auch Bild S. 106). Die Naturstraße durch Wiesen westwärts hinab zum **Rifugio Capanna Cervino (3)** und entlang der Anstiegsroute zurück zum **Parkplatz (1)**.

Der Monte Castellaz mit der Cima Bocche (Tour 12) rechts dahinter.

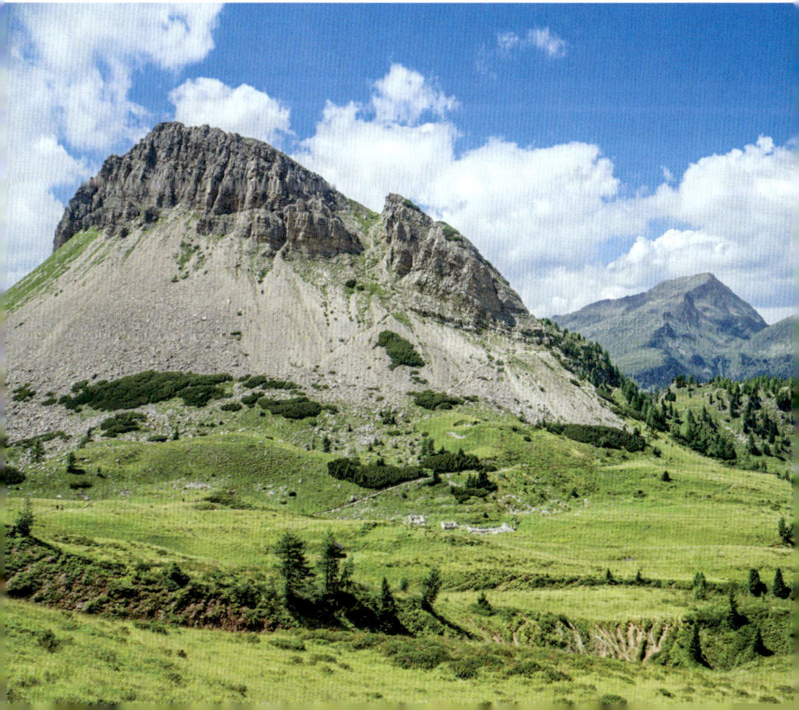

21 Colverde: Sentiero del Cacciatore

2.00 Std.

Mühelose Bergabwanderung nach San Martino

Nicht nur die Bergstation der Pala-Seilbahn auf der Rosetta, auch die 600 m tiefer liegende Mittelstation Colverde ist ein Ausgangspunkt für lohnende Wanderungen. Steht nur ein halber Tag zur Verfügung, wählt man am besten den Sentiero del Cacciatore, der in einer sanft abfallenden Schleife zurück nach San Martino führt. Seine Begehung empfiehlt sich auch bei weniger gutem Wetter und ist auch mit Kindern oder älteren Leuten kein Problem.

Talort: San Martino di Castrozza (1466 m, Parkplätze, Bushalt), Urlaubsort im oberen Cismontal am Westfuß der Pala.
Ausgangspunkt: Talstation der Colverde-Kleinkabinenbahn (1500 m, Telecabina Colverde, Sektion 1 der Pala-Seilbahn) an der Rollepassstraße im nördlichen Ortsbereich von San Martino. Bergstation Colverde (1965 m). Betrieb 15./20. Juni bis 15./20. Sept. tgl. 8.10–16.45 Uhr.
Anforderungen: Kurze, mühelose Wanderung bergab auf gut bez. Fußwegen.
Höhenunterschied: 75 m auf, 540 m ab.
Einkehr: Agrit. Rif. Malga Pala (keine Nächtigung, 20./25. Juni bis 10./15. Sept. geöffnet). An der Bergstation des Colverdelifts Rif. Colverde (Restaurant, keine Nächtigung, mit der Seilbahn geöffnet).

Die Malga Fosse di sotto mit Cima Rosetta, Cusiglio und Cima Val di Roda.

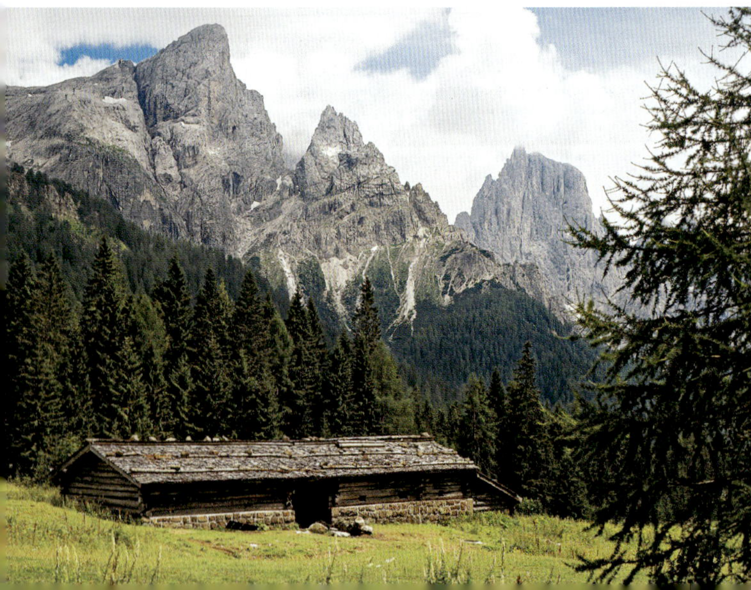

Von der **Bergstation des Colverdelifts (2)** auf Naturfahrweg (Schitrasse) eine Geröllrinne querend durch Lärchenwiesen westwärts hinab zu einer Verzweigung. Den bez. Fahrweg Nr. 725 entlang der Naturparkgrenze des Parco Naturale Paneveggio – Pale di San Martino an den Hängen entlang weiter zur Linksabzweigung des Sentiero del Cacciatore, dort gerade fort zur nahen **Malga Pala (3)**, 1897 m. Herrlicher Überblick über das Cismontal!

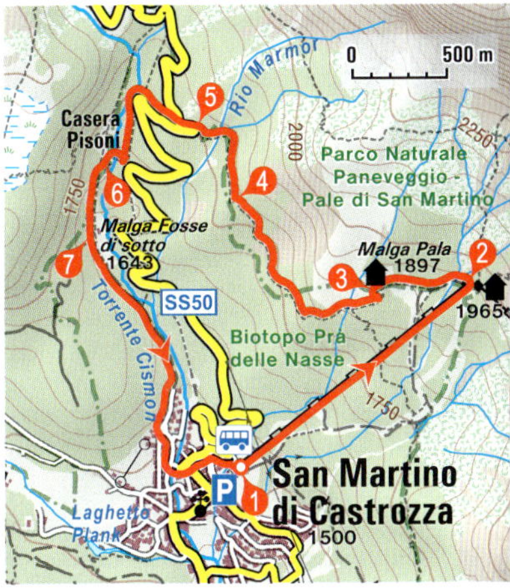

Zurück zur Rechtsabzweigung des Sent. del Cacciatore (lokale Nr. 18 und 21) und diesen kurz nach Süden bergab, dann unterhalb der Malga Pala vorbei zu einer Verzweigung. Unsere Wegnummern beibehaltend an den Lärchenwaldhängen gerade fort, später rechts um eine Bergkante herum und in Nordrichtung hinab in das steile Gerölltal unterhalb der Crode Rosse (schöne Bänderung!), das zu einer Wegteilung traversiert wird. Geradeaus in Kehren hoch zu einer licht **bewaldeten Schulter (4)**, 1800 m, danach auf schönem Waldweg in den Graben des Rio Marmor, der über zwei Geröllrinnen hinweg im Linksboden zur **Rollepassstraße (5)** ausgegangen wird. Die Autostraße nach Westen abwärts zur Linkskehre, dort rechts ab und auf Fahrweg durch Wiesen nach Süden hinab, zurück zur Passstraße. Die nach rechts abzweigende Naturstraße westwärts über das hier meist trockene Bachbett des Torrente Cismon zur gemauerten **Casera Pisoni (6)**, 1680 m. Nun auf breitem Wiesenweg (lokale Nr. 11 und 13) entlang der Stromleitung über eine Wiese hinunter zur **Malga Fosse di sotto (7)**, 1643 m. Palablick! Auf dem Fahrweg zur Rechten des Cismon südwärts weiter, später durch Wald hinab nach San Martino di Castrozza (Schranke) und dort auf der Via Dolomiti ins Ortszentrum. Links über den Cismon zur Rollepassstraße und auf ihr hinauf zur **Colverdelift-Talstation (1)**.

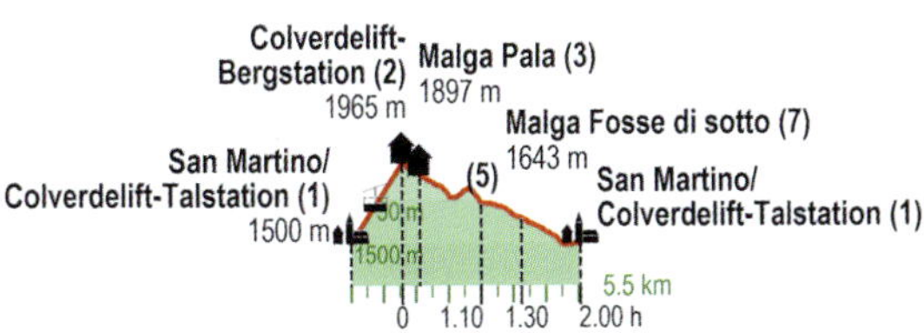

22 Colverde: Sentiero dei Finanzieri

4.00 Std.

Lohnend für alle, die sich Zeit nehmen!

Wem der Sentiero del Cacciatore (Tour 21) von Colverde nach San Martino zu bescheiden dünkt, der hat die Möglichkeit, auf dem Finanzieriweg in wesentlich erweiterter Wanderschleife und verbunden mit einem 280-Meter-Gegenanstieg ins Tal zu gelangen. Der damit verbundene Übertritt aus der dolomitischen Pala in den Kristallinbereich der Lagoraigruppe bewirkt eine deutliche Zweiteilung, was Gestein und Vegetation anbelangt. Auf die lange Querung unter den westseitigen Steilflanken des Cimone della Pala folgen die von Porphyrblöcken durchsetzten Lärchenwiesen des Pian di Cavallazza – bei herbstlicher Verfärbung eine Symphonie in Gelb- und Rottönen, für die die Felsformationen der Pala den kontrastierenden Hintergrund abgeben.

Talort, Ausgangspunkt: S. Tour 21.
Anforderungen: Mittellange Wanderung notwendig. Nur bei trockenem Wetter und schneefreien Verhältnissen!
Höhenunterschied: 480 m im Anstieg, 950 m im Abstieg.
Einkehr: Unterwegs keine Einkehr! Rif. Colverde (Restaurant, keine Nächtigung, mit der Seilbahn geöffnet) an der Bergstation des Colverdelifts.

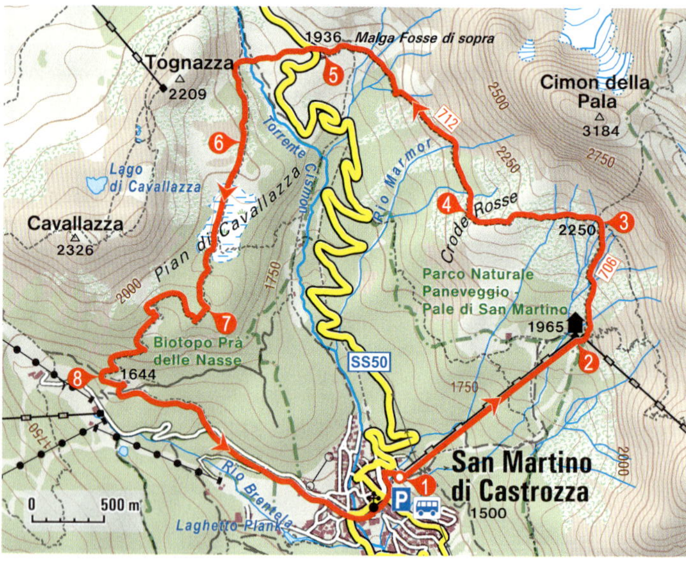

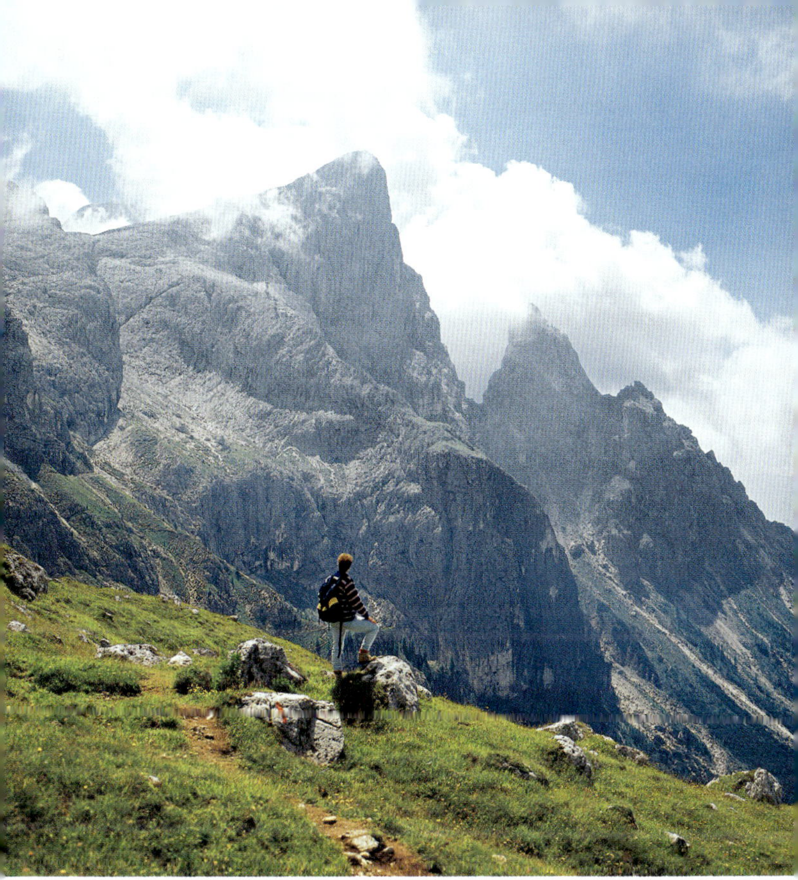

Das Riesenpult der Cima Rosetta mit dem Cusiglio rechts vom Sentiero dei Finanzieri.

Von der **Colverdelift-Bergstation (2)** den Weg Nr. 706 (Tafel zur »Via ferrata Bolver Lugli«) durch Latschen, Almrosen und lichten Lärchenbestand steil und etwas mühsam nach Norden hoch zu einer begrünten Schulter unter den Westwänden der Pala und dort zum **Querweg Nr. 712 (3)**. Auf ihm an felsdurchsetzten Grashängen entlang und durch eine Blockzone nach links (Westen) an den Wiesenrücken der Crode Rosse und dort hinab auf eine **Schulter (4)**, 2194 m. Eindrucksvoller Aufblick gegen die rot gebänderten Wände unter dem Cimone della Pala!

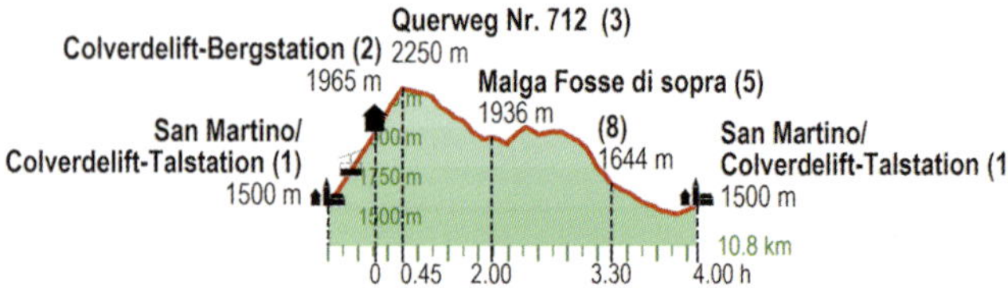

Eine steile felsdurchsetzte Grasflanke (Trittsicherheit nötig!) in Serpentinen nach Norden hinab in eine Blockrinne, die traversiert wird. Danach in wunderbarer Höhenwanderung durch lichten Lärchenwald, Latschen und Almrosen nordwestwärts eine Schuttrinne querend gegen einen vom Cimone della Pala herabreichenden Felssporn. Über Geröll in Kehren steil bergab und unterhalb des Sporns vorbei in das grüne Hochtal zu Füßen der Punta Rolle. Dort mehrere Rinnen querend durch lichten Lärchenbestand, dann an Wiesenhängen links empor zur **Malga Fosse di sopra (5)**, 1936 m, an der Rollepassstraße (Staatsstraße Nr. 50).

Jenseits der Alm auf unbez. Fahrweg an der rechten Seite einer grünen Mulde nach Westen hinab zu einem Wiesenboden im Oberlauf des Cismon. Jenseits weiter zum Beginn eines rot bez. Fahrwegs (lokale Nr. 15) unter der roten Plattenwand der C. Tognazza. Den Fahrweg kurz nach Westen hoch, dann links haltend an den Hängen nach Süden hinauf in einen **Wiesensattel (6)**. Jenseits durch Wiesen und Gesträuch nach Süden abwärts zum **Pian di Cavallazza**. Über den sumpfigen Wiesenboden (Palablick!) und eine Anhöhe hinweg in eine Mulde mit Verzweigung. Geradeaus den Weg Nr. 15 in Kehren nach Süden empor auf eine bewaldete Schulter. Dort vom Hauptweg ab kurz nach links empor auf eine unbenannte **Felskuppe (7)**, 1972 m. Tolle Schau auf den gesamten Westabsturz der Pala, Tiefblick auf San Martino.

Zurück zum Hauptweg und diesen durch Nadelwald gegen das Val Bonetta hinunter zu einer querenden **Forststraße (8)**. Auf ihr links haltend hinaus zu einer Wiesenschulter mit Verzweigung. Rechts den breiten Fußweg Nr. 13 und 348 durch Wald hinab zur Asphaltstraße San Martino-Seggiovia Punta Ces und diese südostwärts talaus nach San Martino. Dort zur Rollepassstraße und links haltend aufwärts zur **Colverdelift-Talstation (1)**.

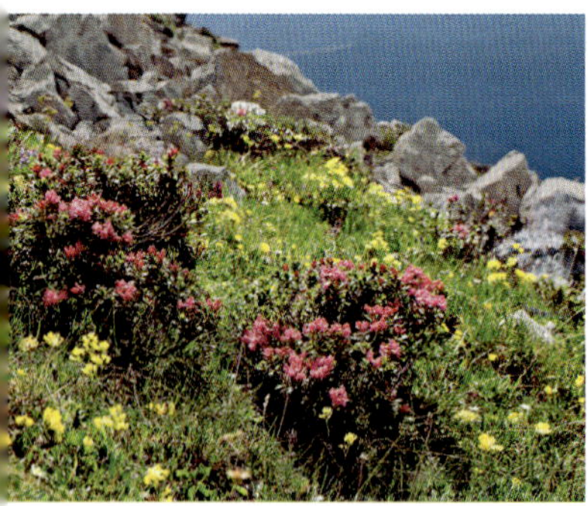

Almrosen blühen in den Dolomiten je nach Seehöhe bis in den Juli hinein.

5.15 Std.

Cima della Vezzana, 3192 m

23 TOP

Der Normalweg auf die Pala-Königin

Eigentlich keine Frage, dass die Cima della Vezzana als höchste Erhebung der Gruppe ganz oben auf der Wunschliste der Pala-Besucher steht, obwohl ihre Besteigung entlang der Normalroute von der Rosettahütte her auch dem ansonsten durchtranierten Geher einiges abverlangt. Mehr als der Höhenunterschied sind die Länge der Tour mit Gegenanstiegen (hin und retour!) und etwaig zu passierende Schneefelder Faktoren, die an den Kraftreserven rütteln können. Passen aber Kondition und Wetter, dann ist einem am Gipfel eine dolomitische Sternstunde gewiss!

Talort: San Martino di Castrozza (1466 m, Parkplätze, Bushalt), renommierter Urlaubsort im oberen Cismontal am Westfuß der Pala.
Ausgangspunkt: Talstation der Colverde-Kleinkabinenbahn (1500 m, Telecabina Colverde, Sektion 1 der Pala-Seilbahn) an der Rollepassstraße im nördlichen Ortsbereich von San Martino. Sektion 1 bringt zur Bergstation Colverde (1965 m), Sektion 2 (Funivia Rosetta, 40-Personen-Gondelbahn) weiter zur Bergstation (2654 m) am Palaplateau, nordöstlich unter dem Gipfel der C. Rosetta. Betrieb 15./20. Juni bis 15./20, Sept. tgl. 8.10–16.45 Uhr (Sektion 1) bzw. 8.20–13 Uhr sowie 13.40–16.45 Uhr (Sektion 2).
Anforderungen: Trotz des relativ geringen Höhenunterschieds anspruchsvolle Tour mit etlichen Gegenanstiegen (Rückweg!). Markierte Route mit leichten Kletterpassagen im Grad I. Nur bei guten Sichtverhältnissen und erst nach Ausaperung des Geländes (Mitte Juli). Bergsteigerische Übung und Ausdauer nötig!
Höhenunterschied: 870 m im An- und Abstieg.
Einkehr: Rif. Rosetta (80 B., 20. Juni bis 20./30. Sept. geöffnet, Tel. +39 0439 68308 und +39 349 5331742, www.rifugiorosetta.it). An der Pala-Seilbahn Rif. Colverde und Bar-Ristorante Funivia Rosetta (beide keine Nächtigung, mit der Seilbahn geöffnet).

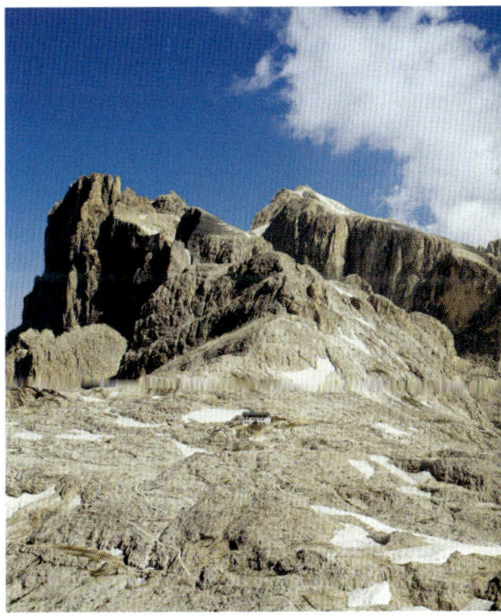

Cimone della Pala und Cima della Vezzana mit dem Rifugio Rosetta von Süden, von der Pala-Hochfläche.

Variante: Von der Bergstation der Funivia Rosetta kann die C. Rosetta (2746 m) in 15 Min. auf einem mit Steinmännern bez. Steig unschwierig erreicht werden. Prachtblick auf den Cimone della Pala und über das Palaplateau hinweg zur Civetta, Tiefblick in das Val di Roda.

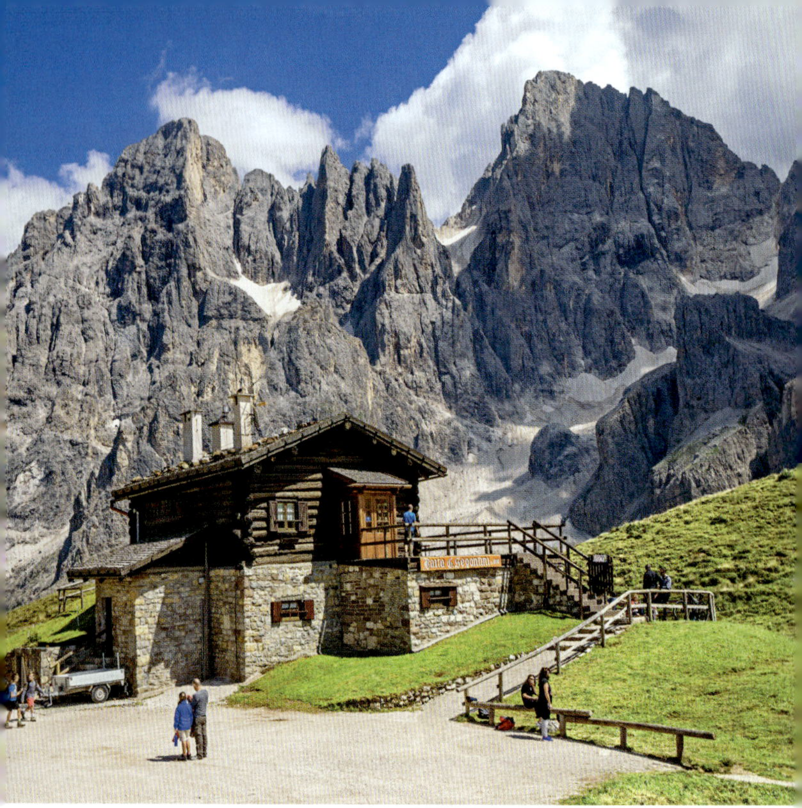

Von der Baita Segantini (Tour 20) aus gut zu sehen: die Cima delle Vezzana (rechts) mit ihrem schrofigen Gipfelgrat.

Von der **Bergstation Funivia Rosetta (3)** auf breitem Fußweg (keine Nummer!) über Geröll und Karrenplatten die Nordostflanke der Cima di Rosetta hinab in den **Passo di Rosetta (4)**, 2572 m, mit Linkseinmündung von Weg Nr. 701. Jenseits das Karrenplateau in Nordostrichtung sanft bergauf zu dem auf einer Anhöhe stehenden **Rifugio Rosetta (5)**, 2581 m.
Von der Hütte auf Weg Nr. 716 nordwestwärts zunächst nahezu eben einen Schrofenhang queren, dann ab und auf, später rechts um die Cima Corona herum in ein schuttgefülltes Hochtal und dieses steil nach Norden empor in den **Passo Bettega (6)**, 2661 m, zwischen C. Corona und Croda della Pala. Jenseits entlang einer Felswand nach Nordosten abwärts, bis der Weg links

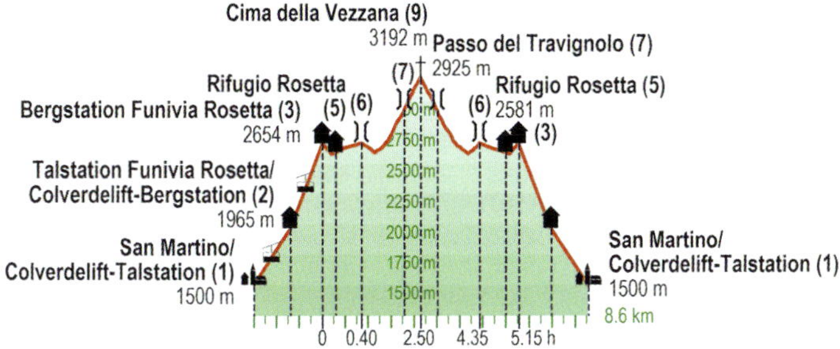

in das große Valle dei Cantoni einschwenkt. Über Schrofen (Drahtseile) rund 100 Höhenmeter nach Nordwesten hinab bis in die Talsohle und dort über Geröll und Schneefelder talein. Vor einem absperrenden Riegel an der linken Talseite über gegliederte Felsen in unterhaltsamer Kletterei (I) empor in den obersten Talkessel und dort über Schutt und Schneefelder zu einer Verzweigung im **Passo del Travignolo (7)**, 2925 m, zwischen Cimone della Pala links und Cima della Vezzana rechts. Gegen diese, der Farbmarkierung von Weg Nr. 716 nachgehend, über Schrofen und Geröll steil nach Osten hinauf in ein **Schartl (8)**, 3030 m, am Kamm des Il Nuvolo. Über den gut gegliederten schrofigen Gratrucken nach links (Norden) empor an den Gipfelgrat und auf diesem in Nordrichtung weiter zum höchsten Punkt der **Cima della Vezzana (9)**, 3192 m. Fantastische Aussicht!

Abstieg entlang der Anstiegsroute.

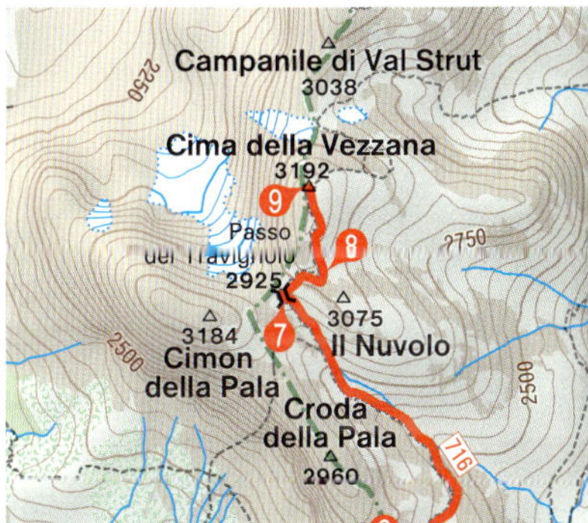
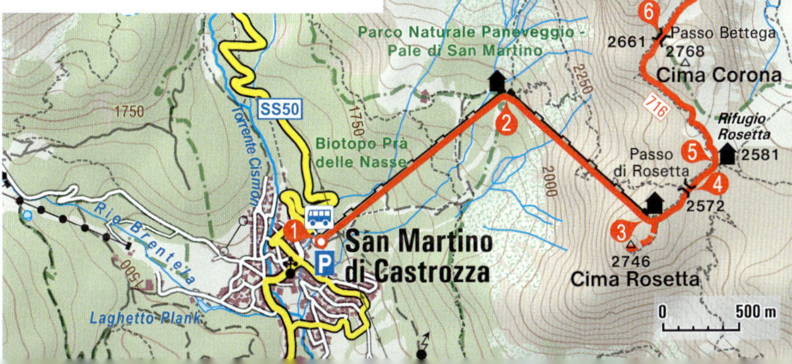

TOP **24**

Um die Pala di San Martino

4.30 Std.

Im Banne dräuender Dolomitenwände

Wo um alles in der Welt gibt es in der Pala etwas für den Durchschnittsverbraucher, der nicht gleich Kopf und Kragen riskieren oder allzu sehr an den Kraftreserven rütteln will? Tatsächlich findet sich eine ganze Reihe lohnender Unternehmungen, die nicht nur als Wanderungen, sondern auch landschaftlich voll befriedigen. Eine Pflichttour etwa ist der Übergang von der per Seilbahn erreichbaren Rosettahütte in den großartigen Pradidalikessel, vorbei an den jäh aufschießenden Pfeilern der Pala di San Martino und des Val-di-Roda-Kammes. Zurück geht es ebenso problemlos über den Passo Pradidali basso und das zentrale Plateau. Eine Runde der Kontraste, an der am Hinweg die himmelstrebenden Lotrechten, retour die weiten Karrenfelder der Pala-Hochfläche dominieren!

Pala di San Martino, Passo di Ball und Val-di-Roda-Kamm von der Cima Rosetta.

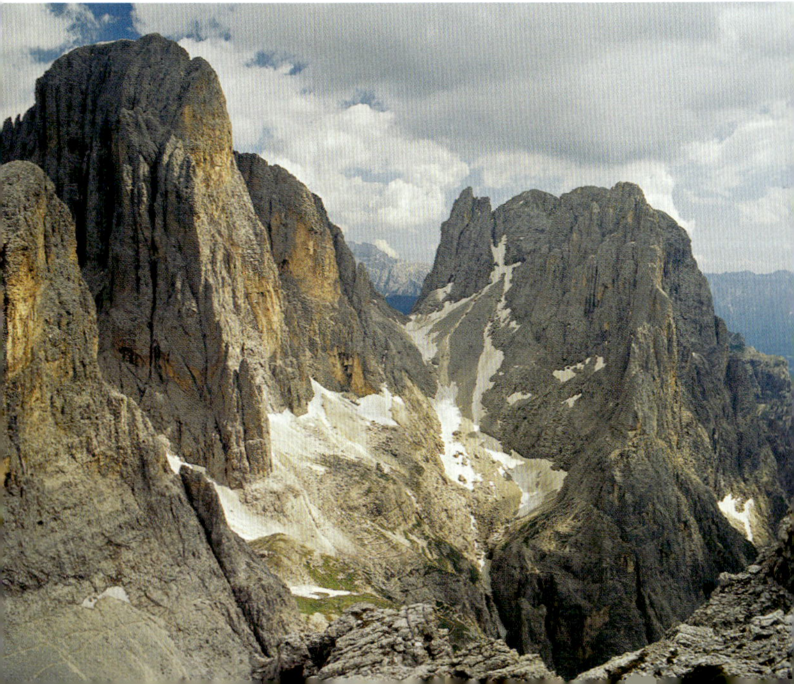

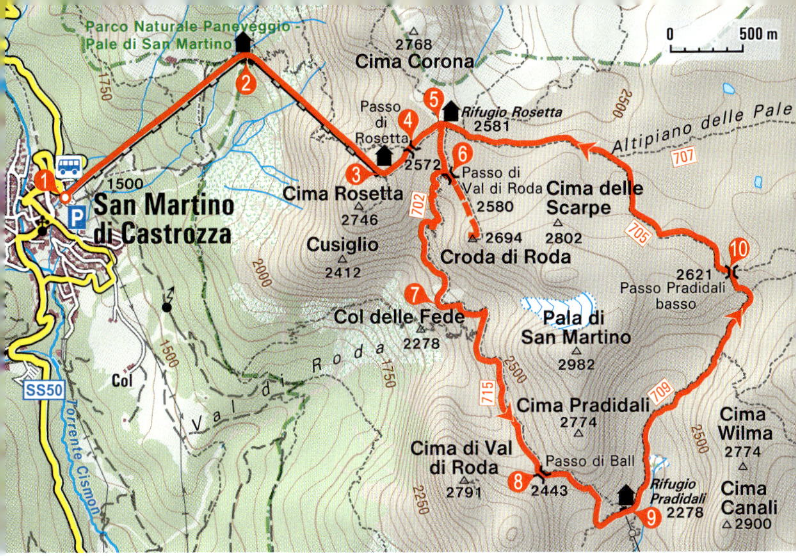

Talort/Ausgangspunkt: S. Tour 23.
Anforderungen: Hochalpine, aber leichte Wanderung. Trittsicherheit und Schwindelfreiheit nötig. Vorsicht bei Nebel im Bereich der Pala-Hochfläche!
Höhenunterschied: 690 m im An- und Abstieg.
Einkehr: Rif. Rosetta (80 B., 20. Juni bis 20./30. Sept. geöffnet, Tel. +39 0439 68308 und +39 349 5331742, www.rifugiorosetta.it); Rif. Pradidali (64 B., Mitte Juni bis Ende Sept. geöffnet, Tel. Hütte +39 0439 64180, Tel. Hüttenwirt +39 348 2455732, www.rifugiopradidali.com). An der Pala-Seilbahn Rif. Colverde und Bar-Ristorante Funivia Rosetta (beide keine Nächtigung, mit der Seilbahn geöffnet).
Variante: Im Übergang zum Rif. Pradidali kann die Croda di Roda »mitgenommen« werden: Jenseits des Passo di Val di Roda nach einigen wenigen Kehren links auf unbez. Steig entlang der Hütten-Wasserleitung südostwärts auf und ab in die geneigte Nordflanke des Berges hinein und in Kehren empor in eine Scharte. Rechts durch Blockwerk empor auf den Gipfel, 2694 m. Imponierende Schau auf C. della Pala und C. della Vezzana, atemberaubender Tiefblick in das Val di Roda! 1 Std. zusätzlicher Zeitaufwand.

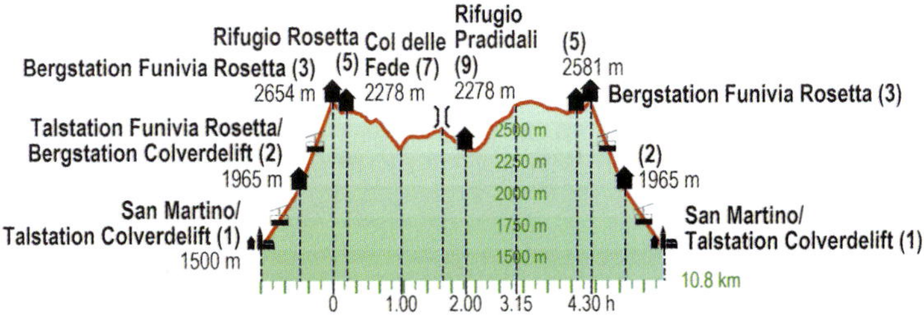

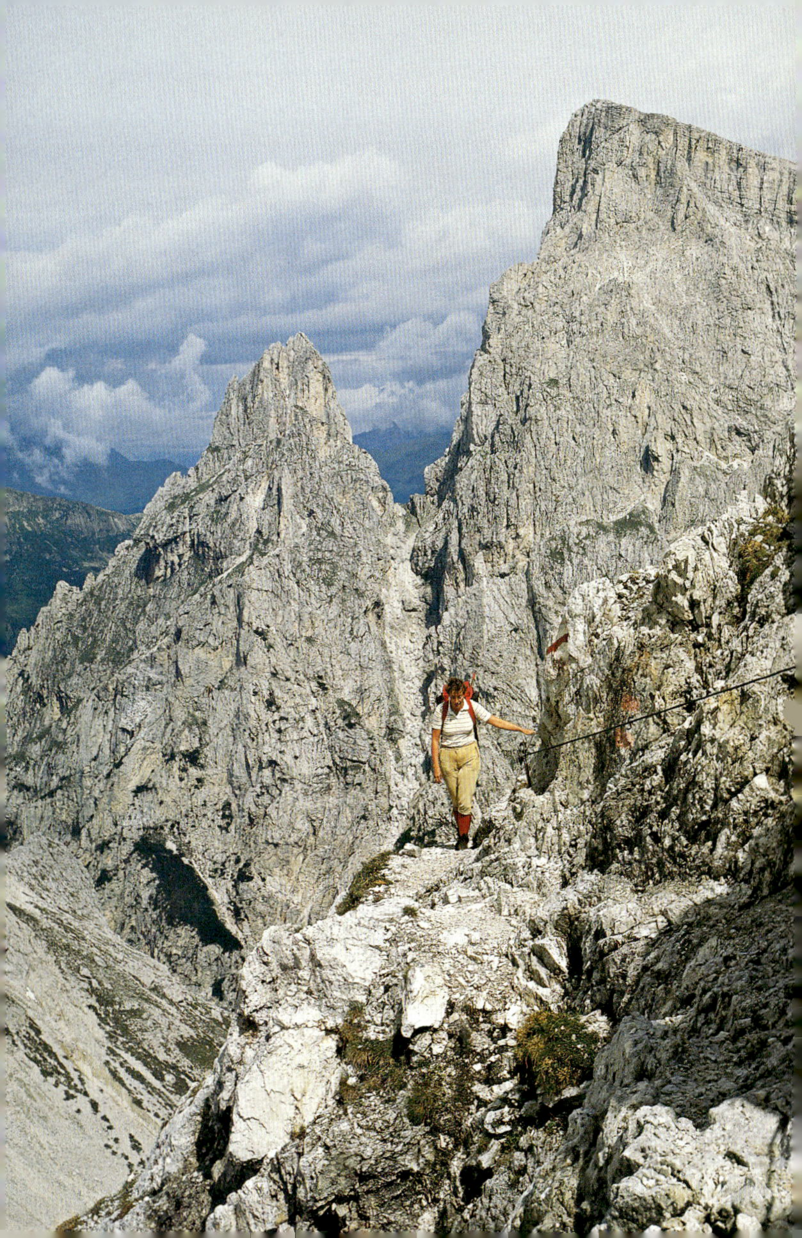

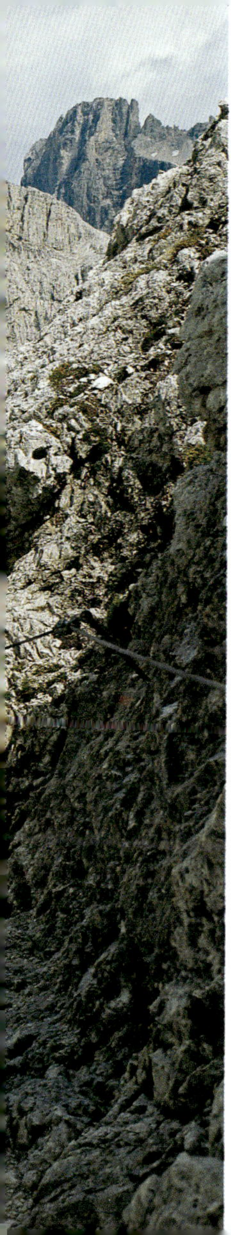

Von der **Bergstation Funivia Rosetta (3)** wie bei Tour 23 zum **Rifugio Rosetta (5)**, 2581 m. Von der Hütte den Weg Nr. 702 und 715 (Dolomiten-Höhenweg Nr. 2) südwärts hinüber zum Abbruchrand der Pala-Hochfläche und dort in den **Passo di Val di Roda (6)**, 2580 m.
Jenseits in Kehren durch geröllig-schrofiges Gelände ca. 300 Höhenmeter gegen das Val di Roda hinunter, danach die aus dem Fels gesprengte Wegtrasse eben nach links und im Rechtsbogen hinauf zum runden Wiesenrücken des **Col delle Fede (7)**, 2278 m. Unter den imposanten Westwänden der Pala di San Martino südwärts zu einer Verzweigung. Auf dem Weg Nr. 715 über Schutt und Schrofen geradeaus empor zu einem 100 m langen, exponierten Felsband (durchlaufendes Drahtseil). Hier eben und aufwärts, dann an schrofiger Flanke entlang in die oberste Geröllmulde des Val di Roda. Durch diese (oft Schneereste) südwärts steil empor in den **Passo di Ball (8)**, 2443 m, zwischen Cima Pradidali und Campanile di Pradidali. Überwältigender Anblick der Cima Canali im Osten, ihr zu Füßen das Rifugio Pradidali.
Jenseits des Passes auf Weg Nr. 715 einen angegrünten Geröllhang in Kehren hinunter, dann durch ein Schuttkar, zuletzt in schrofig-gerölligem Gelände hinab zum **Rifugio Pradidali (9)**, 2278 m. Den Weg Nr. 709 links am **Lago Pradidali** vorbei und nordwärts durch ein gerölliges Hochtal gegen den Passo Pradidali hinauf, später an die rechte Talseite und dort einen steilen Schutthang hoch zu einer Verflachung mit Weggabelung. Toller Rückblick auf Sass Maor und Cima dell Madonna (s. Bild S. 118)! Weiter dem Weg Nr. 709 folgend in einem schuttgefüllten Tal nach Nordosten aufwärts zu einer Teilung und links haltend weiter in den **Passo Pradidali basso (10)**, 2621 m. Nun über die einförmigen Karrenfelder der **Pala-Hochfläche** nordwestwärts zum Querweg Nr. 707 und auf diesem westwärts zum **Rifugio Rosetta (5)**. Der weitere **Abstieg** folgt dem Anstiegsweg.

Im Nordanstieg zum Passo di Ball. Rückblick gegen die pultförmige Cima Rosetta mit dem Cusiglio links.

25 Cima di Fradusta, 2939 m

4.30 Std.

Firngeschmückter Beinahdreitausender im Süden der Pala-Hochfläche

Die Cima di Fradusta am Südrand der Pala-Hochfläche verdankt ihre Beliebtheit der informativen Rundsicht sowie der weithin sichtbaren, (noch) firngeschmückten Nordflanke. Zudem gilt sie dank einer markierten Anstiegslinie und dem Fehlen von Kletterpassagen als einer der einfachsten Hochgipfel der Dolomiten, der bei guten Verhältnissen auch »Normalverbrauchern« zu empfehlen ist. In San Martino besteigt man die häufig übervolle Pala-Seilbahn, die den »unvorbereiteten« Bergfreund in die Gebirgseinöde der Hochfläche bringt. An der Rosettahütte vorbei, geht es über weite Karrenfelder zum Passo Pradidali am Südrand des Plateaus, zuletzt über den Nordostrücken auf den Gipfel, wo sich eines der herrlichsten Panoramen weit und breit entfaltet, das im nahen Umkreis alle berühmten Hochgipfel der Pala umfasst.

Talort/Ausgangspunkt: S. Tour 23.
Anforderungen: Einfache, aber hochalpine Wanderung auf meist markierten Wegen. Ausdauer und Bergerfahrung nötig. Nur bei sicherem, nebelfreiem Wetter!
Höhenunterschied: 510 m im An- und Abstieg.
Einkehr: Rif. Rosetta (80 B., 20. Juni bis 20./30. Sept. geöffnet, Tel. +39 0439 68308 und +39 349 5331742, www.rifugiorosetta.it). An der Pala-Seilbahn Rif. Colverde und Bar-Ristorante Funivia Rosetta (beide keine Nächtigung, mit der Seilbahn geöffnet).
Variante: Von der Funivia-Rosetta-Bergstation kann die C. Rosetta (2746 m; Gipfelkreuz) auf einem mit Steinmännern bez. Steig in 15 Min. unschwierig erreicht werden. Prachtblick auf Cimone della Pala und Civetta. Tiefblick ins Val di Roda, im Süden darüber Pala di San Martino und Campanile di Pradidali.

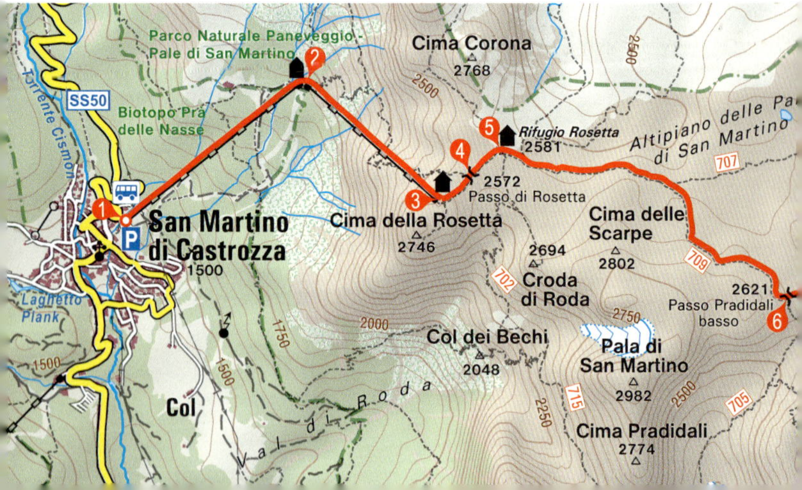

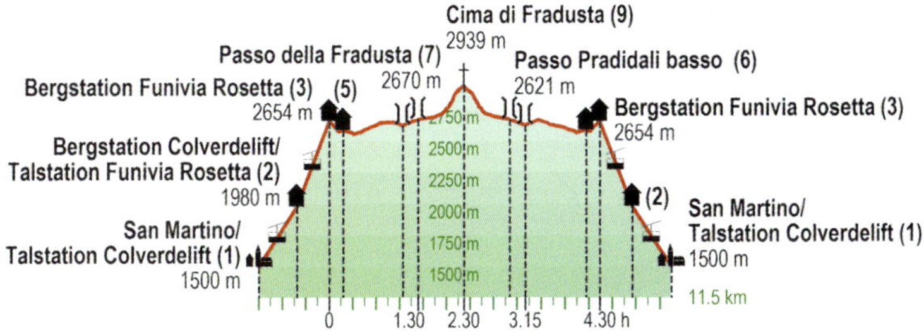

Von der **Bergstation Funivia Rosetta (3)** wie bei Tour 23 zum auf einer Anhöhe stehenden **Rifugio Rosetta (5)**, 2581 m. Den Weg Nr. 707 und 709 über die kahle Pala-Hochfläche ostwärts eben oder aufwärts zu einer Gabelung. Auf dem Weg Nr. 709 südostwärts in den **Passo Pradidali basso (6)**, 2621 m, mit Rückblick gegen die Pala-Nordkette und Tiefblick in den vor uns liegenden Pradidalikessel. Links ab (!) und auf Weg Nr. 708 ostwärts einen Schrofenriegel umgehend in den **Passo della Fradusta (7)**, 2670 m.

Den Weg Nr. 708 ostwärts am Lago Fradusta vorbei und am Unterrand des Fradusta-Gletschers über Schneefelder (meist ausgetretene Spur) den Hang hinauf an den **Nordostrücken (8)**, 2727 m, der Cima di Fradusta, den wir schon oberhalb der Forcella Alta del Ghiacciaio erreichen. Dort rechts vom Weg Nr. 708 ab und auf Steig (Steinmänner) über den Geröllrücken aufwärts, später unter einem Vorgipfel hindurch und über ein Felsband zum Gipfel der **Cima di Fradusta (9)**, 2939 m. Umfassende Rundschau!

Abstieg entlang der Anstiegsroute.

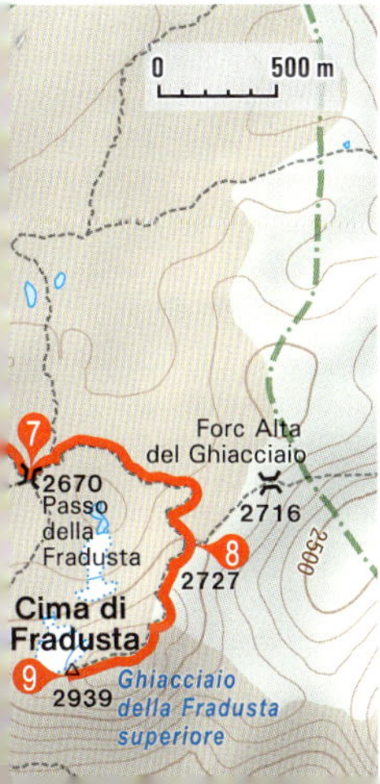

Das Rifugio Rosetta auf der Pala-Hochfläche.

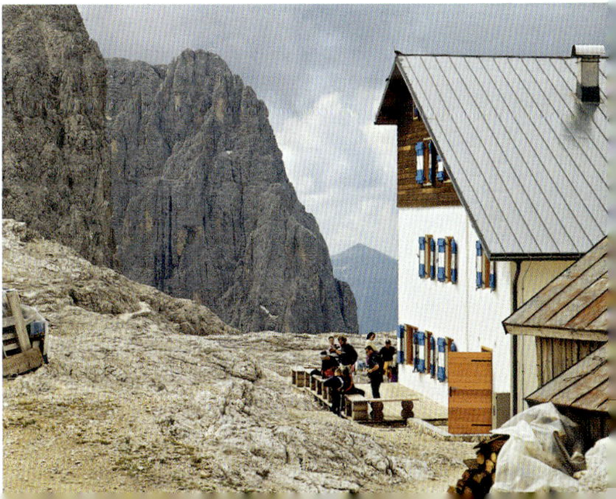

26 Piereni-Runde

4.00 Std.

Abseits ausgetretener Pfade

Wie im Alltag, im Sport und in der Kunst, so ist es auch in den Bergen: Für den Großteil der Besucher muss alles »spitze«, alles »super« sein – das lediglich Schöne ist nicht gefragt. Was den unschätzbaren Vorteil hat, dass weniger hochgejubelte Ziele vom Massenansturm verschont bleiben. Auch in der Palagruppe ist das der Fall: Der vom Sass Maor über den Cimerlo gegen das Primörer Becken streichende Piereni-Rücken birgt Bergwälder und Wiesen von zauberhafter Schönheit, die noch der Entdeckung harren. Begleitet von Ausblicken zu den Felshäuptern der Pala-Südkette, können diese Paradiese im Zuge einer Runde von Cant del Gal aus erwandert werden. Es ist ein Streifzug in die Einsamkeit, der erst unten an der Nobelgaststätte Chalet Piereni sein Ende nimmt.

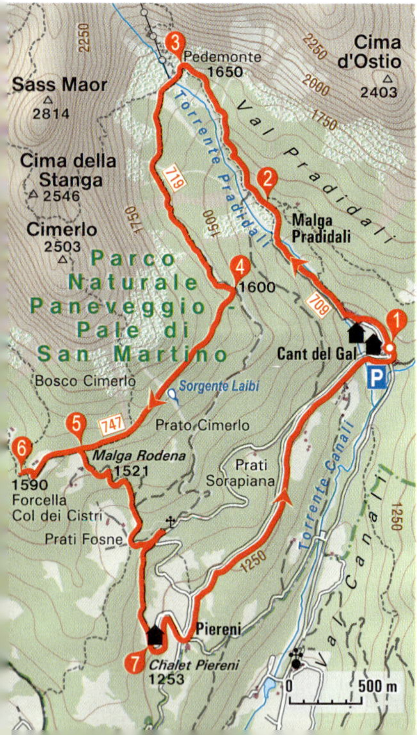

Talort: Fiera di Primiero (713 m), im Süden der Pala, in einer beckenartigen Verbreiterung des Val Cismon gelegener Hauptort der Talschaft Primör.
Ausgangspunkt: Cant del Gal (1180 m, Großparkplätze, 1. Juli bis zweiter Sonntag im Sept. kostenpflichtig), Häusergruppe mit Gastbetrieben am Südfuß der Pala, an der Einmündung des Pradidali- ins Canalital. Zufahrt von Fiera di Primiero per Bus von Mitte Juni bis Ende Sept. (vom 1. Juli bis 1./5. Sept tgl., sonst wochenends) oder mit dem eigenen Auto (8 km).
Anforderungen: Einfache Tour auf meist markierten Wegen.
Höhenunterschied: 650 m im An- und Abstieg.
Einkehr: Chalet Piereni (52 B., ganzj. geöffnet, Tel. +39 0439 62791 und +39 0439 62348, www.chaletpiereni.it). Am Ausgangspunkt Alb. Cant del Gal (24 B., im Nov. geschlossen, sonst geöffnet; Tel. +39 0439 62997, www.cantdelgal.it) und Alb. Baita La Ritonda (22 B., ganzj. geöffnet, Tel. +39 0439 762223, www.valcanalidolomiti.it).

Aufblick aus dem Val Pradidali auf Pala di San Martino und Cima Canali.

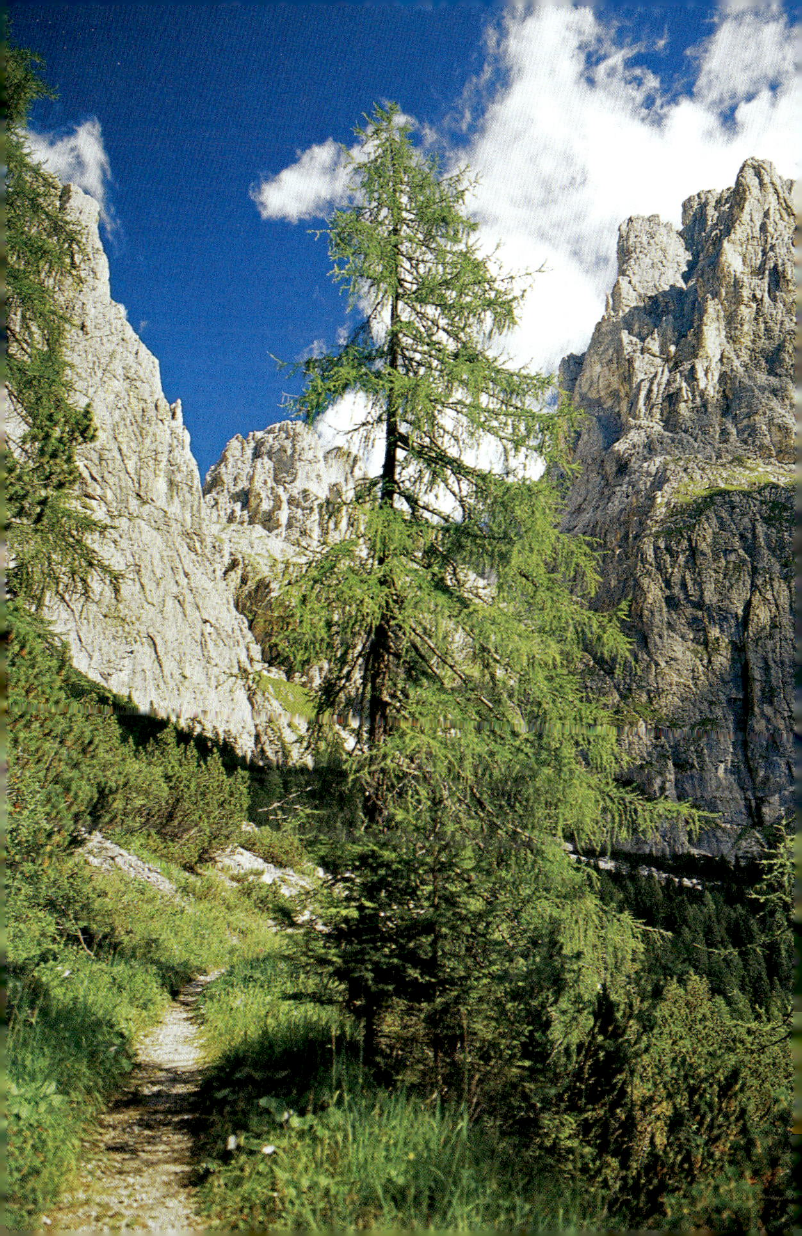

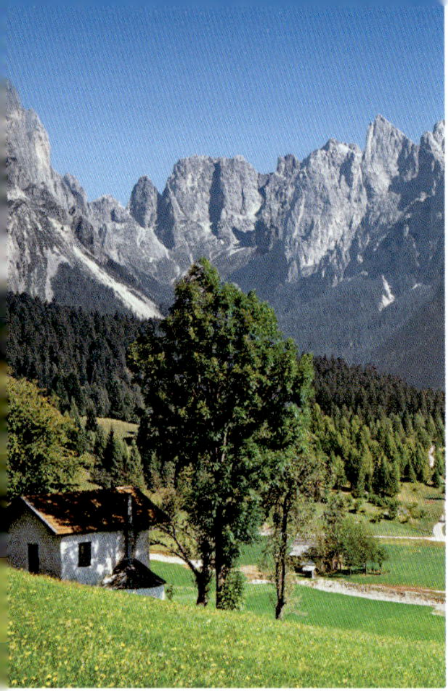

Auf den Wiesen von Piereni. Im Talschluss des Val Canali Cima del Coro und Sass d'Ortiga.

Von **Cant del Gal (1)** die Naturstraße mit Weg Nr. 709 (Fahrverbot!) das Val Pradidali nach Nordwesten aufwärts, am Albergo Baita La Ritonda und einigen Privathäusern vorbei und nach dem letzten Haus links über den Bach (Aufblick auf Cima Canali und Sass Maor!). Jenseits auf schottrigem Karrenweg an Quellen vorbei, durch Wald teils in Kehren bergauf, dann über das Geröllbett des Torrente Pradidali wieder ans rechte Ufer und dort im Nadelwald zu einer **Verzweigung (2)**, an der es rechts zu den Malghe Pradidali und Canali geht. Wir folgen dem Fußweg Nr. 709 weiter das Val Pradidali hinauf zur Verflachung **Pedemonte (3)**, 1650 m, am Fuß des Steilaufschwungs gegen die Hochregion der Pala. Links ab (!) und auf Weg Nr. 719 in herrlicher Höhenwanderung unter den Wänden des Sass Maor, der Cima della Stanga und des Cimerlo im latschendurchsetzten Wald südwärts mehrere Schuttrinnen traversierend hinab zum Beginn einer Naturstraße. Die Straße, an den Waldhängen noch 300 m weiter bis zum Abzweig des Wegs »**Troi de Rodena**« (**4**, Bezeichnung, keine Wegnummer). Auf diesem in Kehren nach Süden empor zu einer bewaldeten Schulter (1600 m) und jenseits bergab an der Quelle Sorgente Laibi vorbei zu einer Wegteilung. Den Troi de Rodena im Wald geradeaus zur nächsten Verzweigung und auch dort geradeaus hinunter zur Querstraße an der **Malga Rodena (5)**, 1521 m. Auf dieser mit Weg Nr. 731 durch Wiesen nach Westen hinauf in die **Forcella Col dei Cistri (6)**, 1590 m. Blick gegen die Pala-Südkette, rechts dahinter die Feltriner Dolomiten mit der Cimonegagruppe. Zurück zur **Malga Rodena (5)**, dort auf der Naturstraße weiter und im Wald ostwärts bergab zu einer Verzweigung. Rechts ab und am linken Rand der Prati Fosne auf Fußweg entlang der Einfassungsmauer nach Süden hinunter zu einer asphaltierten Bergstraße. Diese links bergab zu einer Teilung und dort rechts haltend zur Linkskehre bei einem Haus. Rechts ab und auf schönem Waldweg in Südrichtung sanft abwärts, dann durch Wiesen zum **Chalet Piereni (7)**, 1253 m. Prachtblick nach Nordosten in den Talschluss des Val Canali, ein Glanzpunkt der Dolomiten!

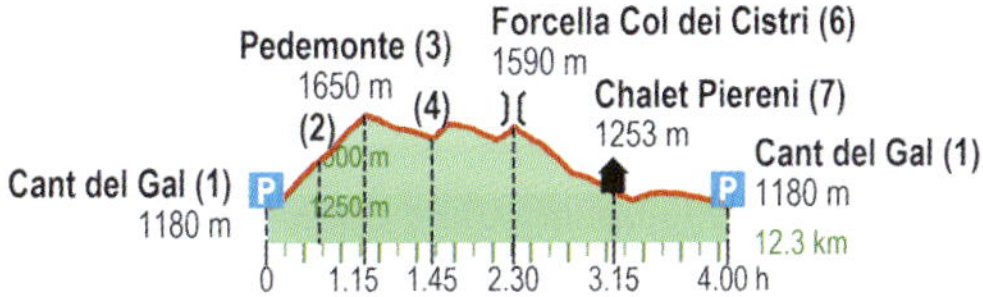

Wunderbare Schau auch nach Südosten gegen die felsgewaltige Cimonegagruppe und auf den Kamm der Vette Feltrine mit dem Monte Pavione, der »schönsten Graspyramide der Alpen« (Oscar Schuster).

Auf der asphaltierten Zufahrtsstraße nordwärts durch die Wiesen, dann im Rechtsbogen zu einer Verzweigung. Hier links die Asphaltstraße in Nordrichtung bergauf zur nächsten Teilung und dann rechts haltend in den Wald. Dort auf Naturstraße an den Hängen zur Linken des Val Canali nordostwärts eben fort und über den Torrente Pradidali nach **Cant del Gal (1)**.

Die Malga Rodena mit der Cima d'Oltro (südliche Palakette) dahinter.

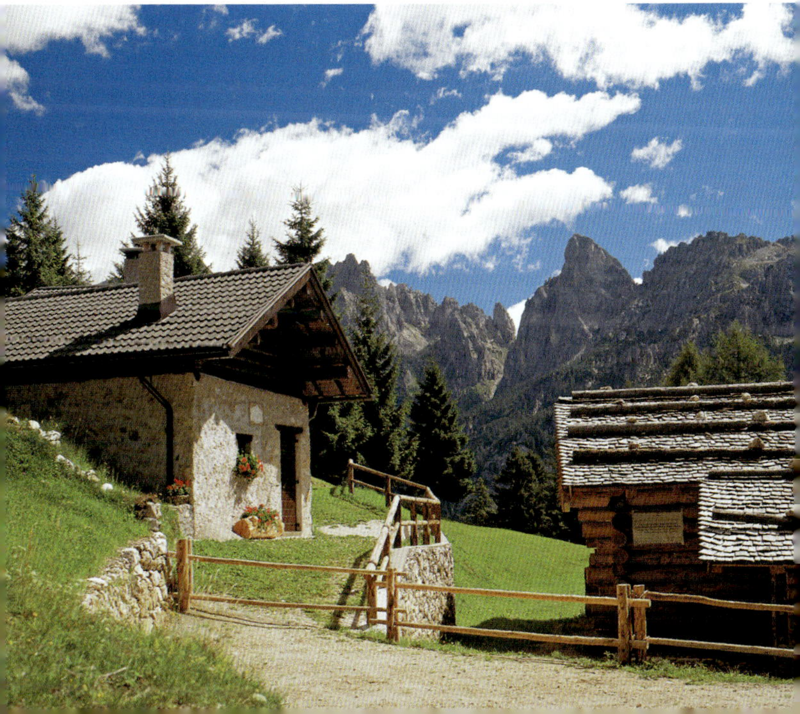

27 Rifugio Pradidali, 2278 m, und Passo delle Lede, 2695 m

2 Tage

Anspruchsvoller Ringweg um die Cima Canali

Auch wenn man, wie hier ausdrücklich empfohlen, den Ringweg um die Cima Canali zweitägig mit Übernachtung in der Pradidalihütte absolviert, sind bei diesem Unternehmen geübte ausdauernde Geher gefragt. 1700 Höhenmeter auf und ab, das steile Gelände und die durch Drahtseile gesicherte Felspassagen im Schlussanstieg zum Passo delle Lede sind nicht zu unterschätzen. Oben angelangt, öffnet sich mit einem Schlag der Blick auf die Recken der Pala-Südkette: Croda Granda, Cime dei Vani Alti, Sasso d'Ortiga, Pala della Madonna und Cima d'Oltro. Im südlich darunter gelegenen Schuttkar steht unweit der Stelle, an der im Juli 1957 ein amerikanisches Flugzeug aus unbekannten Gründen an den Wänden der Cima di Fradusta zerschellte, die Blech-Biwakschachtel Minazio. Ein die Knie strapazierender Steilabstieg bringt uns aus der Pala-Hochregion wieder in die Tiefen des Canalitales und zurück zum Ausgangspunkt.

Sass Maor, Cima della Madonna und Rifugio Pradidali aus dem Val Pradidali.

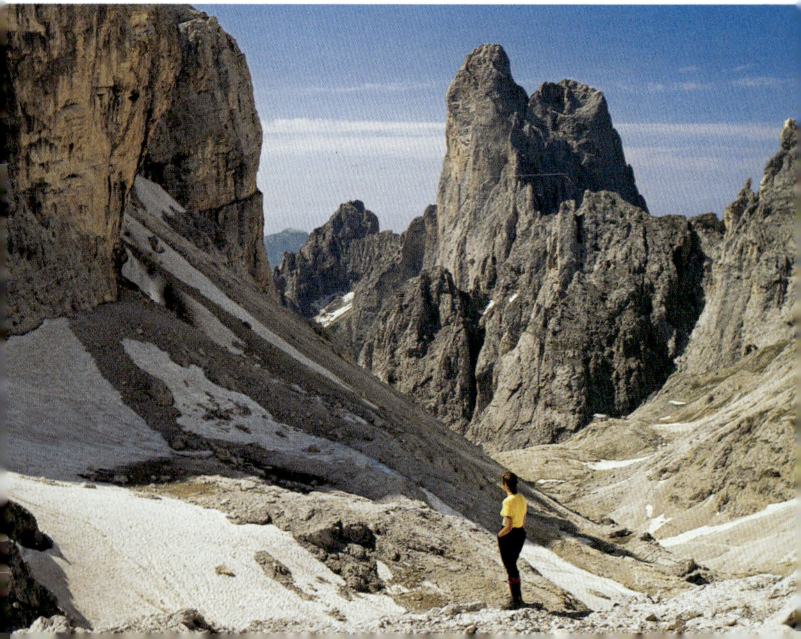

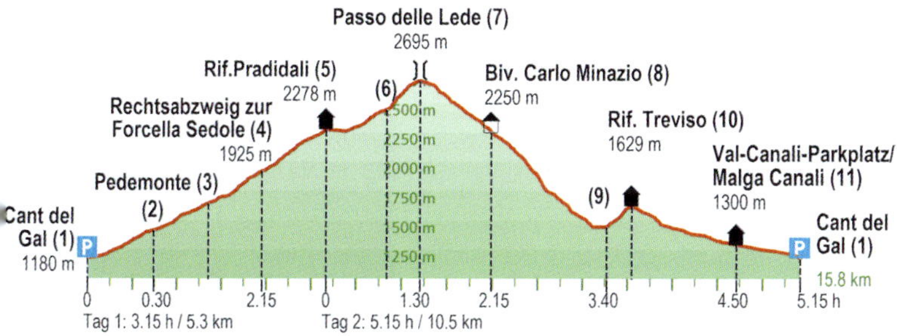

Talort, Ausgangspunkt: S. Tour 26.
Anforderungen: Lange, anstrengende Tour mit beachtlichem Höhenunterschied und einigen gesicherten Felspassagen. Trittsicherheit, Schwindelfreiheit, Klettersteigerfahrung (Schwierigkeit KS2) und Ausdauer nötig.
Höhenunterschied: 1700 m im An- und Abstieg.
Einkehr: Rif. Pradidali (64 B., Mitte Juni bis Ende Sept. geöffnet, Tel. Hütte +39 0439 64180, Tel. Hüttenwirt +39 348 2455732, www.rifugiopradidali.com); Biv. Carlo Minazio (12 L., unbew., aber stets geöffnet); Rif. Treviso (42 B., bew. 20. Juni bis 30. Sept., im Mai, Juni und Okt. an den Wochenenden, Tel. +39 0439 62311 und +39 0439 62716, www.rifugiotreviso.it); Jst. Malga Canali (Agrit., keine Nächtigung, Ostern bis 15. Okt. geöffnet, Tel. +39 0368 7413582). Am Ausgangspunkt Alb. Cant del Gal (24 B., im Nov. geschlossen, sonst immer geöffnet; Tel. +39 0439 62997, www.cantdelgal.it) und Alb. Baita La Ritonda (22 B., ganzj. geöffnet, Tel. +39 0439 762223, www.valcanalidolomiti.it).
Hinweise: Es lohnt sich, von der Pradidalihütte auf Weg Nr. 715 gegen den Passo di Ball anzusteigen, um den Blick zurück in die von lotrechten Pfeilern orgelpfeifenartig gestützten Westwände der C. Canali zu werfen; 45 Min. zusätzlicher Zeitaufwand. Verzichtet man auf den Besuch der Trevisohütte, spart man rund 1 Std. Gehzeit.

Von **Cant del Gal (1)** wie bei Tour 26 zur Wegverzweigung **Pedemonte (3)**, 1650 m, am Fuß des großen Steilaufschwungs. Den zum Teil aus dem Fels gesprengten Serpentinenweg Nr. 709 in der Steilflanke nach Nordwesten aufwärts und nach rechts unter die Wände der Cima Canali mit **Rechtsabzweigung zur Forcella Sedole (4)**. Schräg nach links empor in das Pradidalikar und dort nordwärts weniger steil zu dem auf einer Anhöhe stehenden **Rifugio Pradidali (5)**, 2278 m.
Auf Weg Nr. 709 nordwärts in das geröllige, gegen den Passo Pradidali ansteigende Hochtal. Dort links über dem Lago Pradidali sanft bergauf, dann an die rechte Talseite und dort über einen steilen Schutthang nordostwärts in Kehren hoch zu einem **Flachstück mit Verzweigung (6)**. Rückblick gegen das Rif. Pradidali mit Sass Maor und Cima della Madonna darüber!
Rechts ab und auf dem Steig Nr. 711 über Geröll kurz ostwärts hinauf unter einen Felsaufschwung. Die 70 m hohe, gegliederte Wand (Drahtseile) hoch,

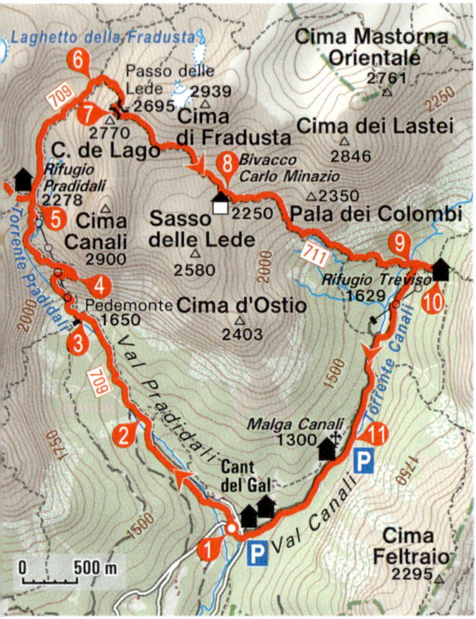

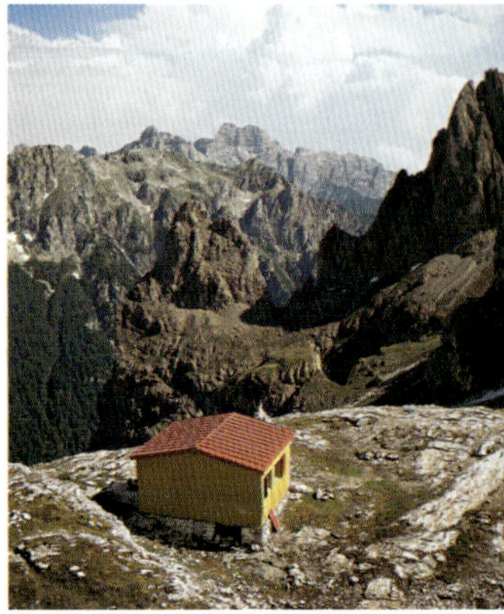

Das Bivacco Minazio, dahinter die Cimonegagruppe (Feltriner Dolomiten).

danach über Bänder und Felsabsätze weiter, schließlich über Schutt nach rechts empor in den **Passo delle Lede (7)**, 2695 m, zwischen Cima di Fradusta und Cima del Lago. Jenseits eine steile, blockige Rinne in Kehren hinab in das Vallon delle Lede. An seiner linken Seite über begrünte Schrofen- und Geröllhänge in Kehren und Querungen nach Südosten hinunter zu dem erst im letzten Moment auftauchenden **Bivacco Carlo Minazio (8)**, 2250 m.

Auf Weg Nr. 711 anfangs südwärts, dann in langer Querung begrünter Hänge schräg nach links (Südosten) hinab zum Steilabfall gegen das Val Canali. An sehr steiler Bergrippe über Grasschrofen in engen Kehren (Felspassagen im Schwierigkeitsgrad I) hinunter in die Latschenregion und dort links über eine Rinne (Bach) unter die Wände der Pala dei Colombi. In engen Kehren hinab zu einer Verzweigung und links haltend (Weg Nr. 711A) weiter in die Talsohle des Val Canali. Dort über den Bach (Brücke) und jenseits kurz durch Wald hinauf zu einer **Verzweigung (9)**. Auf dem Querweg Nr. 707 links (ostwärts) einen steilen Waldhang in Kehren empor zum **Rifugio Treviso (10)**, 1629 m.

Wieder hinab zur **Verzweigung im Canalital (9)**, dann links auf dem Fußweg Nr. 707 an der linken Talseite im Nadelwald nach Südwesten abwärts, später über das Schotterbett des Torrente Canali an die rechte Talseite und dort auf Naturstraße zum **Val-Canali-Parkplatz (11)**, 1300 m, nahe der Jst. Malga Canali. Entlang der asphaltierten Talstraße weiter talaus nach **Cant del Gal (1)**.

3.30 Std.

Val Canali: Rundwanderung 28

Auf Erkundungstour in der südlichen Palagruppe

Für Pala-Neulinge oder solche, die zumindest die Pala-Südseite noch nicht kennen und nach einer Erkundungstour Ausschau halten, wüsste ich als Tourenschmankerl die Wanderung von Cant del Gal durch das innere Val Canali zur Trevisohütte. Doch gleich vorweg: Das ist nicht der übliche direkte Weg zum Stützpunkt, sondern eine umständliche, versteckte Route, die allerdings höchst abwechslungsreich über die aufgelassenen Almen von Pradidali und Pra d'Ostio zur Malga Canali und in den Talschluss leitet, wobei sich die Felshäupter der südlichen Palagruppe in voller Großartigkeit entfalten. Und das schlussendlich erreichte Tourenziel, das Rifugio Treviso, ist beileibe keine Allerweltshütte, sondern ein gemütliches Bergsteigernest an einer steilen Bergflanke unter dräuenden Wänden.

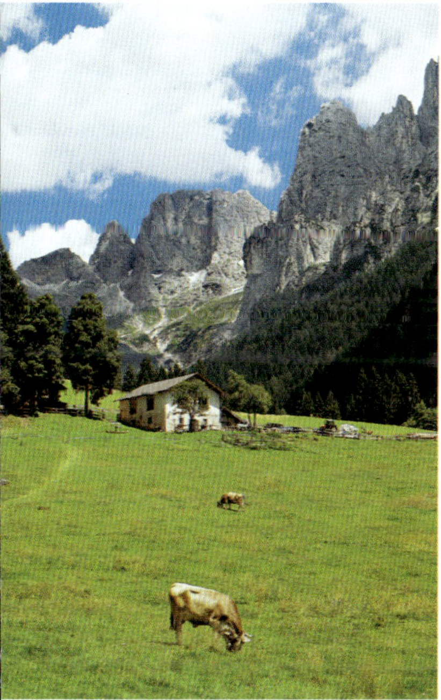

Talort, Ausgangspunkt: S. Tour 26.
Anforderungen: Einfache, mittellange Wanderung auf bez. Fahr- und Fußwegen.
Höhenunterschied: 590 m im An- und Abstieg.
Einkehr: Jst. Malga Canali (Agrit., keine Nächtigung, Ostern bis 15. Okt. geöffnet, Tel. +39 0368 7413582); Rif. Treviso (42 B., bew. 20. Juni bis 30. Sept. und an den Wochenenden im Mai, Juni und Okt., Tel. +39 0439 62311 und +39 0439 62716, www.rifugiotreviso.it). Am Ausgangspunkt Alb. Cant del Gal (24 B., im Nov. geschlossen, sonst geöffnet; Tel. +39 0439 62997, www.cantdelgal.it) und Alb. Baita La Ritonda (22 B., ganzj. geöffnet, Tel. +39 0439 762223, www.valcanalidolomiti.it).

Von **Cant del Gal (1)** die Naturstraße mit Weg Nr. 709 (Fahrverbot!) das Val Pradidali nach Nordwesten aufwärts, am Albergo Baita La Ritonda und einigen

Die Malga Canali mit Cima del Coro und Pala del Rifugio im Talschluss.

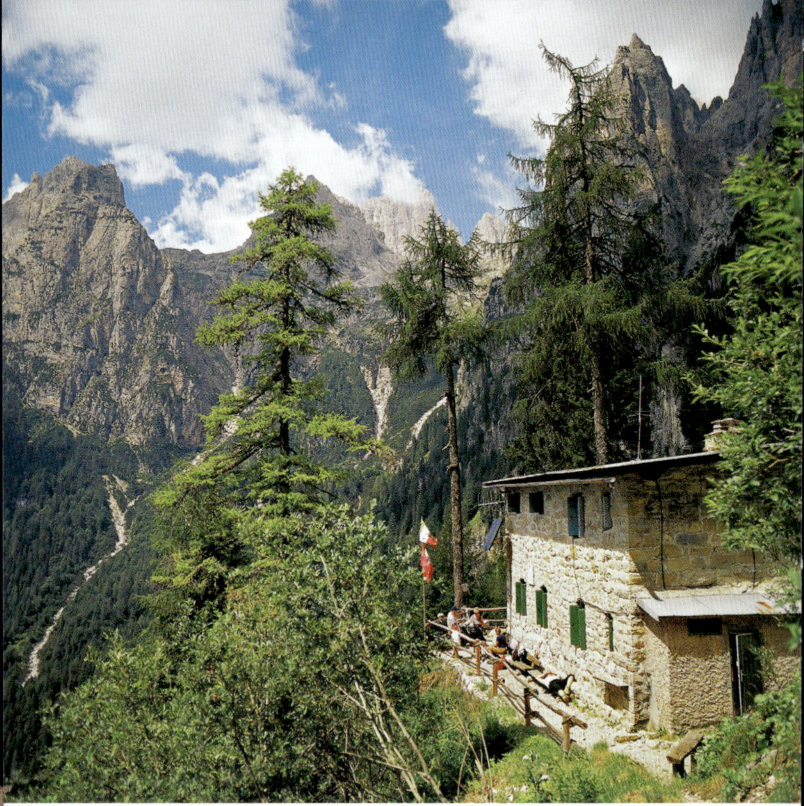

Das Rifugio Treviso über der Talsohle des inneren Val Canali.

Privathäusern vorbei und nach dem letzten Haus links über den Bach. Jenseits auf schottrigem Karrenweg an Quellen vorbei, durch Wald teils in Kehren bergauf, dann über das Geröllbett des Torrente Pradidali wieder an das rechte Ufer und dort im Nadelwald zu einer **Verzweigung (2)**. Rechts ab und über ein Rinnsal, dann auf bez. Karrenweg (keine Nummer!) an den Waldhängen nach Osten aufwärts und über einen weiteren Bach (Holzbrücke) zur schmalen, nach oben ziehenden Waldblöße der verfallenen **Malga Pradidali (3)**, 1428 m.
Von der Alm auf dem bez. Weg nochmals über einen Bach, dann an der Waldflanke entlang leicht fallend nach Südosten zur Waldlichtung um die zwei Almhütten der **Malga Pra d'Ostio (4)**, 1330 m, auf der Schulter über der

Talgabel Canali/Pradidali. Aufblick gegen die südliche Palakette mit Sass d'Ortiga, Pala della Madonna, Punta del Caldrolòn und Cima d'Oltro.

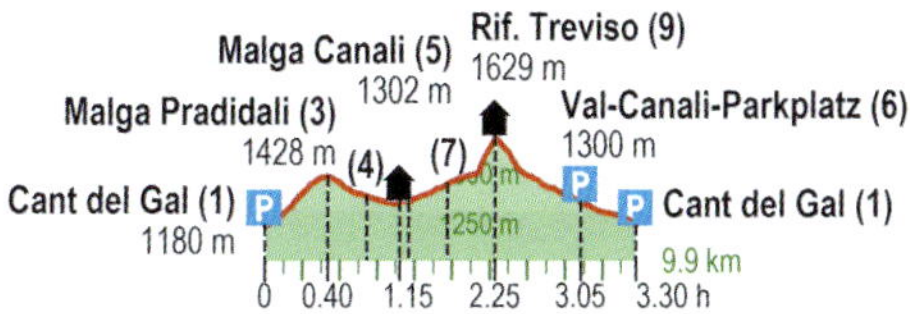

Ohne die Waldblöße zu betreten, vorerst kurz nach Süden abwärts, dann links am Südrand der Almweide entlang zu einer Verzweigung. Den bez. Fußweg geradeaus (ostwärts) an den Waldhängen entlang, vorerst sanft, dann steiler bergab zu den Prati Canali mit verfallenen Almhütten. Wieder in den Wald und dort in Nordostrichtung eben weiter, schließlich durch Wiesen bergauf zu den Almhäusern der **Malga Canali (5)**, 1302 m. Blick in den großartigen Talschluss mit Cima dei Lastei, Cima d'Alberghetto, Cima del Coro und Pala del Rifugio.
Entlang der Zufahrtsstraße über die Almwiese ostwärts weiter und kurz hinab zum **Val-Canali-Parkplatz (6)**, 1300 m. Von dort nordwärts die schmale Naturstraße mit Weg Nr. 707 (Fahrverbot) links des meist wasserlosen Schotterbetts des Torrente Canali im lichten Wald talein zum **Linksabzweig von Weg Nr. 711 (7)**. Rechts über den Torrente Canali und auf einem Fußweg neben dem Bachbett im lichten Nadelwald bergauf zum **Abzweig von Weg Nr. 711A (8)**. Rechts auf Weg Nr. 707 den steilen Waldhang in vielen Kehren nach ostwärts empor zu einer Verzweigung und dort nach rechts zum **Rifugio Treviso (9)**, 1629 m.
Auf bekanntem Weg zurück zum **Val-Canali-Parkplatz (6)**, danach entlang der Zufahrtsstraße nach **Cant del Gal (1)**.

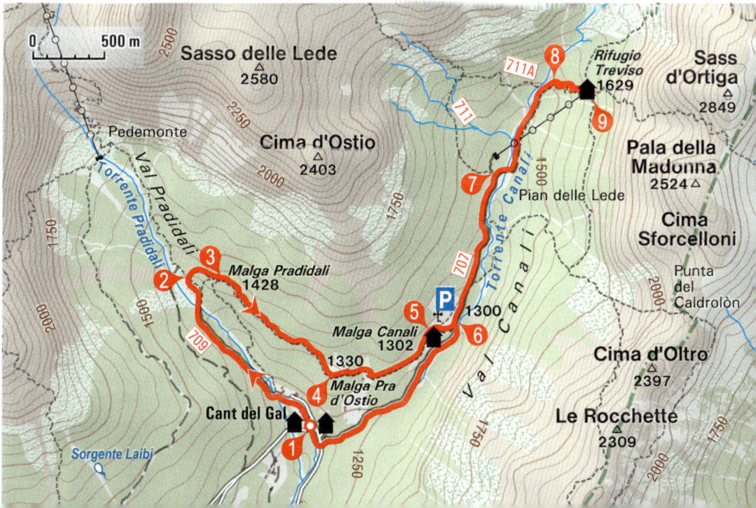

29 Aus dem Canalital zum Ceredapass

7.00 Std.

Eine Kostprobe aus der Schatzkiste der Dolomiten-Höhenwege

Im Bereich der Pala-Südkette stellt die zwischen Cima d'Oltro und Punta del Caldrolòn eingehauene Forcella d'Oltro eine Verbindung zwischen dem Canalital und dem Gebiet des Ceredapasses her. Die Route durch die Scharte wurde daher zum Teilstück des Dolomiten-Höhenwegs Nr. 2 auserkoren, weshalb sie auch von deutschsprachigen Bergsteigern stärker frequentiert ist. Der außerordentlich eindrucksvolle, nicht allzu anstrengende oder schwierige Übergang endet mit einem unvergleichlichen Höhengang, der »Traversata delle Rocchette«. An den Südhängen der Cima d'Oltro und der Rocchette wandert man über dem Ceredapass und dem abgrundtiefen Canal del Mis, an der Grenze zwischen Bekanntem und Unbekanntem, mit ständigem Blick auf die wilden Recken der Süddolomiten: Pramper, Tàmer, Schiara, Monti del Sole, Brendòl, Cimonega und Vette Feltrine.

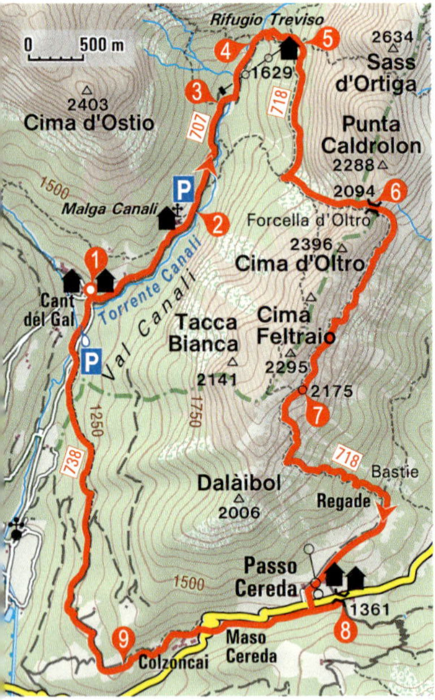

Talort, Ausgangspunkt: S. Tour 26.
Anforderungen: Unschwieriger, aber langer, anstrengender Übergang auf bez. Wegen. Trittsicherheit nötig!
Höhenunterschied: 1250 m im An- und Abstieg.
Einkehr: Jst. Malga Canali (Agrit., keine Nächtigung, Ostern bis 15. Okt. geöffnet, Tel. +39 0368 7413582), Rif. Treviso (42 B., bew. vom 20. Juni bis zum 30. Sept. und an den Wochenenden im Mai, Juni und Okt, Tel. +39 0439 62311 und +39 0439 62716, www.rifugiotreviso.it). Am Ceredapass Rif. Cereda (30 B., 20 L., ganzj. geöffnet, Tel. +39 0439 65118 und +39 0439 65030, www.passocereda.eu) und Agrit. Broch (30 B. in Apartments, 15. Juni bis 31. Okt. geöffnet, Tel. +39 0439 65028 und +39 389 0276413, www.agriturismobroch.it). Am Ausgangspunkt Alb. Cant del Gal (24 B., im Nov. geschlossen, sonst geöffnet, Tel. +39 0439 62997, www.cantdelgal.it), und Alb. Baita La Ritonda (22 B., ganzj. geöffnet, Tel. +39 0439 762223, www.valcanalidolomiti.it).
Hinweis: Die lange Tour kann durch eine Übernachtung im Rif. Treviso in zwei Etappen zu 1.30 und 5.30 Std. unterteilt werden.

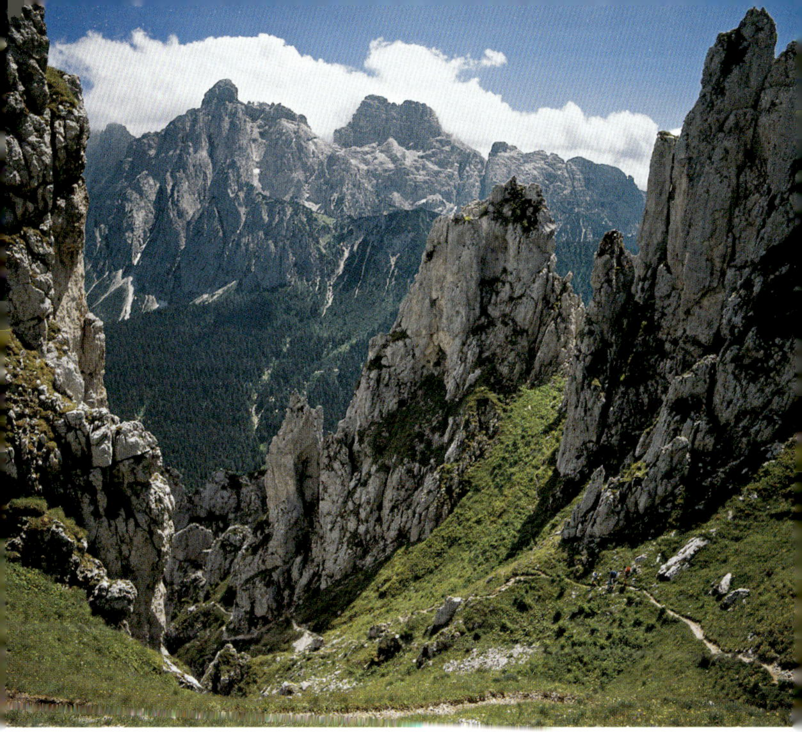

An der Traversata delle Rocchette vor dem Abstieg zum Passo Cereda.

Von **Cant del Gal (1)** die Asphaltstraße durch das innere Val Canali talein zum **Val-Canali-Parkplatz (2)** nahe der **Malga Canali**. Die schmale Naturstraße mit Weg Nr. 707 (Fahrverbot!) zur Linken des meist wasserlosen Schotterbetts des Torrente Canali im lichten Wald weiter talein zum **Linksabzweig von Weg Nr. 711 (3)**. Rechts über den Torrente Canali und auf dem

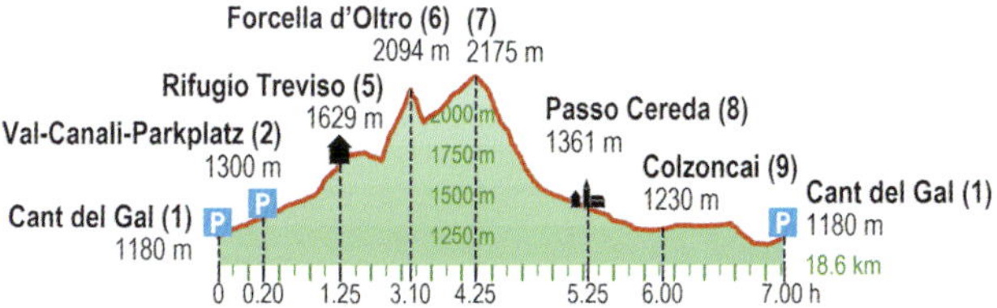

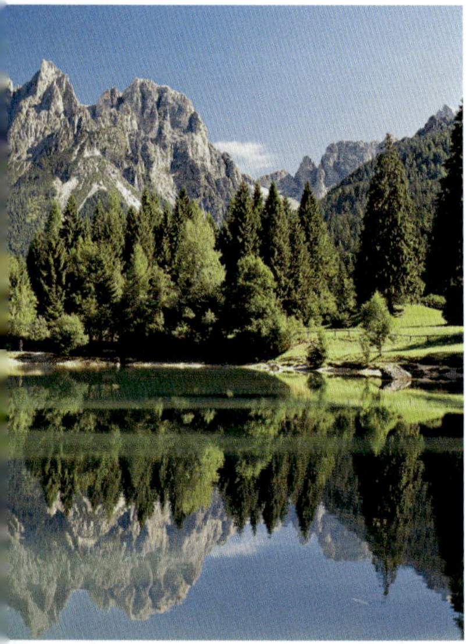

Der kleine Lago Welsperg im äußeren Val Canali, hinter ihm die Cima dei Lastei.

Fußweg neben dem Bachbett im lichten Nadelwald zum **Abzweig von Weg Nr. 711A (4)**. Rechts auf Weg Nr. 707 den steilen Waldhang in Kehren nach Osten hoch, an einer Gabelung rechts zum nahen **Rifugio Treviso (5)**, 1629 m.

Von der Hütte auf dem Weg Nr. 718 an der linken Seite des Val Canali südwärts durch Wald zu einer Bergsturzzone, danach auf und ab zu einer Lichtung. Dort links (ostwärts) in Kehren durch Buschwerk und über Felsblöcke hinauf, später eine begrünte Steilrinne in engen Kehren empor, zuletzt unter Felsen rechts zur **Forcella d'Oltro (6)**, 2094 m, zwischen Cima d'Oltro und Punta Caldrolon. Jenseits in sehr steilen Kehren (Vorsicht!) 200 Höhenmeter hinunter, dann nach rechts zu einer kleinen Schulter. Nun in langer, aussichtsreicher Querung (»Traversata delle Rocchette«) steiler Grashänge unter den Wänden der C. d'Oltro, der Rocchette und der Cima Feltraio über mehrere Schultern hinweg aufwärts zum **höchsten Punkt der Überschreitung (7)**, 2175 m.

Dahinter an den Hängen südwärts hinab in eine Scharte, danach zunächst durch eine Felsenstadt, dann durch Latschen und lichten Nadelwald nach links (Südosten) abwärts zur Wiesenschulter von Regade (1683 m). Links von ihr durch einen engen Graben hinab zu den Wiesen von Bastie und zu einem querenden Fahrweg. Diesen rechts hinunter zur Ceredapassstraße und auf ihr links zum **Passo Cereda (8)**, 1361 m.

Vom Pass auf der Straße zurück und noch etwa 1,5 km weiter hinab in Richtung Fiera di Primiero. In der dritten Kehre auf dem Weg Nr. 738 (Sentiero Piero Agostini) geradeaus und südwestwärts an den Hängen entlang durch Wiesen und Wald zu den Hütten von **Colzoncai (9)**, 1230 m. Auf schmaler Asphaltstraße zu einer Kreuzung und dort rechts empor zu einem Wiesenrücken mit Blick auf das Pala-Zentralmassiv. Jenseits an der rechten Seite des äußeren Val Canali teils in Kehren nordwärts bergab, später durch Wald zur Autostraße im Canalital, die bei der Quelle Acque Nere (Parkplatz) erreicht wird. Entlang der Straße 300 m weiter nach **Cant del Gal (1)**.

2 Tage

Croda Granda, 2849 m 30

Auf die zweihöchste Erhebung der Pala-Südostkette

So wild und abweisend sich die Felsstöcke im Pala-Südostkamm auch zeigen, ihre höchsten Recken lassen sich meist ohne besondere Kletterkünste erreichen. Das mächtige Felshaupt der Croda Granda etwa, zu dem vom Rifugio Treviso im Val Canali eine markierte, im Anstieg zum Biwak Reali hin gesicherte Route – die Via ferrata Fiamme Gialle – emporführt. Allerdings ist die Strecke lang und anspruchsvoll, der zu bewältigende Höhenunterschied enorm. Wer es wagt, kann fernab von Hektik und Klettersteig-Boom beschauliche Stunden in einsamer, fantastischer Felslandschaft erleben.

Talort: Fiera di Primiero (713 m), im Süden der Pala, in einer beckenartigen Verbreiterung des Val Cismon gelegener Markt und Hauptort der Talschaft Primör.
Ausgangspunkt: Parkplatz Val Canali (1300 m) im Mittelteil des Canalitales nahe der gleichnamigen Alm. Zufahrt von Fiera di Primiero mit dem eigenen Auto (9,5 km) oder von Mitte Juni bis Ende Sept. per Bus (von 1. Juli bis 1./5. Sept. tägl., sonst wochenends) bis Cant del Gal, dann 1,5 km Fußmarsch; ca. 20 Min. Gehzeit.
Anforderungen: In jeder Hinsicht anspruchsvolle Bergtour auf zum Teil gesicherter Steiganlage. An der Via ferrata Fiamme Gialle (Schwierigkeitsgrad KS4-D) ist ein Klettersteig-Set obligatorisch. Trittsicherheit, Schwindelfreiheit, Ausdauer und Kletterkönnen (freie Passagen im Grad I) nötig. Nur bei ganz sicherem Wetter!
Höhenunterschied: 1700 m auf und ab.
Einkehr: Rif. Treviso (42 B., bew. 20. Juni bis 30. Sept., im Mai, Juni und Okt. an den Wochenenden; Tel. +39 0439 62311 und +39 0439 62716, www.rifugiotreviso.it); Biv. Renato Reali (6 L., stets geöffnet, aber nicht bewirtschaftet). Am Ausgangspunkt Jst. Malga Canali (Agrit., keine Nächtigung, Ostern bis 15. Okt. geöffnet, Tel. +39 0368 7413582).

Hinweis: Die Tour wegen der Länge eventuell dreitägig (Übernachtung in Trevisohütte und Biv. Reali, Etappen zu 1.15 Std., 3.30 Std. und 5 Std.) konzipieren .
Warnung: Nach längerem Schlechtwetter mit Schneefall oder Vereisung ist von einer Begehung der Via ferrata Fiamme Gialle abzuraten.

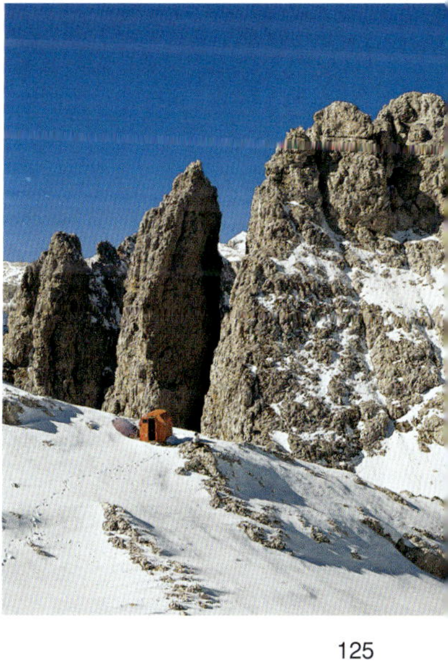

Das Bivacco Renato Reali an der Forcella del Marmor mit Cima Sud del Màrmor und Torre Giubileo links.

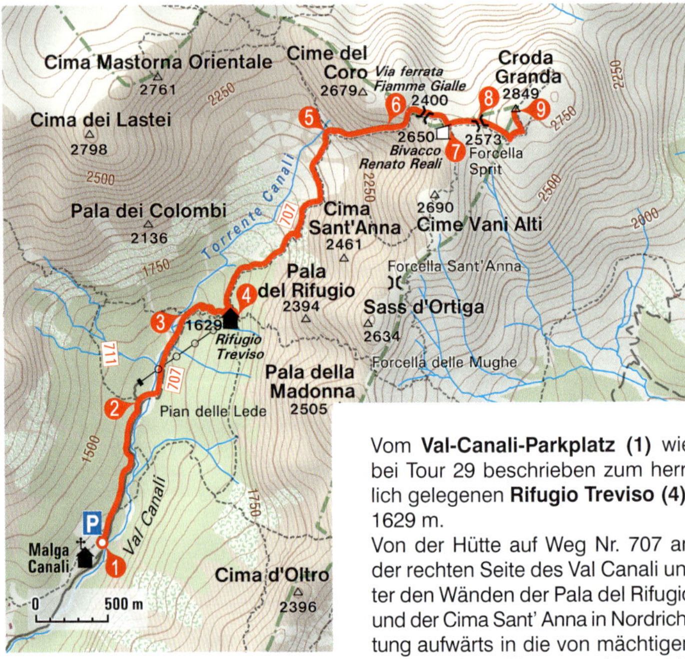

Vom **Val-Canali-Parkplatz (1)** wie bei Tour 29 beschrieben zum herrlich gelegenen **Rifugio Treviso (4)**, 1629 m.

Von der Hütte auf Weg Nr. 707 an der rechten Seite des Val Canali unter den Wänden der Pala del Rifugio und der Cima Sant' Anna in Nordrichtung aufwärts in die von mächtigen Felsgestalten überragte Karmulde des Talhintergrunds. Dort an der Rechtsabzweigung eines Steiges ins Vallon Vani Alti vorbei zum **Abzweig ins Vallon del Coro (5)**. Das Seitenkar über

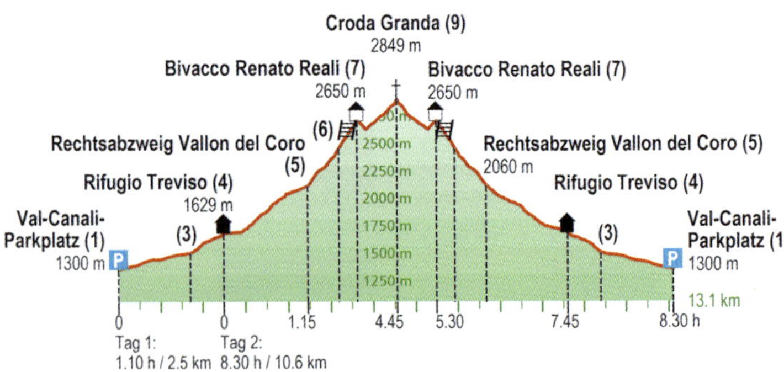

Geröll rechts (nordostwärts) steil hoch, später links empor auf einen schrofigen Vorbau mit dem **Einstieg in die Via ferrata Fiamme Gialle (6)**, 2400 m. Zur Rechten einer Schlucht durch steile Kamine und Verschneidungen (durchlaufendes Drahtseil) nach Osten aufwärts, dann in der Schlucht selbst hinauf (Vorsicht bei Hartfirn!). Weiter oben luftig rechts um eine Kante herum, dann wieder nach links in den Schluchtgrund. Jenseits über eine 60 m hohe Wand hinauf in die **Forcella del Marmor** (2519 m) zwischen Torre Giubileo links und Cima dei Vani Alti rechts. Nun über Geröll und durch schrofiges Gelände nach rechts (Osten) empor zum **Bivacco Renato Reali (7)**, 2650 m.
Über eine geneigte Karrenfläche (Steinmänner, Farbmarkierung) ostwärts hinab in die **Forcella Sprit (8)**, 2573 m, zwischen C. dei Vani Alti und Croda Granda. Unter der Westwand der Croda über Geröll und Schrofen rechts hinauf in einen Sattel. Jenseits in das Vallon delle Minière und dort links empor in den Passo delle Minière. Über leichte Felsstufen noch einmal links (Westen) aufwärts zum Gipfel der **Croda Granda (9)**, 2849 m.
Abstieg entlang der Anstiegsroute.

Cima dei Lastei und Cima di Manstorna von der Via ferrata Fiamme Gialle.

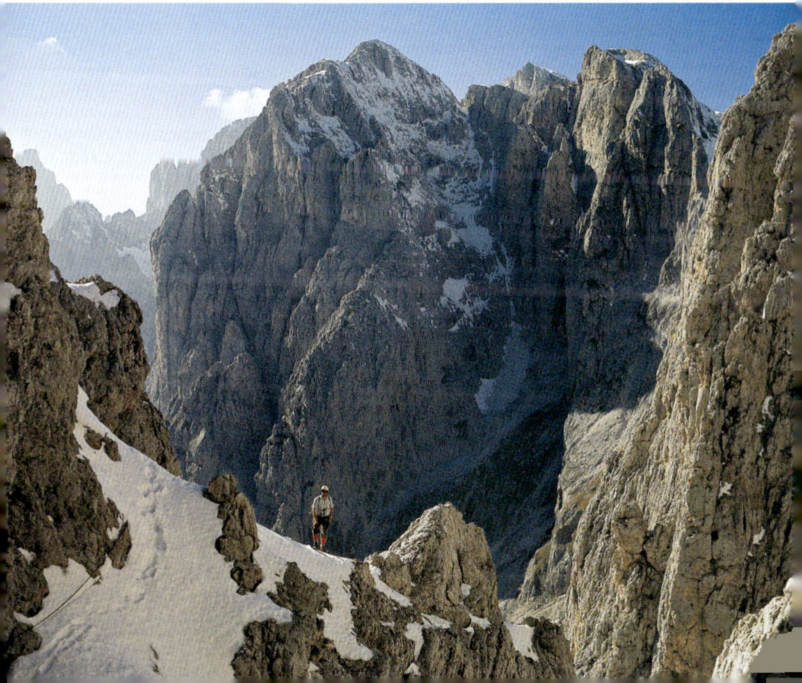

31 Cima Cavallazza, 2324 m, und Laghi di Colbricon

3.30 Std.

Lohnende Rundwanderung im Porphyrgebiet des Lagorai

Der sommerliche Massenansturm vom Rollepass her und Spuren des winterlichen Skibetriebs sind Abschläge bei dieser Tour, die über die aussichtsreiche Cima Cavallazza zu den Colbriconseen bringt. Man durchwandert ein Teilgebiet der Lagoraikette (Fleimstaler Alpen), das mit seinen Porphyrfelsen im reizvollen Kontrast zum hellen Dolomitgetürm der Palagruppe im Osten des Cismontales steht.

Talorte: San Martino di Castrozza (1466 m), renommierter Urlaubsort im oberen Cismontal am Westfuß der Pala. Predazzo (1008 m), Ferienort im Fleimstal an der Mündung des Val Travignolo. Bellamonte (1372 m) auf einer Terrasse über dem Val Travignolo. Falcade (1155 m), Sommer- und Wintersportort im inneren Valle del Biois.
Ausgangspunkt: Passo Rolle (1980 m, Bushalt) zwischen Palagruppe und Fleimstaler Alpen mit Verbindungsstraße aus dem Travignolotal in das Val Cismon; 9 km von San Martino di Castrozza, 14 km von Bellamonte, 20 km von Predazzo, 23 km von Falcade. Eigentlicher Ausgangspunkt ist der Großparkplatz (1960 m) an der Straßenkehre östlich unter dem Rollepass.

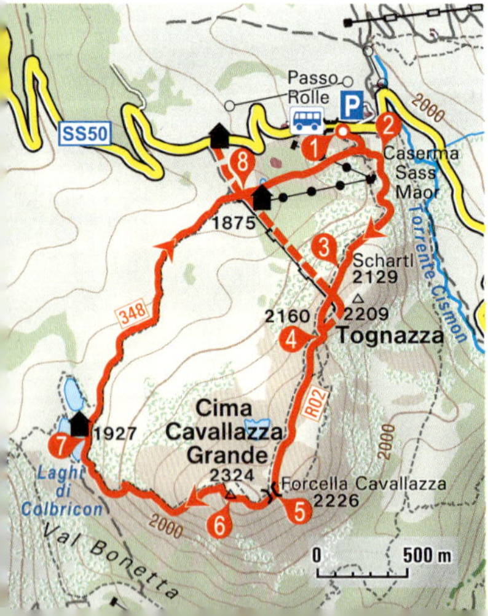

Anforderungen: Einfache Wanderung auf zwar beschilderten, aber nur spärlich markierten Fahr- und Fußwegen. Trittsicherheit nötig. Nur bei trockenem Wetter!
Höhenunterschied: 450 m im An- und Abstieg.
Einkehr: Rif. Laghi di Colbricon (keine Nächtigung, bew. 20. Juni bis 20. Sept., Tel. +39 348 7952430, außerhalb der Saison auch +39 0439 768942); Bar-Ristorante La Baita (keine Nächtigung, mit der Seggiovia Paradiso geöff.). Am Rollepass mehrere Hotels, Restaurants und Bars.
Variante: Bei Nutzung der Seggiovia Paradiso reduziert sich die Gesamtgehzeit auf 2.45 Std. Ausgangspunkt ist in diesem Fall die Malga Rolle (1910 m, Großparkplatz) an der Westrampe der Rollepassstraße. Von dort auf einer Stichstraße (Fahrverbot) in 10 Min. zur Talstation und Liftfahrt auf die C. Tognazza. Betrieb 10./15. Juli bis 5./10. Sept. tägl. 9–12.45 und 14–17.15 Uhr.

Vom **Rollepass-Parkplatz (1)** auf einer unbez. Schotterstraße durch Wiesen in Kehren nach Süden hoch zur **Caserma Sass Maor (2)**, einer Kaserne der Guardia di Finanza. Den Fahrweg weiter zur Bergstation eines Schlepplifts, danach entlang einer Abfahrtspiste quer durch die West-

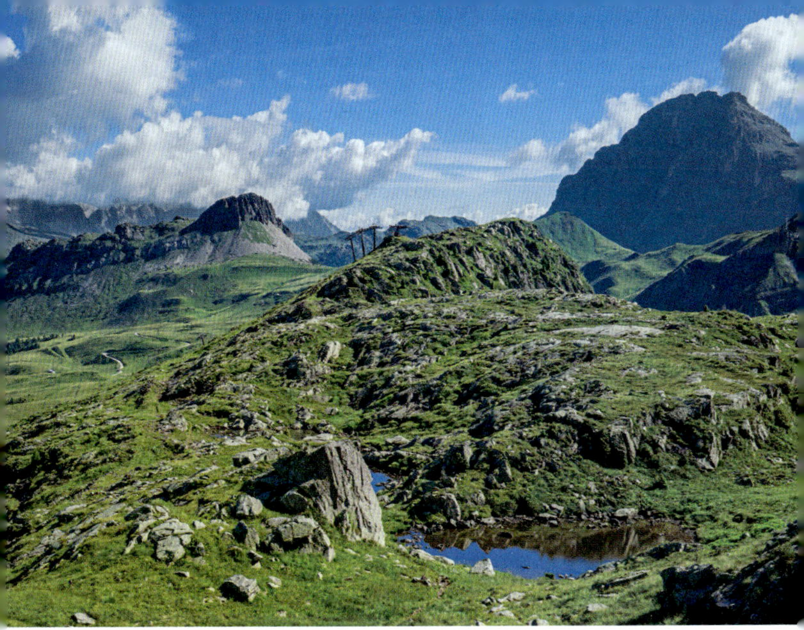

Blick von der Cima Cavallazza Grande auf Monte Castellaz links und Monte Mulàz rechts.

flanke der Cima Tognazza steiler hinauf zu einer Schulter. Rechts von der Piste ab und auf dem Fußweg R 02 in ein **Schartl (3)**, 2129 m, zwischen einem Felsbuckel rechts und der C. Tognazza links. Dahinter in langer Hangquerung durch felsdurchsetzte Wiesen, unter dem Vierersessellift Seggiovia Paradiso hindurch, in Südrichtung aufwärts und nach links in den **Sattel hinter der Cima Tognazza (4),** 2160 m, mit Wegteilung. Imponierender Palablick!
Auf dem beschilderten Weg (R 02) halb rechts in die Westseite der Cima Cavallazza Piccola hinein und dort durch Wiesenmulden (teils mit Seeaugen) über kleinere Aufschwünge hinweg, später oberhalb des Lago Cavallazza vorbei und durch ein grünes Hochtal in die **Forcella Cavallazza (5)**, 2226 m. Tiefblick auf San Martino di Castrozza, darüber die Palagruppe.
Aus der Scharte auf gut trassiertem Serpentinenweg im steilen, felsigen Gelände rechts (westwärts) empor auf eine Wiesenschulter und dort nach rechts in die Nordseite der Cima Cavallazza Grande hinein zu einer Verzweigung. Links vom Hauptweg (der die Nordseite des Berges quert) ab und auf unbez. Steig über steile Grashänge in Richtung Südwesten empor auf den von Laufgräben durchfurchten Gipfel der **Cima Cavallazza Grande (6)**, 2324 m, mit kleinem Holzkreuz. Umfassendes Panorama!

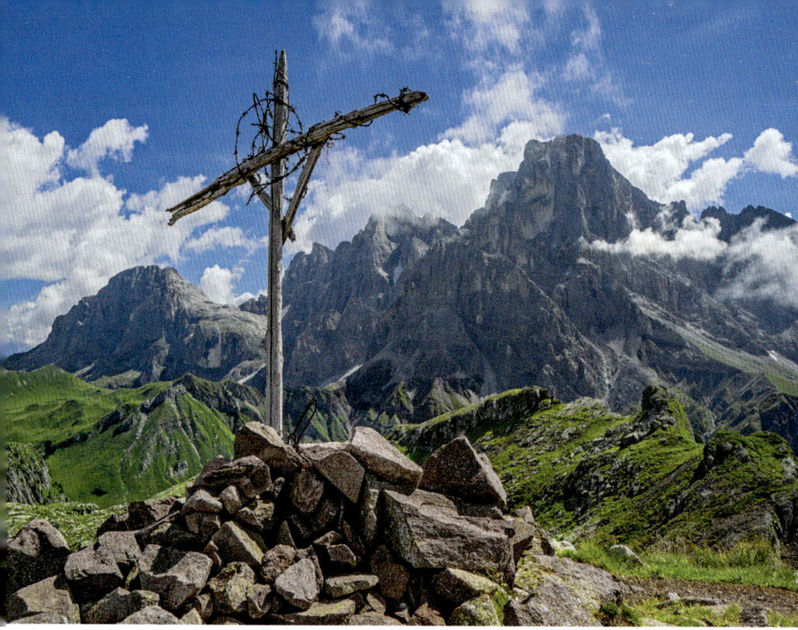

Am Gipfel der Cima Cavallazza Grande. Dahinter Monte Mulàz und Cimone della Pala.

Auf Steig im steilen, schuttrigen Gelände kurz nach Nordwesten hinab zum querenden Hauptweg. Diesen über den geröllig-begrünten Westrücken des Berges in Kehren bergab, zuletzt durch Lärchenwald und Wiesen zu den Laghi di Colbricon. Den Querweg Nr. 348 nach rechts zum **Rifugio Laghi di Colbricon (7)**, 1927 m, über dem Ostufer des oberen Sees. Nordostwärts auf dem von Tagesgästen stark frequentierten Fahrweg Nr. 348 durch kurzstämmigen Nadelmischwald eben oder sanft bergab in die Wiesenmulde an der **Talstation der Seggiovia Paradiso (8)**, 1875 m. Rechts ab und auf Naturfahrweg am Ristorante La Baita vorbei, ostwärts eine Abfahrtspiste steil hinauf und unter einem Schlepplift hindurch zur eingangs erwähnten Schotterstraße. Diese kurz hinab zum **Rollepass (1)**.

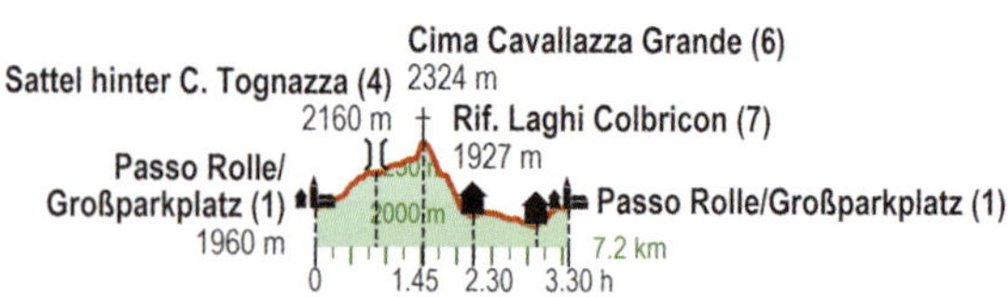

4.30 Std.

Von der Cima Tognola nach Siror 32

Spektakulärer 1500-Meter-Abstieg im Angesicht der Pala

Lifte und Seilbahnen verändern die Landschaft, eröffnen dem Wanderer aber auch neue Möglichkeiten. Die Tognola-Seilbahn beispielsweise bringt ihn flugs von San Martino in die Hochregion der Lagoraigruppe. Hier setzt jenseits der Tognazzaspitze einer der längsten und schönsten Talabstiege des Gebiets an. Begleitet von unvergesslichen Blicken auf den Westabsturz der Pala erreichen wir den Lago di Calàita, in dem sich die Wände des Cimone della Pala spiegeln. Der nachfolgende Waldabstieg nach Siror geht zugegebenermaßen auf die Knie, doch Schau- und Natureindrücke sorgen für Kurzweil.

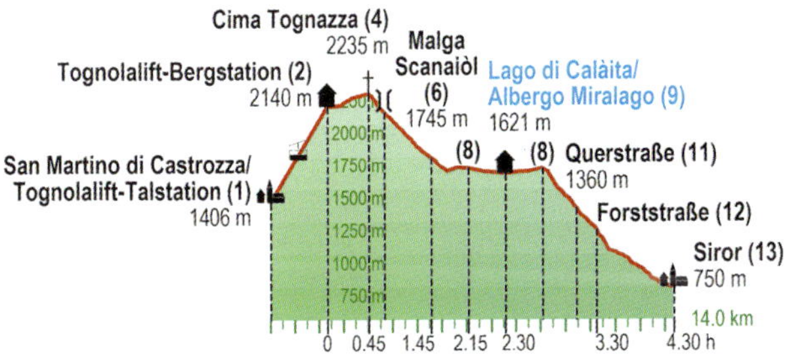

Talort: San Martino di Castrozza (1466 m), renommierter Urlaubsort im oberen Cismontal am Westfuß der Pala.
Ausgangspunkt: Talstation der Kabinenbahn Cabinovia Tognola (1406 m, Großparkplatz, Bushalt) an der Staatsstraße Nr. 50; 1 km südlich unterhalb von San Martino di Castrozza. Bergstation (2140 m) auf einer Schulter im Nordosten der Cima Tognola. Betrieb 15./20. Juni bis 20./ 25. Sept., bei Schönwetter auch an den Wochenenden danach 8.30–17.00 Uhr, im August bis 18 Uhr; Tel. +39 0439 68026, www.tognola.it.
Endpunkt: Siror (750 m), am Nordrand des Beckens von Primör gelegene Fraktion von Fiera di Primiero. Rückkehr nach San Martino mit dem Bus.
Anforderungen: Unschwieriger, jedoch extrem langer Talabstieg. Trittsicherheit und Ausdauer nötig! Bei Schlechtwetter mit Nebel abzuraten.
Höhenunterschied: 100 m im Anstieg, 1500 m Abstieg.
Einkehr: Alb. Ristorante Miralago Calàita (40 B., Juli bis Sept. geöffnet, Tel. +39 0439 719395, +39 347 8923579, +39 348 8566684 und +39 347 4371973 www.miralagocalaita.it). Bar Tognola an der Talstation und Rif. Tognola an der Bergstation (beide keine Nächtigung, mit Seilbahn geöffnet).
Wichtiger Hinweis: Weniger ausdauernde Wanderer können sehr lohnend nur zum Lago di Calàita wandern (2.30 Std. Gehzeit). Rückfahrt mit direktem Bus (25./ 30. Juni bis 5./10. Sept.) nach Fiera di Primiero, dort Bus nach San Martino (Haltestelle an der Talstation des Tognolalifts). Abfahrtzeiten auf www.sanmartino.com.

Von der **Tognolalift-Bergstation (2)** auf bez. Karrenweg über den plattengepanzerten Nordostrücken (Porphyrgestein) der Cima Tognola, an Sendeanlagen vorbei auf eine **Anhöhe (3)**, 2205 m, mit Sessellift-Bergstation (kein Sommerbetrieb!). Auf bez. Fußweg über den nun schmaleren Kamm, wobei die C. Tognola rechts umgangen wird. In der Westseite des Rückens verbleibend weiter, zuletzt am Kamm empor zum Gipfel der **Cima Tognazza (4)**, 2235 m. 360-Grad-Panorama mit Blick in den gesamten Westabsturz der Pala vom Cimone bis zur Cima della Madonna.

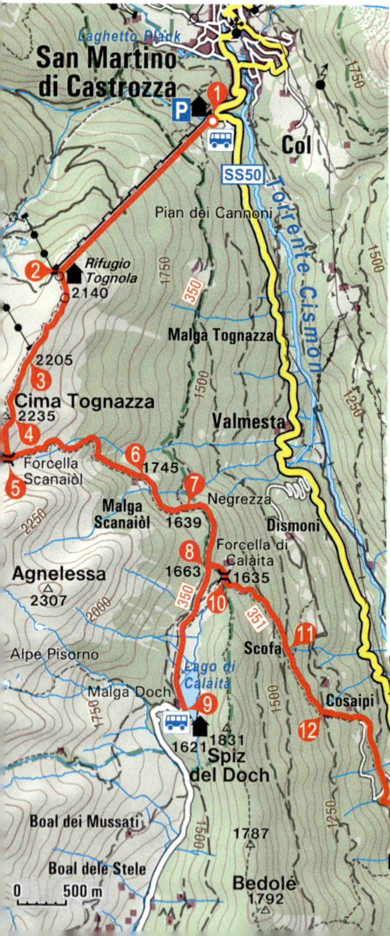

Den Südrücken des Berges anfangs durch Wiesen, dann auf Serpentinensteig im felsdurchsetzten Gelände (Trittsicherheit nötig!) steil hinab in die **Forcella Scanaiòl (5)**, 2093 m. Den Querweg Nr. 9 durch Wiesen und Almrosenbestände in Ostrichtung – vorerst sanft, anschließend in steilen Windungen – hinunter zu einem Wiesenboden mit Quellen. Hinab zur Baumgrenze, dann durch lichten Lärchenbestand und über traumhaft schöne Wiesen weiter bergab und schließlich nach rechts über den Rio Valmesta und an den Waldhängen in Südostrichtung zur malerisch auf einer Schulter gelegenen **Malga Scanaiòl** (**6** 1745 m, Brunnen). Über die Almweide nach Südosten in den Wald und dort an steilen Hängen abwärts zum **Querweg Nr. 350 (7)**, 1639 m. Auf diesem zunächst die Richtung beibehaltend weiter an den Waldhängen entlang, dann durch eine Felsgasse steil hoch und über eine Anhöhe hinweg zur

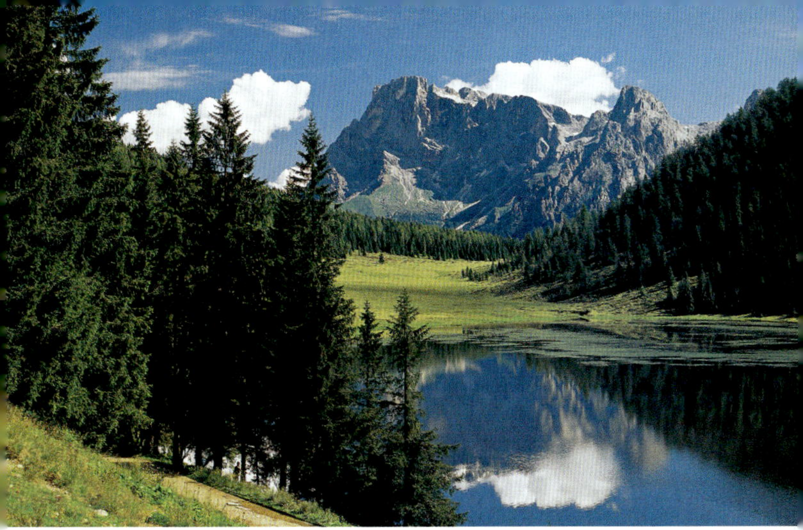

Der Lago di Calàita vor den Wänden von Cimone della Pala und Cima Rosetta.

Linksabzweigung von Weg Nr. 351 (8), 1663 m, nach Siror. Auf dem Karrenweg Nr. 350 geradeaus (südwärts), anfangs noch im lichten Wald, dann durch schöne Wiesen sanft bergab, zuletzt über dem Westufer des **Lago di Calàita** entlang zu den Almhütten der **Malga Doch** und dem am Südufer stehenden **Albergo Ristorante Miralago (9**, 1621 m, Großparkplatz, Bushalt; Zufahrt von Canale San Bovo). Rückblick über den See hinweg auf Cimone della Pala und Rosetta (s. Bild oben)!
Zurück zur erwähnten **Verzweigung (8)** und auf Weg Nr. 351 im Wald hinab zur **Forcella di Calàita (10)**, 1635 m, dann auf einem Fußweg über den Waldkamm des Col Santo nach Süden zu einer Verzweigung. Links den bez. Weg durch die gegen das Cismontal gerichteten Waldhänge steil nach Südosten hinab zu einer querenden Forststraße. Diese 50 m nach rechts, dann links ab und an den Hängen weiter und hinweg über die nächste **Querstraße** (**11**, links nach Dismoni, rechts nach Bedole). Auf verwachsenem Steig bei sanftem Gefälle bergab, später steiler in Kehren zur nächsten **Forststraße** (**12**, rechts nach Val Serena), die wir ebenfalls traversieren. Gleich nach der Kreuzung guter Brunnen, links auf einer kleinen Waldwiese herrlicher Palablick!
Durch Wald ostwärts hinab zum nächsten Querweg, danach (bei Verzweigungen auf die Markierung achten!) auf Fußwegen steiler abwärts zur **Rollepassstraße** (Staatsstraße Nr. 50). Auf ihr rechts hinab auf die Talsohle des Val Cismon und jenseits in den Ort **Siror (13)**, 750 m. Rückfahrt mit dem nahezu stündlich verkehrenden Bus zur **Talstation des Tognolalifts (1)**.

33 Sagroner Runde

2.30 Std.

Wandervergnügen auch an Schlechtwettertagen

Wer nach einigen trüben Urlaubstagen das Handtuch wirft und pfeifdrauf in sonnigere Gefilde abreist, darf sich nicht wundern, wenn die sommerliche Tourenausbeute bescheiden ausfällt. Dabei ist für bestimmte Unternehmungen jedes Wetter gut. So lässt sich, entsprechend ausgerüstet, die Wanderung von Sagron über Matiuz zum Ceredapass problemlos auch bei Regen absolvieren. Als Ersatz für die bei Sonnenschein gebotenen Landschaftsgenüsse bleibt einem betörender Schwammerlgeruch und nässetriefender »Regenwald«, dessen beruhigender Atmosphäre schon so mancher verfallen ist ...

Talorte: Fiera di Primiero (713 m), im Süden der Pala in einer beckenartigen Verbreiterung des Val Cismon gelegener Markt und Hauptort der Talschaft Primör. Agordo (610 m), belebtes Städtchen in einer Weitung des Cordevoletales.
Ausgangspunkt: Kirchplatz in Sagron (1062 m, Bushalt, begrenzter Parkraum), Ort in herrlicher Lage westlich über dem Canal del Mis, trotz seiner auf das Agordino (Provinz Belluno) ausgerichteten Position politisch noch dem Trentino zugehörig; 14,5 km von Fiera di Primiero (Bus 503 Imèr–Fiera di Primiero–Sagron werktags 2x tägl. in beide Richtungen; Info bei Trentino Trasporti Esercizio Autostazione Fiera di Primiero, Tel. +39 0439 64165 und www.ttesercizio.it), 24 km von Agordo (kein Bus!).
Anforderungen: Problemlose Tour auf bez. Fahr- und Fußwegen.
Höhenunterschied: 350 m auf und ab.
Einkehr: Rif. Cereda (30 B., 20 L., ganzj. geöffnet, Tel. +39 0439 65118 und +39 0439 65030, www.passocereda.eu) und Agrit. Broch (30 B. in Apartments, 15. Juni bis 31. Okt. geöffnet, Tel. +39 0439 65028 und +39 389 0276413, www.agriturismobroch.it), beide am Ceredapass. In Sagron keine Einkehr!

Vom **Kirchplatz in Sagron (1)** auf schmaler Asphaltstraße durch Wiesen in Kehren nach Westen aufwärts zu einer **Straßengabelung (2)** und dort kurz nach links empor in den malerischen Weiler **Matiuz (3)**, 1201 m, mit Dorfbrunnen und wunderbarem Tiefblick auf Sagron. Weiterhin entlang der asphaltierten Bergstraße, in Westrichtung aufwärts, später durch die Lärchenwiesen von **Casere** und nach einer Linkskehre zu einer spitzwinkeligen **Abzweigung (4)**. Rechts ab und auf unbez. Karrenweg hinauf an einen Waldrücken. Dort in steilen engen Windungen ansteigend rechts der Casere-Wiesen

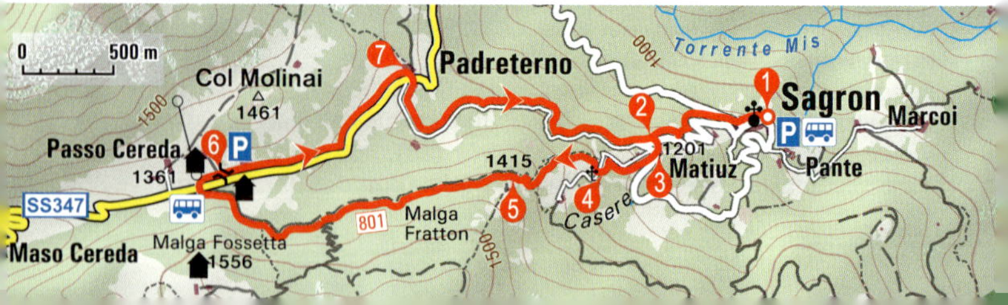

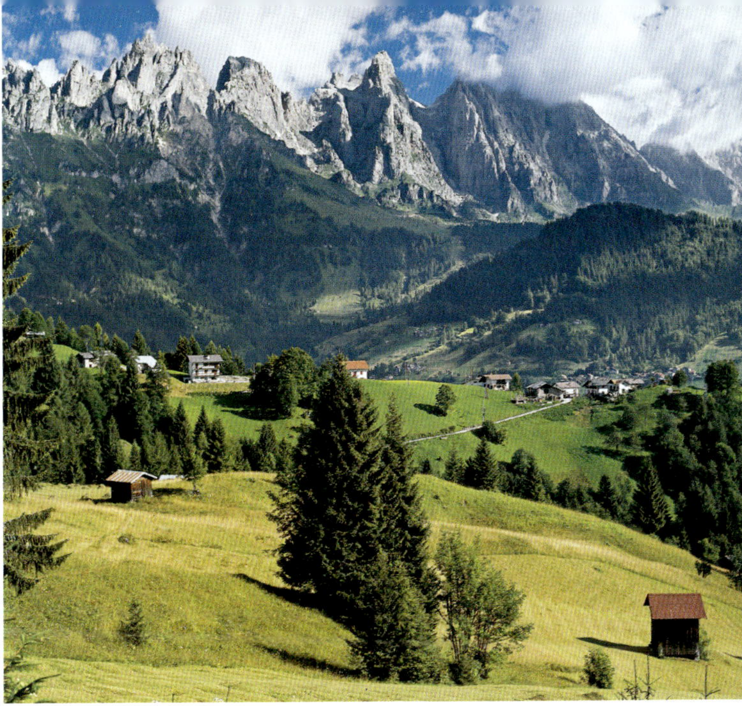

Die Felsgewalten der südlichen Palakette über den Häusern von Matiuz.

empor auf eine licht **bewaldete Schulter (5)**, 1415 m. Hier auf der Forststraße mit Weg Nr. 801 (»Strada forestale Fratton«) geradeaus, durch die Waldhänge unterhalb der Pale del Garofolo eben nach Westen, später aufwärts zu einer Verzweigung. Rechts haltend die Straße mit Weg Nr. 729 und 801 eben fort, zuletzt durch Wiesen und oberhalb an einer Kapelle vorbei bergab zur Autostraße am **Passo Cereda (6)**, 1361 m, und diese rechts haltend zum **Rifugio Cereda**. Die Passstraße rund 1,5 km in Richtung Agordo bergab zu den Wiesen und Hütten von **Padreterno** mit **Verzweigung (7)**.

Rechts ab und auf schmaler, unbez. Asphaltstraße meist eben vorerst in Süd-, dann in Ostrichtung durch Wiesen und Wald zur **Straßenteilung (2)** knapp unterhalb des Weilers Matiuz. Weiter auf bekanntem Weg hinab nach **Sagron (1)**.

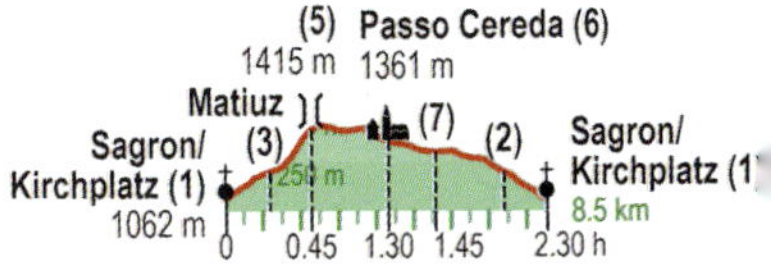

34 Passo del Palughét, 1910 m

3.00 Std.

Ein Tor ins Reich der Cimonega

Kein Wunder, dass sich das Gros der Besucher der bekannteren und augenscheinlich großartigeren Palagruppe zuwendet, denn das Felsenreich der Cimonega verbirgt sich oft hinter grünen Vorbergen. Als erstes Ziel für Erkundungsfahrten in diese einsame Bergregion sollte man die Pale Alte del Palughét (s. auch Tour 36!) mit dem Passo del Palughét ins Visier nehmen. Hat man die »selige Öde« der Malga Fossetta und den kurzen Steilanstieg zur Passhöhe hinter sich, so öffnet sich in diesem Felstor regelrecht der Himmel und damit die Schau auf die jenseits übermächtig aufstrebenden Felsgestalten der Cimonegagruppe, Piz di Sagron und Sass de Mura.

Talorte: Fiera di Primiero (713 m), im Süden der Pala in einer beckenartigen Verbreiterung des Val Cismon gelegener Markt und Hauptort der Talschaft Primör. Agordo (610 m), belebtes Städtchen in einer Weitung des Cordevoletales.

Ausgangspunkt: Passo Cereda (1361 m, Parkplätze, zwei Gastbetriebe) zwischen Palagruppe im Norden und Cimonegagruppe (Feltriner Dolomiten) im Süden mit Verbindungsstraße aus dem Primör in das Agordino; 9 km von Fiera di Primiero (Bus 503 Imèr–Fiera di Primiero–Sagron werktags 2x tägl. in beide Richtungen; Info bei Trentino Trasporti Esercizio Autostazione Fiera di Primiero, Tel. +39 0439 64165 und www.ttesercizio.it), 28,5 km von Agordo (kein Bus!).

Anforderungen: Einfache Tour, großteils markierte, teils steile Wege. Trittsicherheit nötig!

Höhenunterschied: 550 m im An- und Abstieg.

Einkehr: Malga Fossetta (12 B., bew. 15. Juni bis 15. Sept., Halbpension, Restaurantbetrieb nach Voranmeldung, Tel. +39 380 1248616 und +39 347 6017222, www.malgafossetta.it); Rif. Cereda (30 B., 20 L.; ganzj. geöffnet, Tel. +39 439 65118 und +39 439 65030, www.passocereda.eu) und Agrit. Broch (30 B. in Apartments, 15. Juni bis 31. Okt. geöffnet, Tel. +39 439 65028 und +39 389 0276413, www.agriturismobroch.it), beide am Ceredapass.

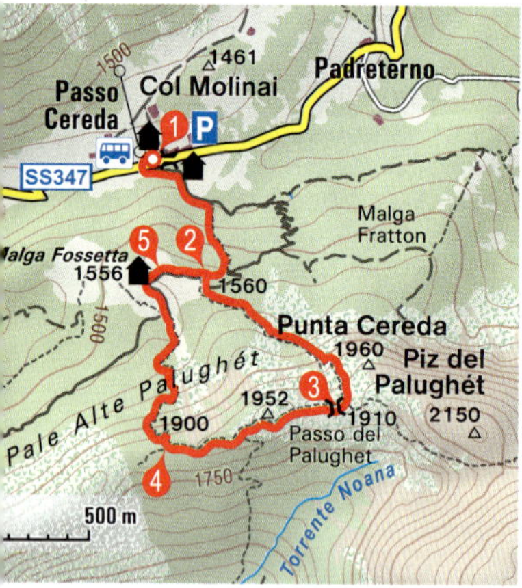

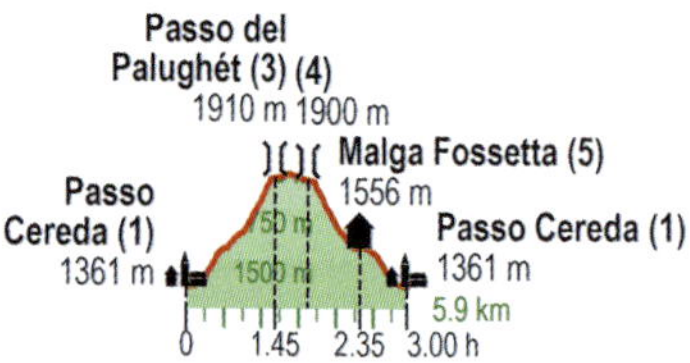

Vom **Passo Cereda (1)** die Naturstraße (Fahrverbot) mit Weg Nr. 729 und 801 durch Wiesen oberhalb an einer Kapelle vorbei, in Ostrichtung aufwärts in den Wald und dort zu einer Verzweigung. Rechts ab und auf Fußweg Nr. 729 (»Sentiero Nico Scalet«) in Kehren die steile Waldflanke nach Süden hoch, einmal die Straße tangierend, zuletzt auf der Straße nach rechts empor zu den **Fossetta-Wiesen (2)**, 1560 m. Wunderbare Schau nach Westen zu den Fleimstaler Alpen mit der Cima d'Asta.
Links von der Straße ab (!) und auf dem Weg Nr. 729 ein Stück am Wiesenrand hinauf, dann links in den Wald und dort in langer Querung am Nordabhang der Pale Alte del Palughét nach Südosten aufwärts in eine steile, felsig-geröllige Rinne. Diese ca. 50 Höhenmeter bergauf, dann links heraus und durch lichten Baumbestand nach Süden hinauf, später durch sumpfige Wiesen (der Name Palughét leitet sich von Palu bzw. Palü ab, was Sumpf bzw. nasse Wiese bedeutet) zu einer Verzweigung. Rechts auf bez. Steig durch Latschen nach Westen empor in den **Passo del Palughét (3)**, 1910 m, mit schöner Liegewiese mit Nahblick auf die Felsriesen der Cimonegagruppe.

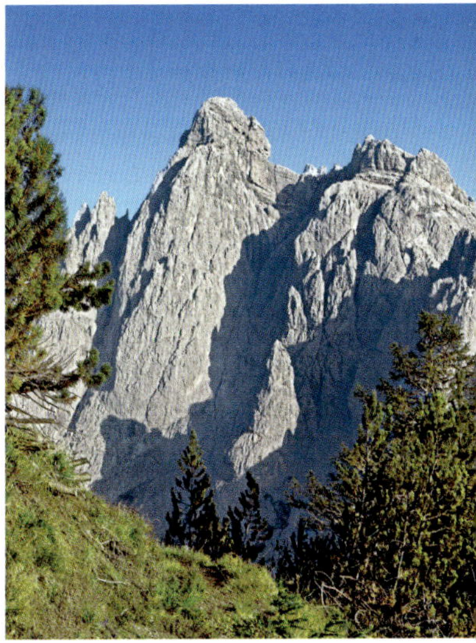

Der elegante Piz di Sagron in der Cimonegagruppe vom Passo del Palughét.

Auf bez. Weg nach rechts in die Südseite der Pale Alta Palughét hinein und dort durch Latschengassen auf und ab zur nächsten Verzweigung. Hier geradeaus (nicht links der roten Markierung hinab ins Val Giasinozza folgen!) auf jetzt unbez. Weg knapp links der Kammhöhe hinab in eine **Scharte (4)**, 1900 m, mit neuerlicher Verzweigung. Rechts in die Nordseite der Pale Alte del Palughét und dort durch eine Rinne steil bergab zum Beginn einer guten, aber unbez. Wegtrasse. Ihr folgend durch lichten Lärchenwald und Latschen in steilen Kehren abwärts, dann in langer Querung nach rechts in ein gerölliges Bachbett. Dieses in Nordrichtung hinab zu einem querenden Karrenweg, der uns rechts zu den Fossetta-Wiesen bringt. Nach Norden abwärts zu einer Naturstraße und diese hoch zur herrlich auf einer weiten Wiesenschulter gelegenen **Malga Fossetta (5)**, 1556 m. Die Straße über die Almweide ostwärts hinauf zur **Verzweigung am Rand der Fossetta-Wiesen (2)**. Von dort auf bekannter Route zurück zum **Passo Cereda (1)**.

35 Bivacco Feltre-Walter Bodo, 1930 m (Nordzugang)

2 Tage

Über die Banca Intaiada in das geheimnisvolle Reich der Cimonega

Wenn man die Feltriner Dolomiten und ihr Zentralgebiet Cimonega erkunden möchte, kann man südlich davon im Canzoital (s. Tour 48) oder wie hier am Ceredapass im Norden der Gruppe starten. Beide Anmarschwege erfordern Trittfestigkeit und eine beachtliche Anstiegsleistung. Auf dem Nordzugang, Teilstück des Dolomiten-Höhenwegs Nr. 2, muss das steile, quer durch die Wände des Sasso Largo und des Sasso delle Undici führende Band Banca Intaiada begangen werden. Es ist der Schlüssel zum geheimnisvollen Kar Cimonega, um das sich die gewaltigen Felsgestalten des Sass de Mura, Piz de Mez, Piz di Sagron, Sasso Largo, Sasso delle Undici und Punta del Comedon gruppieren. Für zwischenzeitliche Erholung sorgt die Übernachtung im urigen Bivacco Feltre-Walter Bodo.

Talorte, Ausgangspunkt: S. Tour 34.
Anforderungen: Anspruchsvoller, teilweise sehr steiler Übergang auf bez. Steigen. An der Banca Intaiada Steinschlaggefahr, im oberen Teil steile Hartschutthänge (besondere Vorsicht bei Schnee und Vereisung!). Ausdauer und Trittsicherheit nötig. Nur bei sicherem Wetter!
Höhenunterschied: 1160 m im An- und Absteig.
Einkehr: Biv. Feltre-Walter Bodo (zwei Biwakhütten, jeweils mit Tisch und Sitzgelegenheit, stets geöffnet, aber nicht bew., 4 L. im kl., 17 L. im gr. Gebäude mit Matratzen und Decken; Wasserleitung meist neben den Hütten, ansonsten Wasserstelle am Weg Nr. 801 südlich unterhalb); Rif. Cereda (30 B., 20 L., ganzj. geöffnet, Tel. +39 439 65118 und +39 439 65030, www.passocereda.eu) und Agrit. Broch (30 B. in Apartments, 15. Juni bis 31. Okt. geöffnet, Tel. +39 439 65028 und +39 389 0276413, www.agriturismo-broch.it), beide am Ceredapass.
Variante: Von der Schulter oberhalb des Passo del Comedon (2100 m) kann über den gestuften Südostgrat, einen Steilaufschwung rechts umgehend, der Sasso delle Undici (2310 m) in 1 Std. bestiegen werden. Kletterpassagen im Grad I.

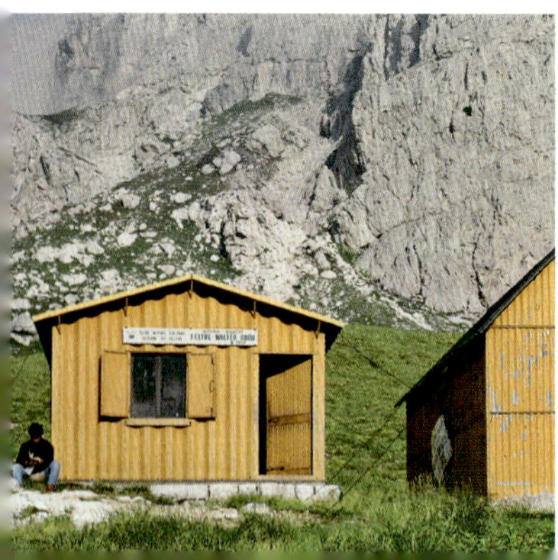

Vom **Passo Cereda (1)** die Naturstraße (Fahrverbot) mit Weg Nr. 729 und 801 durch Wiesen oberhalb an einer Kapelle vorbei, in Ostrichtung aufwärts in den Wald. An der Rechtsabzweigung von Fußweg Nr. 729 und an der darauffolgenden Gabelung jeweils auf der Straße mit Weg Nr. 801 (»Strada forestale Fratton«) geradeaus, durch den bewaldeten

Das Bivacco Feltre-Walter Bodo.

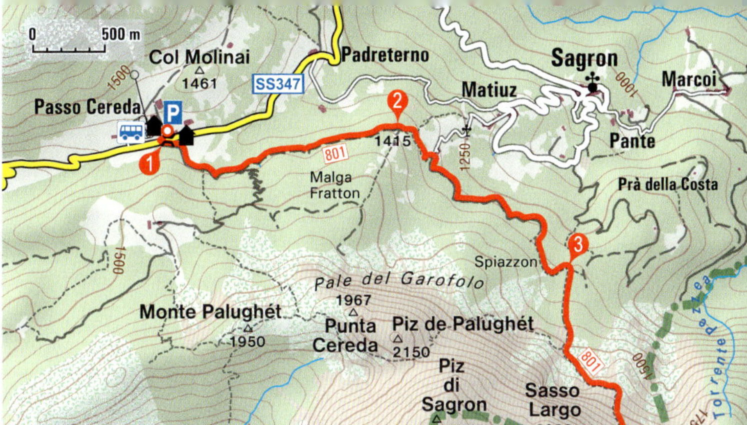
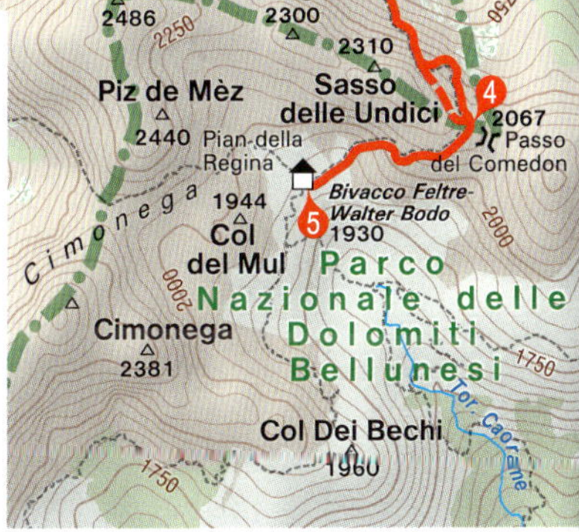

Nordabhang der Pale del Garofolo zum Straßenende am **grasigen Bergrücken (2)**, 1415 m, unterhalb der Malga Fratton. Blick nach Norden zur südlichen Palakette, nach Osten zu den Agordiner Bergen. Jenseits (weiterhin mit Nr. 801) auf Fußweg rechts hinab in einen Waldgraben mit querender Forststraße. Auf dieser rechts haltend in längerer Querung an den Waldhängen entlang bis zur Rechtsabzweigung von **Fußweg Nr. 801 (3)**. Diesem folgen wir, mehrere Gräben traversierend, nach Südosten aufwärts in eine Rinne mit hausgroßen Felsblöcken. Die Rinne hoch, dann nach links heraus und durch Buschwerk und über Felsblöcke südwärts empor unter die Wände des Piz di Sagron. Dort führt der Weg durch Latschen und Gesträuch nach links in ein von den Abstürzen des Sasso delle Undici, Sasso Largo und Piz di Sagron gerahmtes Amphitheater. Das Ge-

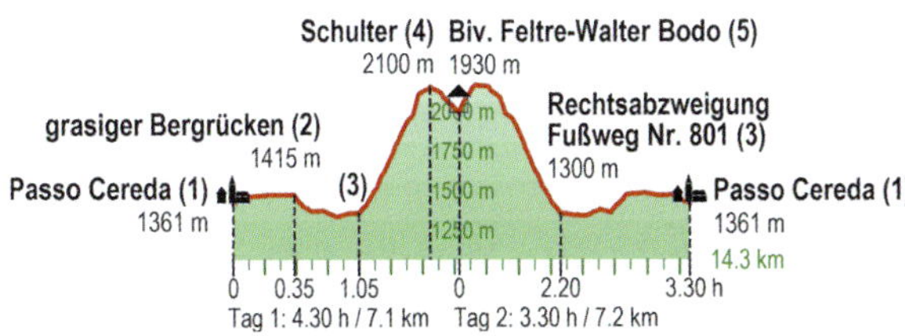

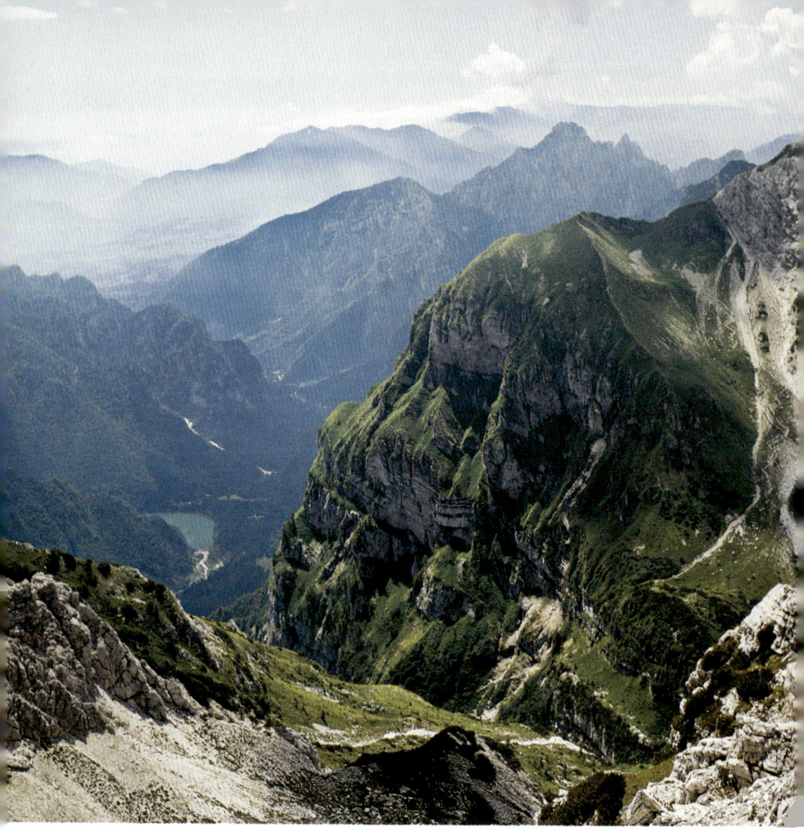

Tiefblick aus der Umgebung des Passo del Comedon in das Val Canzoi. Rechts die Schulter des Monte Vierte mit dem Monte San Mauro dahinter.

röllkar gegen die schwarzen Wände der Pala Verde, einer spitzen, dem Sasso delle Undici vorgelagerten Felsformation, aufwärts und schließlich unter ihren Wänden in Kehren links empor zu einer Schulter im Grat der Pala. Vor uns taucht das breite Schuttband **Banca Intaiada** auf, das quer durch die Nordostwand des Sasso delle Undici zieht. Über den Nordgrat der Pala Verde kurz hinauf auf das Band, das im unteren Teil durch einen gewaltigen Bergsturz zerstört wurde. Die Bergsturzzone (splittriges Gestein!) wird mithilfe einer Drahtseilsicherung gequert, danach auf dem Schuttband über mehrere Schultern hinweg mühsam angestiegen. Über einen besonders steilen Hart-

schutt-Hang (erhöhte Vorsicht, bei Vereisung oder Schneelage gefährlich!) und die anschließenden Schrofen erreicht man eine **Schulter (4)**, 2100 m, am Südostgrat des Sasso delle Undici; der Passo del Comedon, 2067 m, bleibt links unterhalb. Toller Rundumblick!
Nun rechts in die geröllige Südostflanke des Sasso delle Undici hinein. Dort zunächst eben, dann etwas exponiert bergab in eine kleine Scharte (vor uns taucht der Sass de Mura auf, die wuchtigste und höchste Erhebung der Feltriner Dolomiten). Eine sehr steile Block- und Geröllrinne nach rechts hinab, danach auf Serpentinensteig über einen begrünten Hang links hinunter zum Wiesenboden des Pian della Regina. Über ihn geradeaus (westwärts) eben und aufwärts zum **Bivacco Feltre-Walter Bodo (5)**, 1930 m.
Abstieg am Folgetag entlang der Abstiegsroute

Der Sass de Mura mit dem Spallone Orientale (Ostschulter) links von Osten, aus der Umgebung des Passo del Comedon.

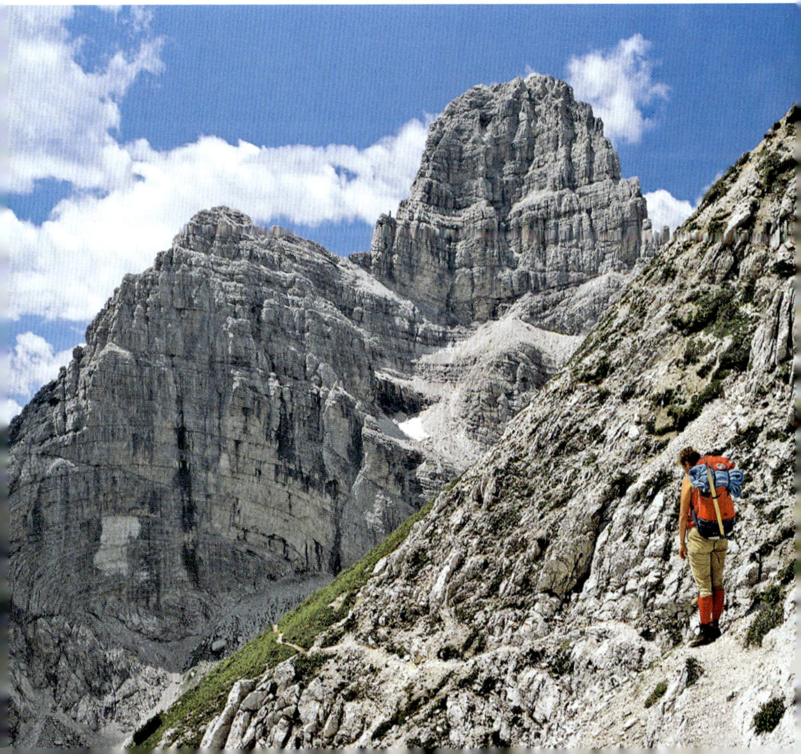

36 Sasso Padella, 1859 m

4.15 Std.

Ein Luginsland über Fiera di Primiero

An einer Hand abzuzählen sind womöglich jene deutschsprachigen Bergfreunde, die bereits auf dem Sasso Padella standen. Denn wer von meinen Sprachgenossen verbringt schon seinen Bergurlaub in den Feltriner Dolomiten? Alle streben sie den Felssäulen der Pala zu, fahren zur Rosetta hinauf, nach Cant del Gal oder ins Canalital. Dabei schaut das riesige Metallkreuz des Sasso Padella – der letzten bedeutenden Erhebung im Kamm der Pale Alte del Palughét – so verlockend in die Fenster von Fiera di Primiero hinein. Fast nur von Einheimischen frequentiert, bringt der anstrengende 800-Meter-Steilanstieg auf eine der herrlichsten Aussichtswarten weit und breit: Man überschaut die Talschaft Primör, erhält Einblicke in die Felsmassive von Pala, Cimonega und Vette Feltrine. Die Besteigung dieser Höhe sei somit Entdeckern wenig bekannter Dolomitenbereiche nachdrücklich ans Herz gelegt!

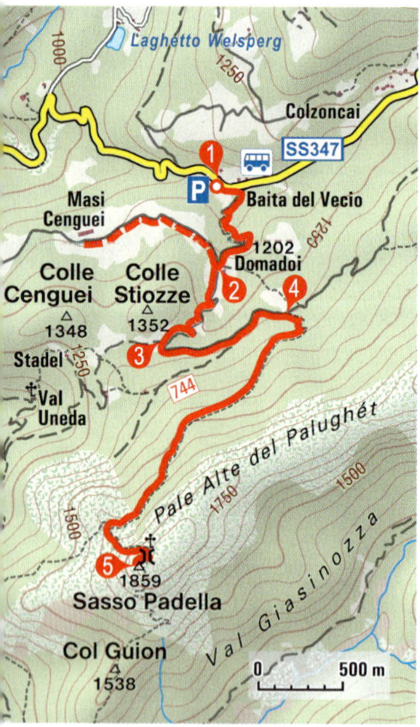

Talort: Fiera di Primiero (713 m), im Süden der Pala in einer beckenartigen Verbreiterung des Val Cismon gelegener Markt und Hauptort der Talschaft Primör.
Ausgangspunkt: Ehem. Albergo Baita del Vecio (1114 m, Parkplatz) an der Westrampe der Ceredapassstraße; 5 km von Fiera di Primiero (Bus 503 Imèr–Fiera di Primiero–Sagron werktags 2x tägl. in beide Richtungen; Info bei Trentino Trasporti Esercizio Autostazione Fiera di Primiero, Tel. +39 0439 64165 und www.ttesercizio.it).
Anforderungen: Mittellange Bergtour auf bez. Fahr- und Fußwegen, im Gipfelanstieg (kurze gesicherte Felspassagen) steil und anstrengend. Nur für geübte Geher bei trockenen Verhältnissen!
Höhenunterschied: 750 m im An- und Abstieg.
Einkehr: Keine.
Variante: Auf Domadoi kann man der Querstraße nach rechts (Westen) zu den Wiesenbalkonen von Cenguei folgen. Grandioser Palablick, zusätzlicher Zeitaufwand 45 Min.
Hinweis: Achtung! In der TABACCO-Wanderkarte sind die Wegeintragungen und Gipfelnamen (Sasso Padella/Cimon di Fradusta) nicht korrekt, sie stimmen mit der Wirklichkeit nicht überein.

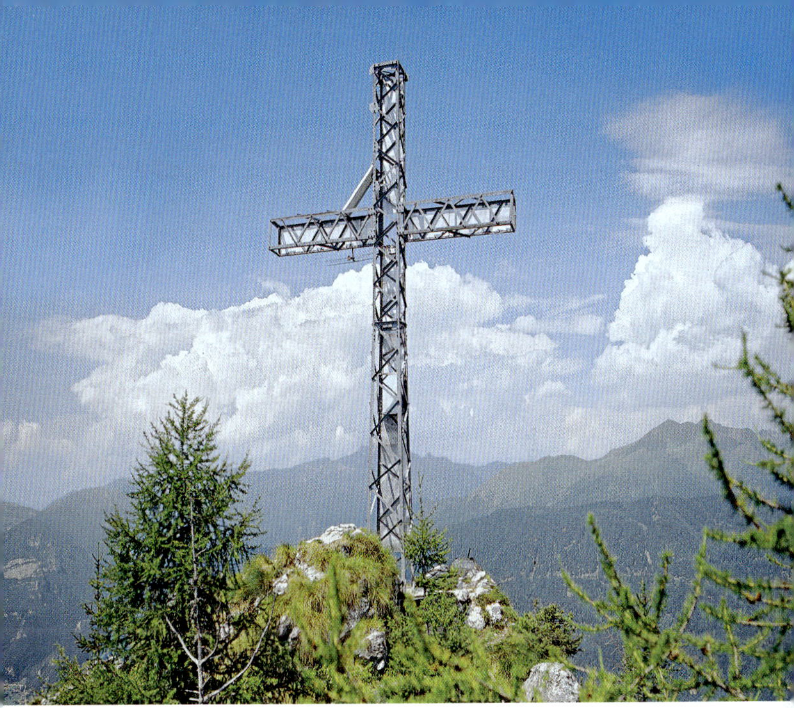

Das Gipfelkreuz am Sasso Padella.

Von der **Baita del Vecio (1)** die Ceredapassstraße 200 m bergwärts zur Rechtsabzweigung einer schmalen Asphaltstraße. Die Straße mit Weg Nr. 744 (Fahrverbot) durch Wald in Kehren nach Süden empor zu den Almhütten von **Domadoi (2)**, 1202 m. Dort, eine Straße kreuzend, die sanfte Wiesenmulde des Val Tegnarich aufwärts, dann durch Wald mehr nach rechts (Südwesten) empor in die **Grasmulde von Stiozze mit Verzweigung (3)** bei zwei Almhütten. Links die Forststraße mit Weg Nr. 723 und 744 nach einer energischen Linkskehre ostwärts durch Wald hinauf zu einer weiteren **Verzweigung (4)** bei Wiese mit Privathaus.
Rechts den bez. Fußweg Nr. 744 entlang einer Wiesenzeile steil nach Süden hoch, dann nach rechts in die Waldflanken der Pale Alte del Palughét hinein und dort in langer Hangquerung nach Südwesten aufwärts, später oberhalb eines Felsturmes vorbei ins grüne Kar unter dem steilen Gipfelaufbau des Sasso Padella. An den Waldhängen weiter bergauf an den Nordwestrücken des Sasso. Den steilen, bewaldeten Rücken in Windungen hoch (bei Nässe

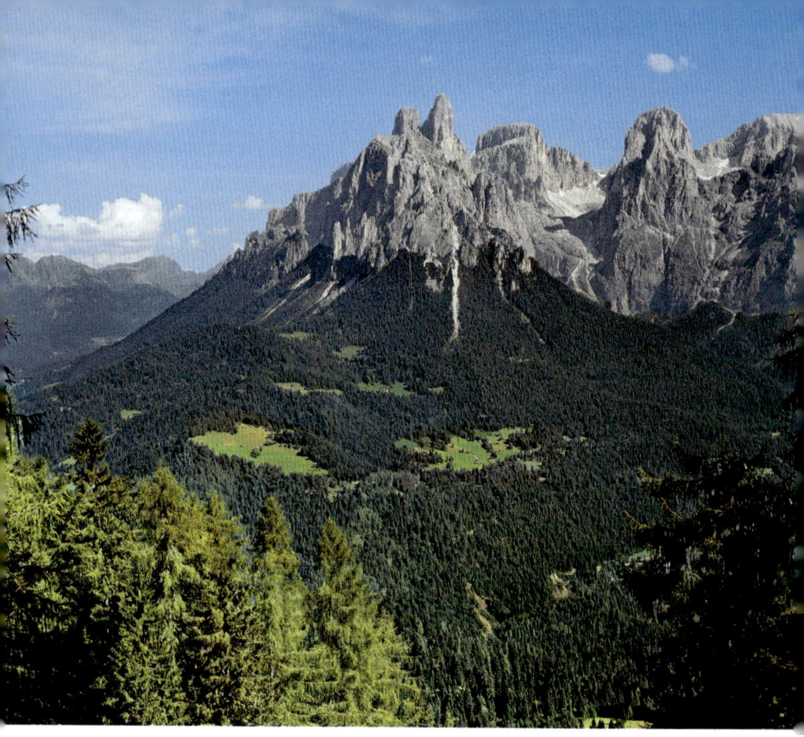

Sass Maor, Cima della Madonna, Pala di San Martino und Cima Canali vom Sasso Padella.

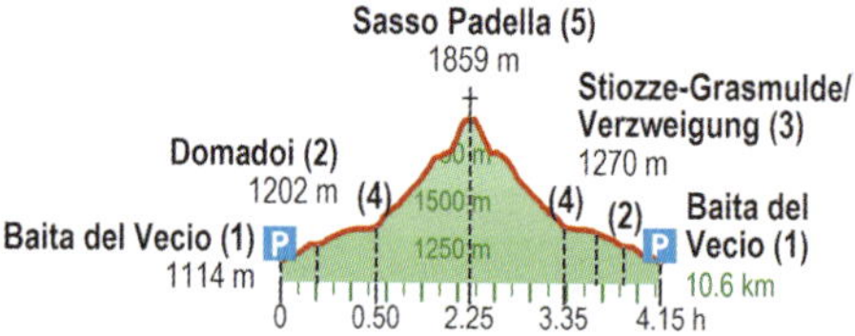

rutschig und gefährlich!), dann links in die Nordseite des Berges und dort unter einen Felsaufschwung. Hier rechts durch eine grasige Steilrinne in Serpentinen mühsam empor in eine Scharte am Hauptkamm der Pale Alte del Palughét. In der Nordseite des begrünten Felsmassivs schräg nach rechts hoch, später um eine Ecke nach links herum in die Westseite. Dort über gegliederte Felsen (Drahtseil) hinauf zur Grathöhe und über sie kurz nach rechts empor zum Gipfel des **Sasso Padella (5)**, 1859 m, mit 8 m hohem Metallkreuz. Großartiges Panorama!

Abstieg entlang der Anstiegsroute.

3.15 Std.

Masi Cenguei, Pusòi und Stiozze 37

Wiesenbalkone gegenüber der Pala

In den kleinen Dingen erkennt so mancher mehr Naturschönheiten und Zeichen göttlicher Schöpfung als in pompösen, ins Auge springenden Dingen. Doch als Bergsteiger ist man geneigt, den Blick vom Detail weg auf das Ganze, auf den »großen Atem der Landschaft« zu werfen. Unterwegs auf den zauberhaften Wiesenterrassen von Cenguei-Pusòi östlich von Fiera di Primiero spürt man ihn, hat die Felskolosse der Pala vor Augen, nicht gleich aus nächster Nähe, sondern scheu, aus größerer Distanz. Wie auf einer eigens dafür errichteten Balkonloge lässt sich's dort im Angesicht der das Canalital umschließenden Berghäupter genüsslich wandern, über grüne Matten, an malerischen Lärchenbeständen und urigen Chalets vorbei. Dass man dabei fast ausschließlich Fahrwege begeht, ist wohl der einzige Nachteil dieses Unternehmens, das mit traumhaft schönen Landschaftsbildern verwöhnt.

Talort: Fiera di Primiero (713 m, Bushalt, teils kostenpflichtige Parkplätze), im Süden der Pala in einer beckenartigen Verbreiterung des Val Cismon gelegener Markt und Hauptort der Talschaft Primör.
Ausgangspunkt: Piazza Municipio (Rathausplatz, 736 m) in Transacqua, einem am Ostufer des Cismon gelegenen Ortteil von Fiera di Primiero.

Anforderungen: Unschwierige Wanderung auf teils asphaltierten, aber nur sporadisch markierten Fahrwegen, trotzdem kaum zu verfehlen.
Höhenunterschied: 550 m im An- und Abstieg.
Einkehr: Unterwegs keine Einkehr! Mehrere Gastbetriebe finden sich im Ortsbereich von Transacqua.

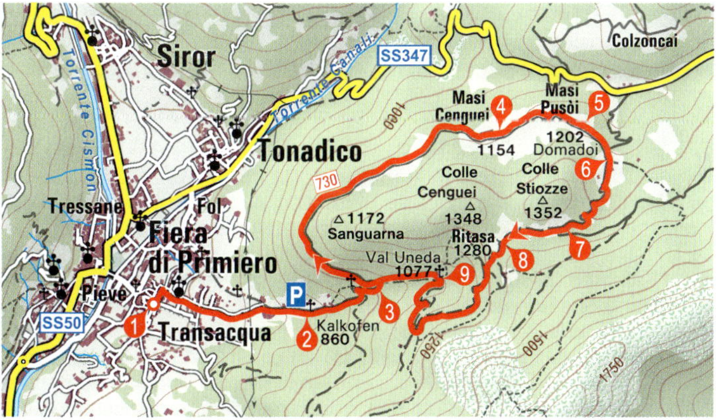

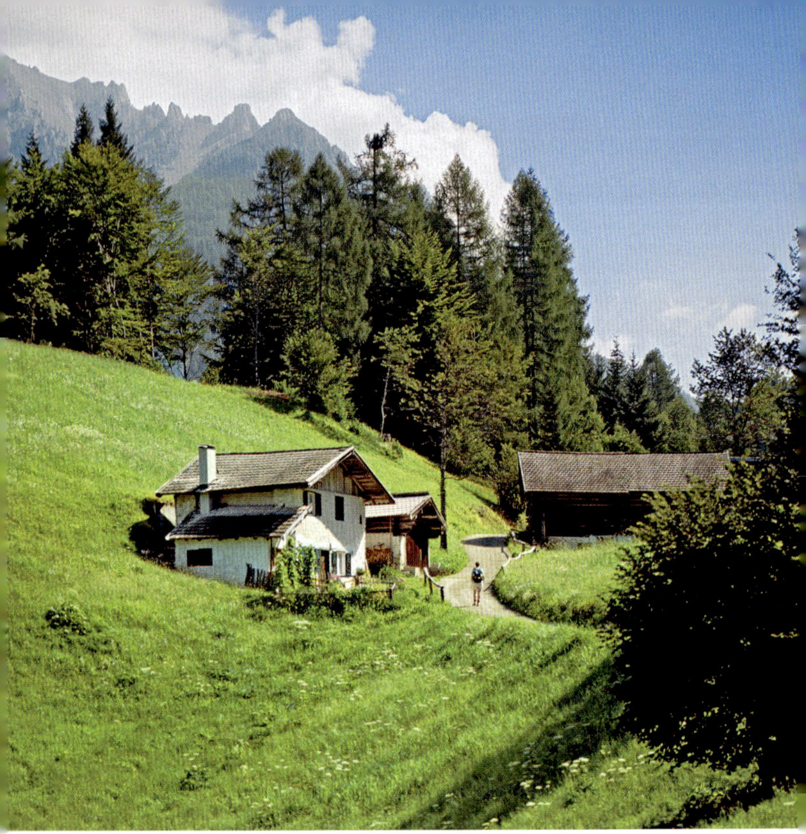

Idyllisch gelegene Häusergruppe im Anstieg von Transacqua zu den Masi Cenguei.

Von der **Piazza Municipio in Transacqua (1)** durch die Via Don Nicoletti nach Norden zur querenden Via dei Bersaglieri. Auf ihr rechts haltend an der Pfarrkirche vorbei und aus dem Ort hinauf in den Waldgraben des Val Uneda. Durch diesen bald steiler bergauf zum Ende der befahrbaren Straße bei altem **Kalkofen** (**2**, 860 m, kleine Parkplätze, Bildstock). Geradeaus die jetzt asphaltierte Straße (Weg Nr. 723 und 730, Fahrverbot) an der kreuzenden Passeggiata delle Caore vorbei durch den engen Waldgraben steil bergauf, später in Kehren zu einer **Gabelung (3)** an einem kleinen Holzhaus. Die Straße mit Weg Nr. 730 links in die Südflanke des Sanguarna und dort im Wald bergauf, später rechts um den Westrücken des Berges herum in die

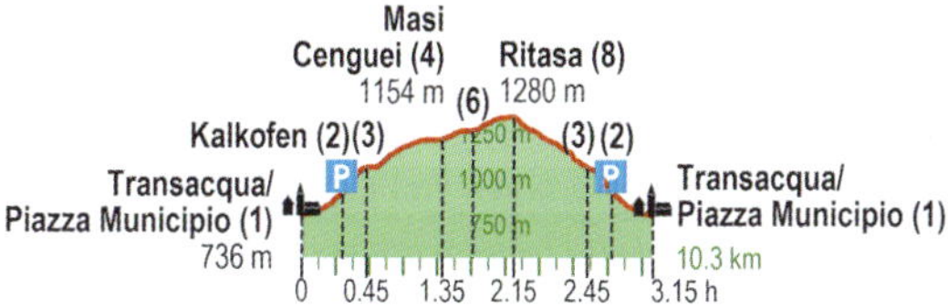

Nordseite und dort entlang einer Höhenterrasse ostwärts zum herrlichen Wiesenbalkon von **Masi Cenguei (4)**, 1154 m. Traumhafter Palablick! In Windungen weiter zu den Hütten von **Masi Pusòi (5)**, 1203 m, danach durch Wald stärker rechts einschwenkend zu den Wiesen und Hütten von **Domadoi (6)**, 1202 m, mit Querstraße. Auf dieser mit Weg Nr. 744 durch die sanfte grüne Mulde des Val Tegnarich südwestwärts teils in Kehren bergauf in die versteckt gelegene **Grasmulde von Stiozze mit Verzweigung (7)** bei zwei Almhütten. Links geht es zum Sasso Padella; wir nehmen rechts die Naturstraße mit Weg Nr. 723, die westwärts durch zauberhafte Wiesen zu den Hütten **Ritasa (8)**, 1280 m, am Sattel zwischen Sasso Padella und Colle Cenguei führt. Überraschender Blick nach Westen über das Val Cismon hinweg zu den Fleimstaler Alpen.

Von der obersten Hütte über eine Wiese weglos nach Südwesten hinab zum Waldrand, wo ein breiter, ziemlich verwachsener Weg ansetzt. Den unbez. Waldweg in steilen Windungen westwärts hinab zu einer querenden Forststraße und diese an der linken Seite des Val Uneda weiter bergab zu einer Gabelung. Die Straße rechts in Kehren hinunter in die Talsohle des Val Uneda, dort über den Bach und jenseits zur Verzweigung bei einem **Jagdhaus (9)**, 1077 m. Links haltend die Forststraße talaus zum **Verzweigungspunkt (3)** beim kleinen Holzhaus. Auf bekanntem Weg zurück nach **Transacqua (1)**.

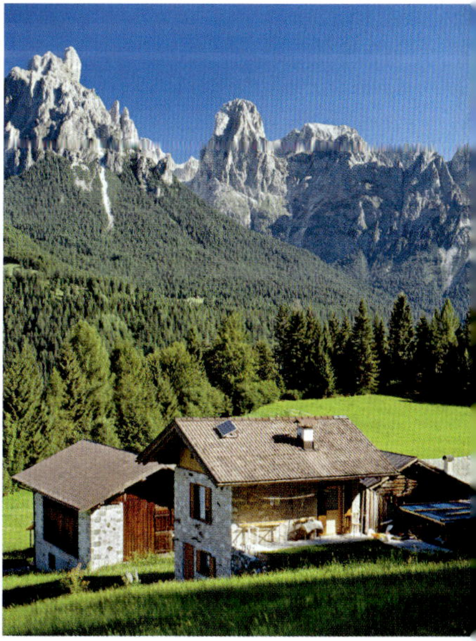

Sass Maor, Cima Canali und Cima di Fradusta von Domadoi.

38 Sella della Caltena: Nordrunde

3.00 Std.

Wandern im Lärchenwiesen-Paradies von Caltena und Cordogne

Das vielseitige Wandergebiet von Fiera di Primiero beschert die Möglichkeit, zwischen Berg und Tal, Mittel- und Hochgebirge, Kristallin- und Dolomitgestein wählen zu können. Während bei Schönwetter die Dolomiten-Hochregion lockt, wird man bei weniger guten Bedingungen in tiefere Lagen ausweichen und den Waldbergen zwischen den Kalkstöcken den Vorzug geben. Mit ihren zauberhaften Lärchenwiesen bietet sich die Sella della Caltena zwischen Noana- und Cismontal geradezu als Ziel an. Das per Auto erreichbare Rifugio Caltena am höchsten Punkt der Schulter ist eine beliebte Einkehr. Zahlreiche Wanderwege führen dort hinauf – jener von Transacqua beglückt mit einzigartigen Landschaftsbildern, auf denen saftiggrüne Wiesen mit den hellgelben Zinnen der Pala kontrastieren.

Ausgangspunkt: S. Tour 37.
Anforderungen: Trotz oft fehlender Markierung problemlose Wanderung auf teilweise asphaltierten Fahr- und Fußwegen. Auch mit Kindern und älteren Leuten zu empfehlen.

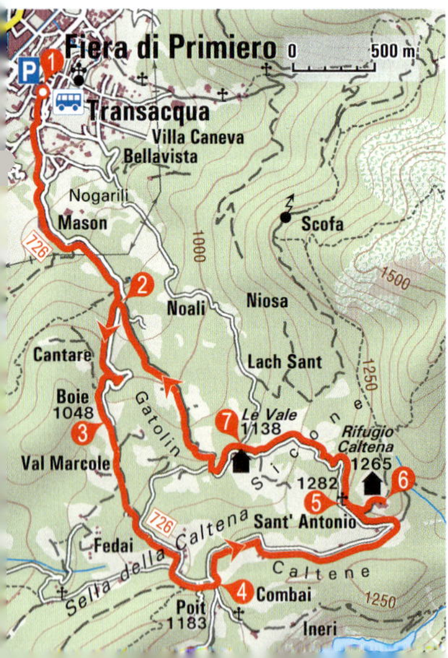

Höhenunterschied: 560 m im An- und Abstieg.
Einkehr: Rif. Caltena (25 B., 6. Jan. bis 31. März geschlossen, sonst geöffnet, außer im Juli und August Di. Ruhetag, Tel. +39 0439 62879 und +39 349 6539141, www.rifugiocaltena.it); Rist. Agrit. Le Vale (18 B., 12. April bis 31. Okt. geöffnet, 15. Juni bis 15. Okt. durchgehend, sonst an Wochenenden, Tel. +39 0439 64722 und +39 333 4524275, www.levale.it). Mehrere Gastbetriebe in Fiera di Primiero bzw. Transacqua.

Von der **Piazza Municipio in Transacqua (1)** die Via Giuseppe Zecchini nach Süden aufwärts zur Verzweigung am Ortsende. Links auf der Via Caltena durch Wiesen, an Häusern vorbei, steiler bergauf zur nächsten Gabelung. Rechts die asphaltierte Via Boiola durch das Gebiet von Nogarili südwärts empor in einen Waldgraben. Dort an der Verzweigung nach rechts und jenseits des Baches steiler bergauf nach Mason (alter Kalkofen), danach weiter der Straße folgend zu einer erneuten **Verzwei-**

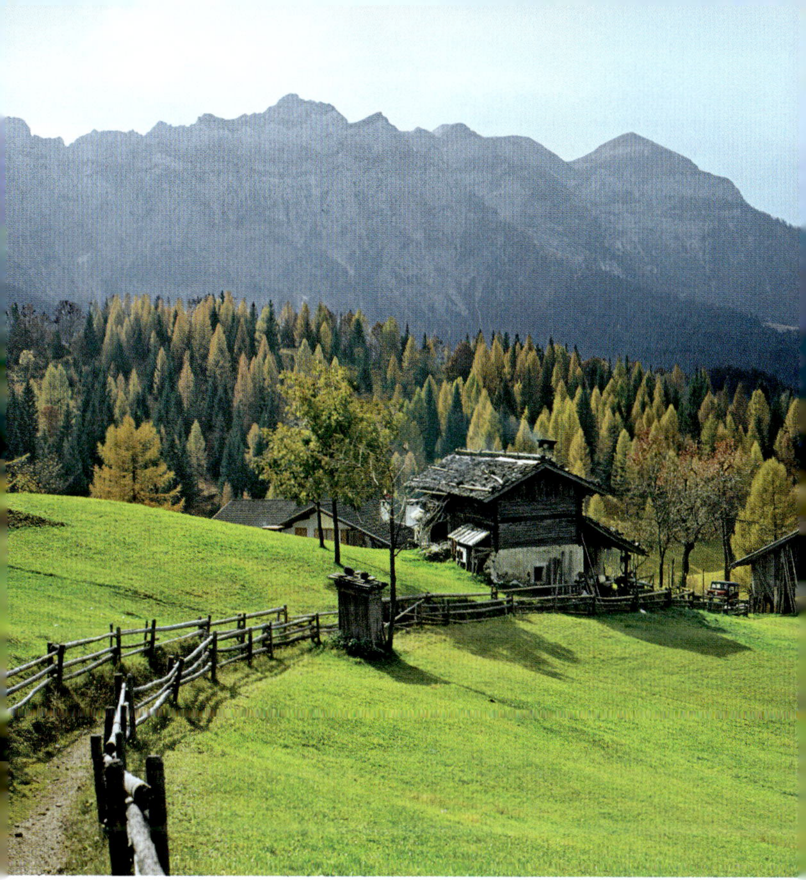

Die Vette Feltrine mit dem Monte Pavione rechts von Norden, aus der Umgebung des Rifugio Caltena.

gung (2). Rechts auf nun schmalerem Fahrweg im Wald hinauf zu den Wiesen von **Cantare** (Palablick!), am rechten Wiesenrand weiter bergauf, dann durch Wald in einer Kehre nach Süden empor in den weiten Wiesensattel von **Boie (3)**, 1048 m. Aufblick zu den Vette Feltrine, prächtiger Rückblick hinüber zur Pala!

Auf Karrenweg südwärts durch Nadelwald zu einem Querweg, dem wir rechts in die herrliche Wiesenmulde von **Fedai**, 1127 m, folgen. Blick nach Westen zu den Fleimstaler Alpen mit der Cima d'Asta. An Hütten vorbei, die Mulde nach Südosten hoch zu einer Asphaltstraße und diese links haltend empor an den Höhenrücken der **Sella della Caltena** mit den Wiesen von **Poit (4)**, 1183 m. Dort auf der querenden Asphaltstraße links über eine Anhöhe hinweg, dann im Rechtsbogen hinab in die lang gestreckte Grasmulde Caltene mit verstreut liegenden Hütten. Ostwärts durch die Mulde – vor uns die über dem Val Giasinozza aufragende Cimonegagruppe mit Piz di Sagron, Piz de Mez und Sass de Mura – zur nächsten Verzweigung. Im spitzen Winkel links empor zum **Bildstock San Antonio (5)**, 1282 m, dort scharf rechts zum in einer Wiesenmulde gelegenen **Rifugio Caltena (6)**, 1265 m. Blick auf den Nordabsturz der Vette Feltrine mit der Pyramide des Monte Pavione rechts.

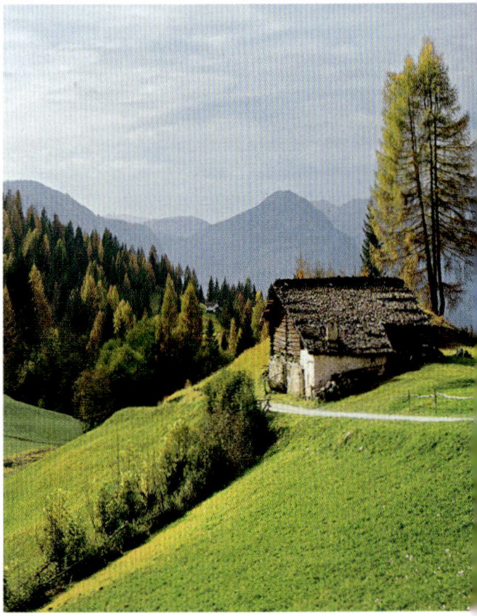

Spätherbst auf der Sella Caltena.

Zurück zum **Bildstock San Antonio (5)**. Dort rechts die Asphaltstraße nach Nordosten an den Waldhängen hinab zu den Wiesen von Sicone und über diese im Linksboden abwärts zum **Ristorante Agriturismo Le Vale (7)**, 1138 m. Gleich unterhalb des Restaurants links von der Straße ab und auf unbez. Fahrweg südwestwärts durch lichten Wald in 5 Min. zur Rechtsabzweigung eines Karrenwegs (Schranke). Auf diesem nordwärts hinab zur Wiese von Gatolin. Über diese schräg links hinunter in den Wald und dort auf asphaltiertem Fahrweg in Nordrichtung steil bergab zum **Verzweigungspunkt (2)**. Weiter auf bekanntem Weg zurück nach **Transacqua (1)**.

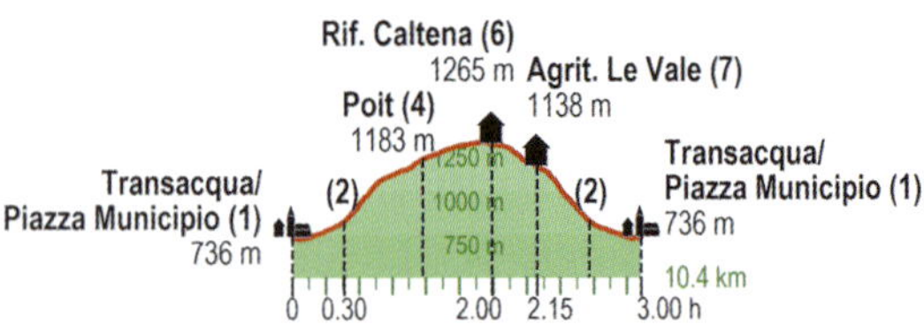

5.15 Std.

Sella della Caltena: Südrunde

39 TOP

Ein gefährdetes Paradies am Westrand der Feltriner Dolomiten

Noch vor 15 Jahren schrieb ich in einem der Wanderführer des Bergverlags: »Die traumversponnenen Lärchenwiesen an der Sella della Caltena im Westen der Feltriner Dolomiten zählen zu den letzten Paradiesen in den Ostalpen. Dort bilden Mensch und Landschaft noch eine Einheit, die anderswo im Zuge der modernen alpinen Erschließung ein für allemal verbannt wurde«. Nun, in der Zwischenzeit hat sich in den Süddolomiten einiges getan. Beispielsweise wurde der Zentralbereich der Feltriner Dolomiten, soweit auf belluneser Boden gelegen, zum Teilgebiet des »Parco Nazionale Dolomiti Bellunesi« und damit zu einem wichtigen Naturschutzraum erklärt, der künftigen Generationen den Erhalt wertvoller Dolomitennatur garantiert. Andererseits hat man in den zur Provinz Trient gehörenden Randbereichen die Erschließung vorangetrieben. An der Sella della Caltena jedenfalls entstanden dort, wo früher stimmungsvolle Wege waren, Asphaltstraßen und Wochenendhäuser. Die »letzten Paradiese« gibt es in ihrer ursprünglichen Form also nicht mehr, doch der erhaltene Rest ist sehr wohl noch einen Besuch wert, zumal ein dichtes Netz aus Fuß- und Güterwegen vielfältige Tourenmöglichkeiten zulässt.

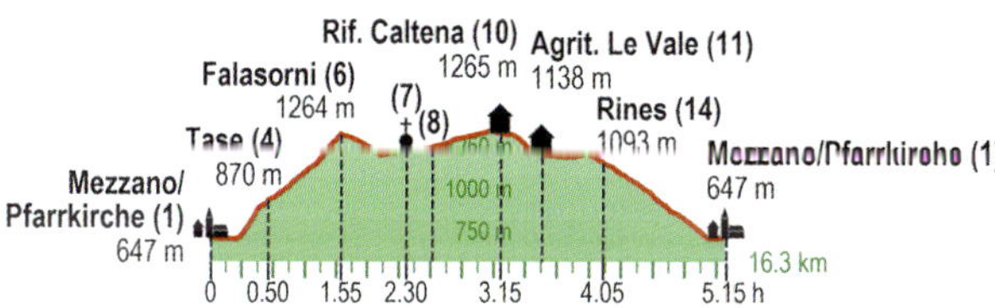

Talorte: Fiera di Primiero (713 m, Bushalt, teils kostenpflichtige Parkplätze), im Süden der Pala in einer beckenartigen Verbreiterung des Val Cismon gelegener Markt und Hauptort der Talschaft Primör.
Ausgangspunkt: Pfarrkirche von Mezzano (647 m, Bushalt), Ort im Cismontal, 3 km südlich von Fiera di Primiero.
Anforderungen: Einfache, aber lange Wanderung auf bez. Fahr- und Fußwegen.
Höhenunterschied: 820 m im An- und Abstieg.
Einkehr: Rif. Caltena (25 B., 6. Jan. bis 31. März geschlossen, sonst geöffnet, außer im Juli und August Di. Ruhetag,, Tel. +39 0439 62879 und +39 349 6539141, www.rifugiocaltena.it); Rist. Agrit. Le Vale (18 B., 12. April bis 31. Okt. geöffnet, 15. Juni bis 15. Okt. durchgehend, sonst an Wochenenden; Tel. +39 0439 64722 und +39 333 4524275, www.levale.it). Mehrere Gastbetriebe in Mezzano.
Hinweis: Beginnt man die Tour am Parkplatz Coppera (Wegpunkt 2), spart man 30 Min. Gehzeit.
Variante: Verzichtet man auf den Besuch des Rif. Caltena, kann man ab Poit der Asphaltstraße (Weg Nr. 728) über Fedai, Rines und Coppera nach Mezzano folgen; 1 Std. Zeitersparnis.

Von **Mezzano (1)** die Via del Pian ostwärts aus dem Ort, dann die Staatsstraße Nr. 50 und den Cismon kreuzend, nach **Coppera** (**2,** 643 m, Parkplatz, Straßenverzweigung). Rechts die Via Melai (Weg Nr. 728) am Cismon entlang durch Wiesen nach Süden, dann links empor zum Straßenende im Weiler **Melai (3)**, 653 m. Auf gepflastertem Fußweg – weiterhin mit Nr. 728 – die Waldflanke in steilen Kehren hoch, später in langer Querung südwestwärts ansteigend zu den Häusern von **Tase (4)**, 870 m. Palablick! Auf Asphaltstraße durch Wiesen in Kehren hoch zu einer Querstraße, danach auf Fußweg im Wald weiter zu einer Forststraße und links zu einer schönen Wiese mit einigen Hütten. Über diese aufwärts, später auf Fußweg im Wald nach Südosten empor zur Wiese **Prà dei Donti (5)**, 1194 m. Am rechten Wiesenrand weiter zu einer Schulter, danach im Wald nach rechts empor an den Höhenrücken Cordogne mit den Wiesen von **Falasorni** (**6**, 1264 m, Kruzifix) und Querstraße. Prachtblick zu den Vette Feltrine mit dem Monte Pavione rechts.

Die Straße mit Weg Nr. 728 nach links in die Südseite des Cordogne hinein. Dort hoch über dem Val Noana durch Wiesen und Wald abwärts zu einer **Schulter**, 1222 m. Dahinter in Nordostrichtung weiter bergab bis auf etwa 1100 m (die tiefste Stelle der Querung kann auf einem zuvor links abzweigendem Steig umgangen werden!), jenseits eine Wiesenmulde aufwärts zu einer Wegteilung, dort rechts empor zum auf einem Hügel stehenden Kirchlein **San Giovanni (7)**, 1177 m. Zurück zum Hauptweg und diesen rechts in der Grasmulde weiter aufwärts zu den Hütten von **Poit (8)**, 1183 m. Dort die Querstraße 50 m nach links zu einer Straßengabelung. Hier zweigt links der Direktabstieg nach Mezzano ab, wir aber folgen der Asphaltstraße geradeaus über eine Anhöhe hinweg, dann im Rechtsbogen hinab in die lang gestreckte Grasmulde Caltene mit verstreut liegenden Hütten. Ostwärts durch die Mulde (vor uns die im Hintergrund des Giasinozzatals aufragende Cimo-

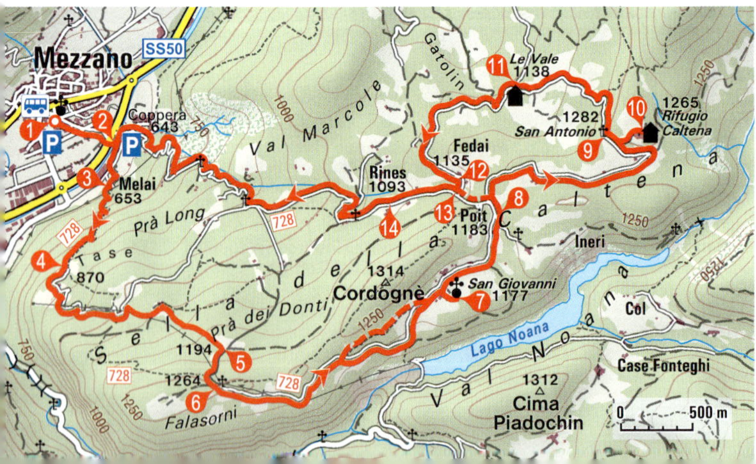

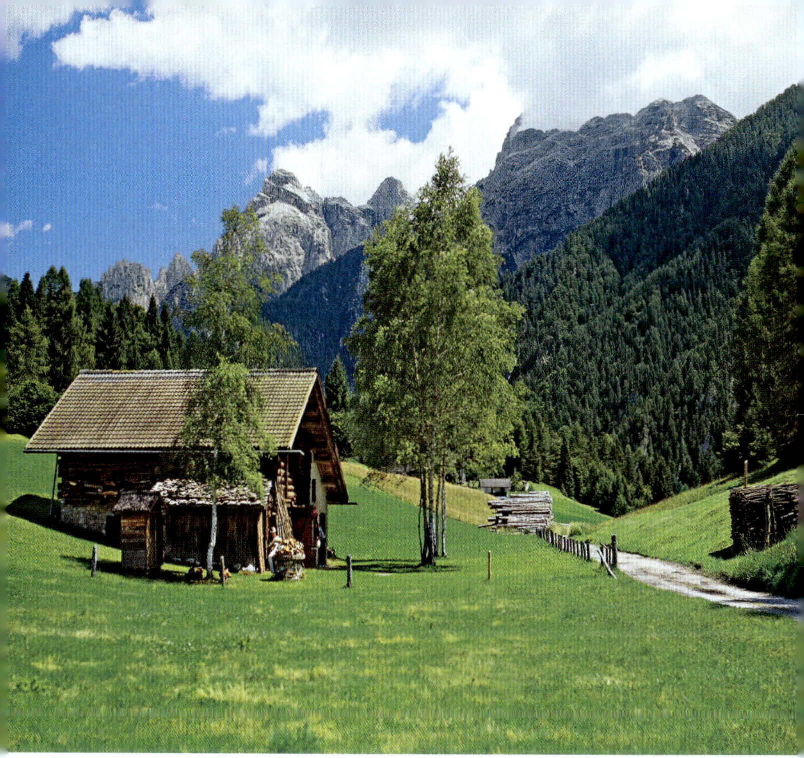

Die sanfte Wiesenmulde Caltene vor der Cimonegagruppe.

negagruppe) zur nächsten Verzweigung. Nach links empor zum **Bildstock San Antonio (9)**, 1282 m, dort scharf nach rechts zu dem in einer weiteren Wiesenmulde gelegenen **Rifugio Caltena (10)**, 1265 m.
Zurück zum **Bildstock (9)** und dort rechts die Asphaltstraße durch Waldhänge hinab zu den Wiesen von Sicone und über diese im Linksbogen zum **Ristorante Agriturismo Le Vale (11)**, 1138 m. Gleich hinter dem Restaurant links von der Straße ab und auf unbez. Fahrweg im Wald eben südwestwärts, später am Oberrand der Wiesen von Gatolin zum Querweg 726. Diesen links haltend in die Wiesenmulde von **Fedai (12)**, 1135 m, und weiter zu einer querenden **Asphaltstraße (13)** mit Weg Nr. 728 nahe Poit (hier Einmündung der Variante). Diese nach rechts (Westen) hinab zu den Wiesen von **Rines (14)**, 1093 m, zuletzt an der linken Seite des murbruchartigen Val Marcole hinab nach **Coppera (2)** und weiter nach **Mezzano (1)**.

40 Um die Cima Piadochin

1.30 Std.

Kleine Spazierwanderung im Schatten der Vette Feltrine

Die Cima Piadochin im Süden des Noana-Stausees ist eine recht bescheidene Waldkuppe, zu deren Besteigung höchstens Schwammerlsucher tendieren. Die sanften südseitigen Wiesen mit den Almhütten von Valpiana di sopra und sotto verdienen indes einen Besuch, den man zu einer Umrundung des Berges erweitern kann. Dass es sich dabei eher um einen Spaziergang als um eine Tour handelt, ist nicht das Entscheidende. Denn diese Wanderung beschert seltene Schaugenüsse, bewegt man sich doch ganz im Banne der Vette Feltrine, an deren Westende der Monte Pavione, die »schönste Graspyramide der Alpen« (Oscar Schuster), herabgrüßt.

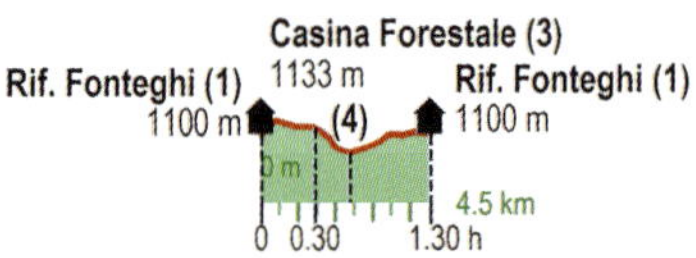

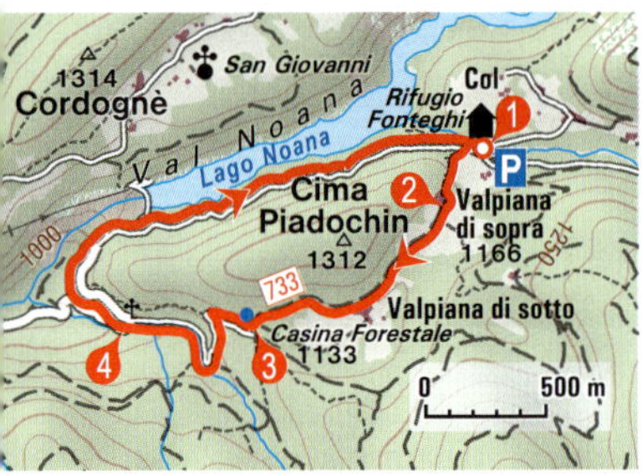

Talorte: Mezzano (647 m, Bushalt), Imèr (645 m, Bushalt), im Primörer Becken gelegene Urlaubsorte südwestlich von Fiera di Primiero.

Ausgangspunkt: Rif. Fonteghi (1100 m, Parkplatz), im Val Noana südlich oberhalb des gleichnamigen Stausees gelegenes Schutzhaus. Zufahrt auf Asphaltstraße mit eigenem Pkw von Mezzano (8 km) oder Imèr (7,5 km) durch die Noanaschlucht.

Anforderungen: Ganz kurze, unschwierige Wanderung auf teilweise asphaltierten Fahrwegen und Straßen. Auch bei Schlechtwetter möglich.

Höhenunterschied: 170 m im An- und Abstieg.

Einkehr: Unterwegs keine Einkehr! Am Ausgangspunkt das Rif. Fonteghi (18 B., bew. 1. Juni bis 31. Okt., Tel. +39 0439 67043, +39 340 7275026, www.rifugiofonteghi.it).

Vom **Rifugio Fonteghi (1)** die Zufahrtsstraße westwärts 50 m retour zur Linksabzweigung des Fußwegs Nr. 733. Auf ihm am rechten Rand einer Wiese durch Wald in steilen Windungen und Kehren nach Südwesten empor zum Weiler **Valpiana di sopra (2)**, 1166 m, am Wiesensattel zwischen Cima Piadochin und dem Vette-Feltrine-Massiv. Aufblick zur eleganten Graspyramide des Monte Pavione im Südwesten.

Nun den Naturfahrweg Nr. 733 durch eine liebliche Wiesenmulde südwestwärts hinab zu einem Haus, dann eben weiter in den Wald. Dort zur Rechten der ebenen Wiesenmulde von **Valpiana di sotto** in Südwestrichtung am Südabhang der C. Piadochin entlang, später westwärts zum Forsthaus **Casi-**

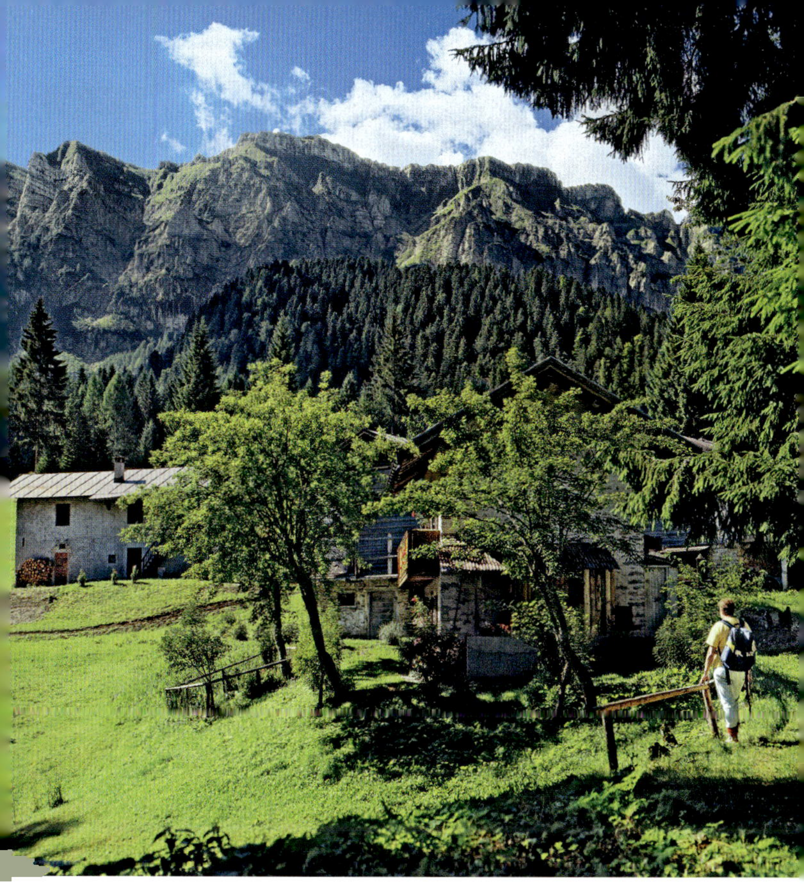

Die Häuser von Valpiana di sopra mit den Vette Feltrine darüber.

na Forestale (**3**, 1133 m, versperrt, vor dem Haus Sitzgarnituren und guter Brunnen) der Gemeinde Mezzano, wo eine unbez. Asphaltstraße quert. Auf dieser rechts durch einen bewaldeten Graben hinab zu einer Verzweigung und hier rechts haltend – weiter im Graben verbleibend – zur asphaltierten **Val-Noana-Straße (4)**, die von Imèr bzw. Mezzano heraufkommt. Wir folgen der Autostraße rechts bergauf, dann in langer Hangquerung durch die Nordseite der C. Piadochin (Tiefblick zum Noana-Strausee mit Piz di Sagron, Piz de Mez und Sass de Mura darüber) zurück zum **Rifugio Fonteghi (1)**.

41 Monte Colsento, 2021 m

5.30 Std.

Gipfelziel im »Niemandsland« zwischen Cimonega und Vette Feltrine

Der in der weiten Senke zwischen den Teilgruppen Cimonega und Vette Feltrine aufragende Monte Colsento gehört mit seinen steilen Grashängen eindeutig zu den vernachlässigten Gipfeln der Feltriner Dolomiten. Von den flankierenden Pässen Alvis und Finestra aus kann er über eine aus dem Dolomitenkrieg 1915–18 stammende, verfallene Steiganlage erreicht werden. Oben lachen einem im Norden die Wände des Sass de Mura entgegen, während jenseits des abgrundtiefen Canzoitales verlockend die Hochflächen der Piani Eterni und im Westen Lagorai und Cima d'Asta grüßen …

Talorte: Mezzano (647 m, Bushalt), Imèr (645 m, Bushalt), im Primörer Becken gelegene Urlaubsorte südwestlich von Fiera di Primiero.
Ausgangspunkt: Parkplatz (1157 m) im inneren Val Nagaoni nahe el Belo. Zufahrt auf Asphaltstraße mit eigenem Pkw von Mezzano (10 km) oder Imèr (9,5 km) durch die großartige Noanaschlucht und am Rif. Fonteghi vorbei.
Anforderungen: Leichte Wanderung auf bez., zum Teil verfallen Kriegswegen. Besondere Vorsicht an den steilen Grasflanken des Berges, vor allem bei Nässe (Absturzgefahr!). Trittsicherheit nötig!
Höhenunterschied: 870 m im An- und Abstieg.
Einkehr: Rif. Bruno Boz (36 L., Winterraum mit 6 L., bew. 20. Juni bis 30. Sept., Tel. +39 0439 64448, +39 0439 303938 und +39 348 7248949, www.caifeltre.it/rifugi-e-bivacchi). Am Anfahrtsweg zum Ausgangspunkt das Rif. Fonteghi (18 B., bew. 1. Juni bis 31. Okt., Tel. +39 439 67043 und +39 340 7275026, www.rifugiofonteghi.it).

Vom **Nagaoni-Parkplatz (1)** die Naturstraße mit Weg Nr. 727 (Fahrverbot) nordwärts über den Rivo Neva (Brücke) und hinauf zu den Wiesen von **el Belo**, 1188 m. Rechts an den Almhütten vorbei, danach in einigen Kehren

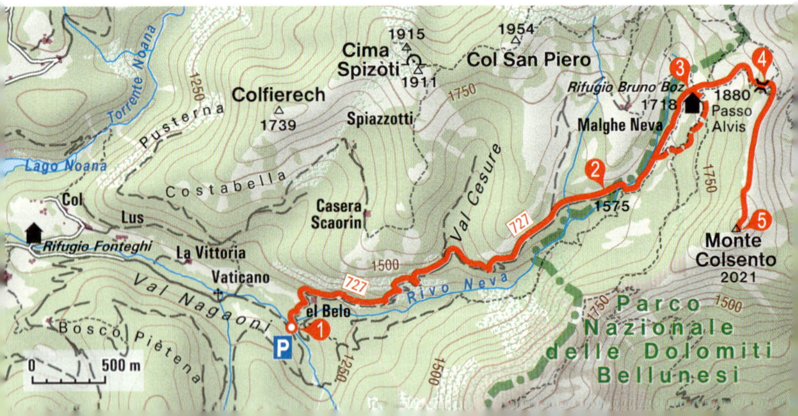

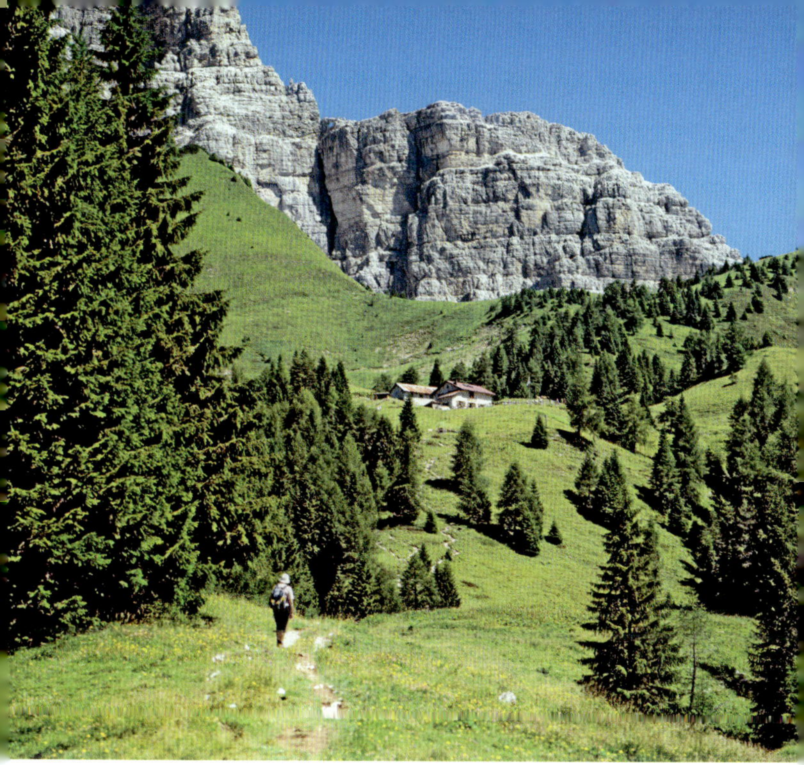

Im Anstieg zum Rifugio Boz.

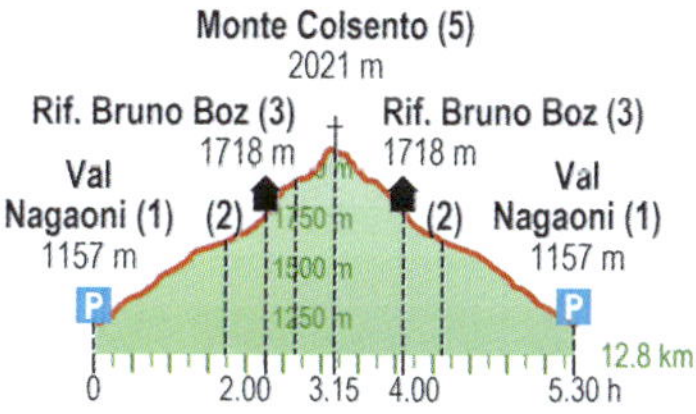

hoch und in den Wald. Dort an der linken Seite des Val Nagaoni entlang einer Hochspannungsleitung in Ostrichtung aufwärts zu einer Straßenteilung, 1426 m. Geradeaus weiter der Stromleitung folgend bergauf zu einer Schulter mit neuerlicher Straßengabelung und erstem Aufblick gegen den gewaltigen Sass de Mura. Auch hier geradeaus und über den Rivo Neva, dann im lichten Wald aufwärts zur nächsten Schulter mit dem **Straßenende (2)**, 1575 m.

Nun auf gutem Fußweg mit Nr. 727 nach Nordosten abwärts durch eine Wiesenmulde, dann durch ein Gatter und über den Rivo Fonda (Bade-Tümpel!). Jenseits im lichten Wald steiler bergan an einen Geländerücken und auf die-

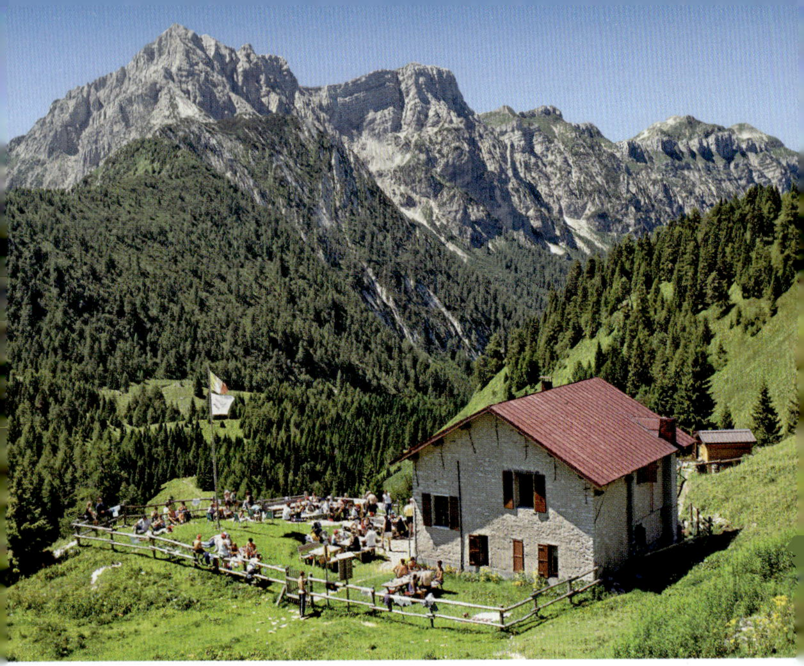

Das Rifugio Boz vor den Vette Feltrine im Südwesten.

sem bald durch Wiesen nach Nordosten empor zu einer Wegteilung. Nun entweder **a)** auf dem bez. Hauptweg Nr. 727 rechts in die Westflanke des Monte Colsento hinein und dort in Kehren durch die Wiesen hinauf, zuletzt eben nach links zur Hütte oder (kürzer) oder **b)** geradeaus auf direktem Weg (verblasste Zeichen, keine Nummer) den Grasrücken bergauf, zuletzt in einigen Kehren steil empor zum **Rifugio Bruno Boz (3)**, 1718 m.
Von der Hütte auf Weg Nr. 811 durch eine Wiesenmulde, später in einem steilen Grashang nach Osten empor in den **Passo Alvis (4)**, 1880 m, zwischen Monte Alvis links und Monte Colsento rechts. Jenseits kurz gegen das Val Canzoi hinab zu einer breiten Wegtrasse aus dem Dolomitenkrieg 1915–18. Ihr folgen wir rechts in der Ostseite des Colsento-Nordrückens an steilen Grashängen empor, zuletzt weglos über steile Wiesen (Vorsicht!) zum Gipfel des **Monte Colsento (5)**, 2021 m. Imponierender Einblick in die nahe Südwand des Sass de Mura und die Talschlucht des Val Canzoi. Östlich gegenüber die Hochflächen der Piani Eterni, im Süden über dem Piavetal und den Venetianischen Voralpen die Adria!
Abstieg entlang der Anstiegsroute.

5.30 Std.

Val Nagaoni: Talschlussrunde 42

Ein Tag im Schatten des Sass de Mura

Schon ein Besuch des Rifugio Boz auf den Neva-Almen im inneren Val Nagaoni ist eine empfehlenswerte Sache. Doch ein echter Bergfex kommt dabei nicht wirklich auf seine Rechnung. Will man die Hüttentour um ein Panorama-Erlebnis bereichern, ist man mit der hier gewürdigten Talschlussrunde gut beraten. Sie bringt mehr als Einkehr und Hüttengaudi, denn die Schau von den Kämmen des Col San Piero auf Vette Feltrine und Pala-Getürm ist nicht von schlechten Eltern!

Talorte, Ausgangspunkt: S. Tour 40.
Anforderungen: Einfache, aber lange Wanderung auf bez. Wegen, zum Teil alte, verfallene Kriegsstraßen. Wegen der tlw. sonnenexponierten Hänge im Hochsommer heiß. Trittsicherheit nötig!
Höhenunterschied: 950 m im An- und Abstieg.

Einkehr: Rif. Bruno Boz (36 L., Winterraum mit 6 L., bew. 20. Juni bis 30. Sept., Tel. +39 0439 64448, +39 0439 303938 und +39 348 7248949, www.caifeltre.it/rifugi-e-bivacchi). Am Ausgangspunkt das Rif. Fonteghi (18 B., bew. 1 Juni bis 31. Okt., Tel. +39 439 67043 und +39 340 7275026, www.rifugiofonteghi.it).

Blick vom Pass de Mura über die Neva-Almen hinweg auf Vette Feltrine (links), Monte Coppolo und Cima d'Asta (rechts).

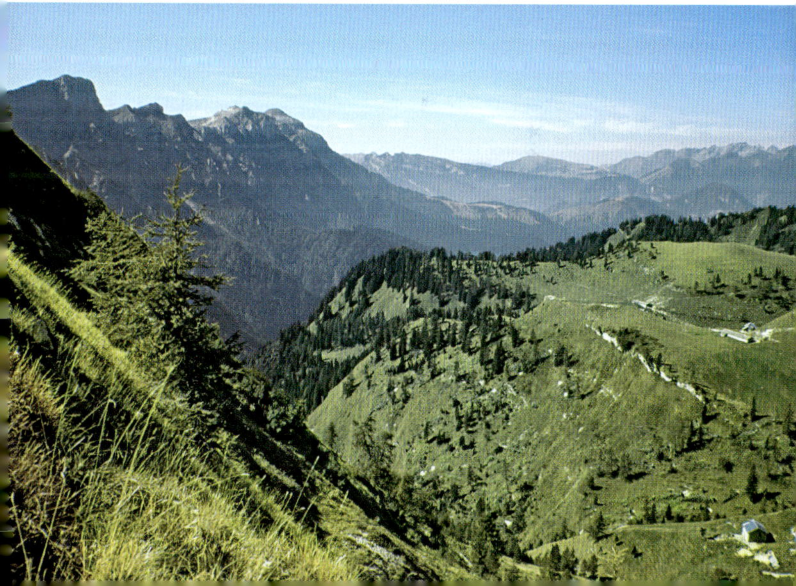

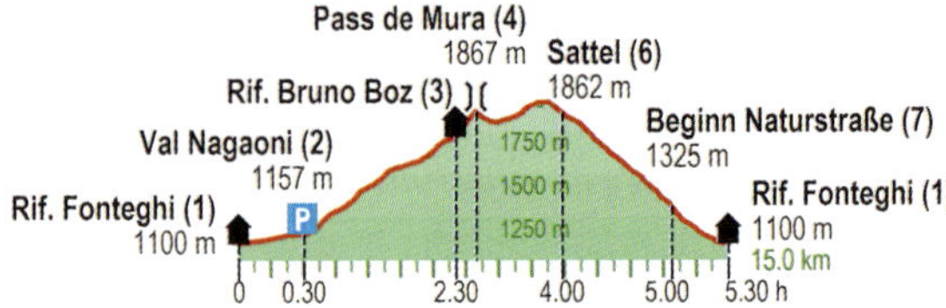

Vom **Rifugio Fonteghi (1)** die Straße mit Weg Nr. 727 an der rechten Seite des **Val Nagaoni** durch Wald in Ostrichtung 2 km eben zum **Parkplatz (2)**, 1157 m, an der Linkskurve vor der Heuhütte el Belo. Weiter wie bei Tour 41 zum **Rifugio Bruno Boz (3)**.

Von der Hütte auf Weg Nr. 801 (Dolomiten-Höhenweg Nr. 2) an den westseitigen Grashängen des Monte Alvis nordostwärts hinauf zur Provinzgrenze Belluno/Trento am **Pass de Mura (4)**, 1867 m, vor dem im Norden aufragenden Sass de Mura. Links ab und auf verfallener Wegtrasse (alte Kriegsstraße, Weg Nr. 748) an den Grashängen unter den Wänden des Sass de Mura und des Monte Neva nach Nordwesten hinab in den Hintergrund des **Val Fonda** und jenseits im Linksbogen nach Südwesten empor zu einer **Verzweigung** (**5**, 1824 m, rechts wie bei Tour 43 Richtung Forc. Neva). Geradeaus an den steilen Grashängen weiter bergauf, später südlich unter dem **Col San Piero** vorbei, danach hinab in den südwestlich davon gelegenen **Sattel (6)**, 1862 m. Großartiger Palablick (s. Bild rechts) sowie eindrucksvolle Schau auf Fleimstaler Alpen und Vette Feltrine.

In der Südseite des Col-San-Piero-Kammes verbleibend, durch lichten Wald und Wiesen westwärts, dann entlang eines bewaldeten Seitenkamms süd-

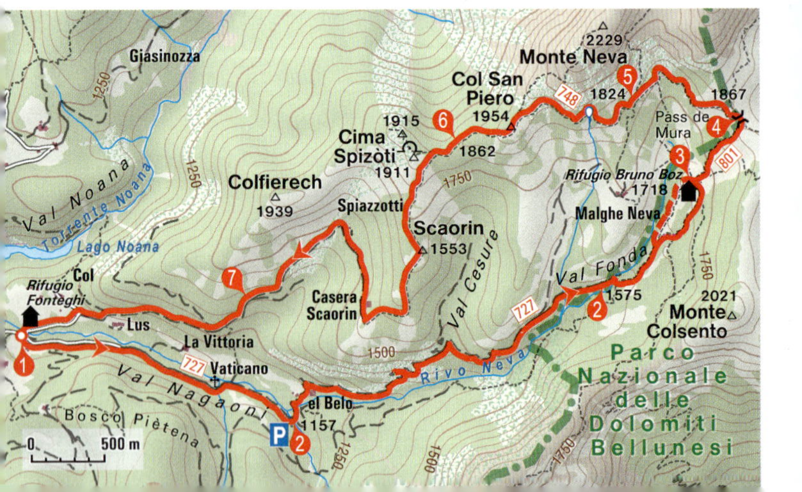

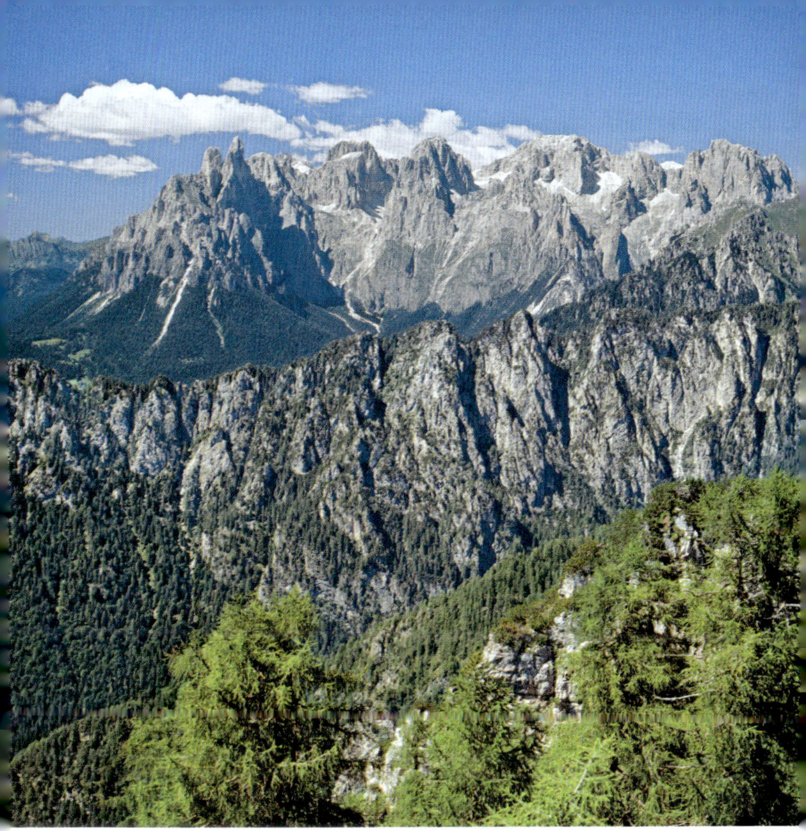

Die felsgewaltige Palagruppe vom Col San Piero. Im Mittelgrund die schrofigen Pale Alte Palughét.

wärts hinunter zu einer schönen Wiesenschulter. Rechts um eine Bergkante zum Beginn eines Fahrwegs und auf diesem nordwärts ins steile Wiesental von Scaorin. Dort an der kleinen **Casera Scaorin**, 1553 m, vorbei, dann, die Talmulde im Linksbogen ausgehend, zum Beginn einer **Naturstraße (7)**. Auf dieser durch Wald in Westrichtung abwärts zu den Wiesen und Häusern von **Lus**, 1130 m, auf geräumiger Wiesenterrasse nördlich über dem Val Nagaoni. Die Straße noch 250 m weiter bis zur nächsten Häusergruppe, dort links ab und auf einer Naturstraße bald über den Rivo Neva (Brücke, eindrucksvoller Tiefblick in die Neva-Klamm!) und zum **Rifugio Fonteghi (1)**.

43 Das Ringband des Sass de Mura

2 Tage

Höhenspaziergang für Könner und Verwöhnte

Wie an der berühmten Sella in den Norddolomiten ruht auch am Sass de Mura eine majestätische Gipfelkrone aus Dachsteinkalk auf einem Sockel aus Schlerndolomit. Das beide Gesteinsschichten trennende Bandsystem aus weichen Raibler Schichten umgürtet den Berg in 2200 m Seehöhe ringförmig und kann von geübten Bergsteigern ohne größere Probleme begangen werden. Man unterscheidet zwischen Banca Ovest (Westen), Banca Est (Osten), Banca Soliva (Süden; von »solatia«, der Sonne zugewandt) und Banca Posterna (Norden; von »posteriore«, rückwärtig, hinten). Verrmittelt das an einigen kurzen Passagen nur schuhbreite Südband ein berauschendes Wandererlebnis 1800 Hm über dem Val Canzoi, so genießt man von der nordseitig-düsteren Banca Posterna begeisternde Ausblicke auf das fantastische Türmelabyrinth der Pala.

Talorte, Ausgangspunkt: S. Tour 41.
Anforderungen: Anspruchsvolle hochalpine Tour für geübte Bergsteiger. Auf der Bänderroute gibt es weder Steig noch Markierungen. Trittsicherheit, Schwindelfreiheit, Ausdauer, Orientierungsvermögen und etwas Kletterkönnen (Passagen im Schwierigkeitsgrad I) nötig.
Höhenunterschied: 1350 m im An- und Abstieg.
Einkehr: S. Tour 41.
Variante: Geübte können in 1.15 Std. von der Westschulter (Wegpunkt 7, Spallone Occidentale, 2403 m) über den Südgrat den Südwestgipfel (2522 m) des Sass de Mura besteigen. Vom Gipfel umfassende Rundsicht über die gesamten Dolomiten und nach Süden bis zur Adria. Ausschließlich für klettergewandte (Schwierigkeitsgrad II) Bergsteiger!
Hinweis: Bei Nässe, Schneelage oder Vereisung ist dringend von der Begehung der Sass-de-Mura-Bänder abzuraten.

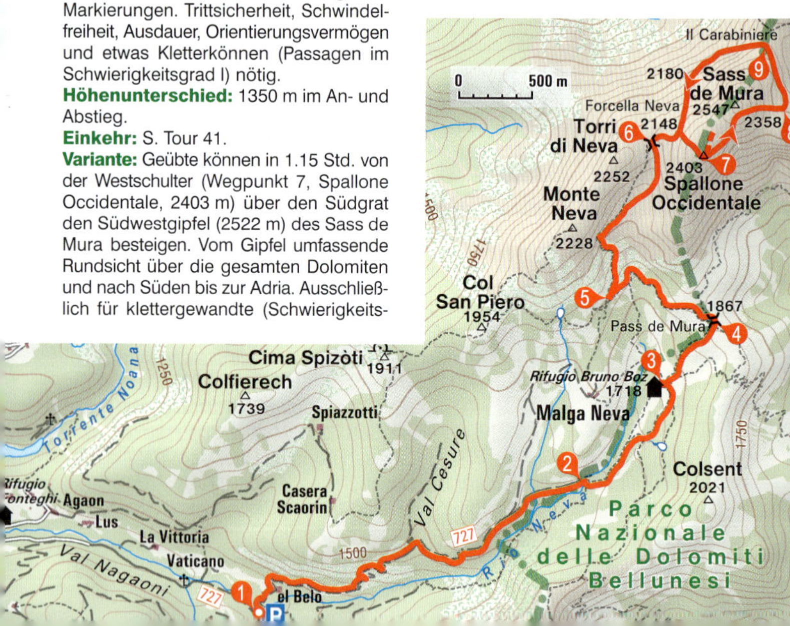

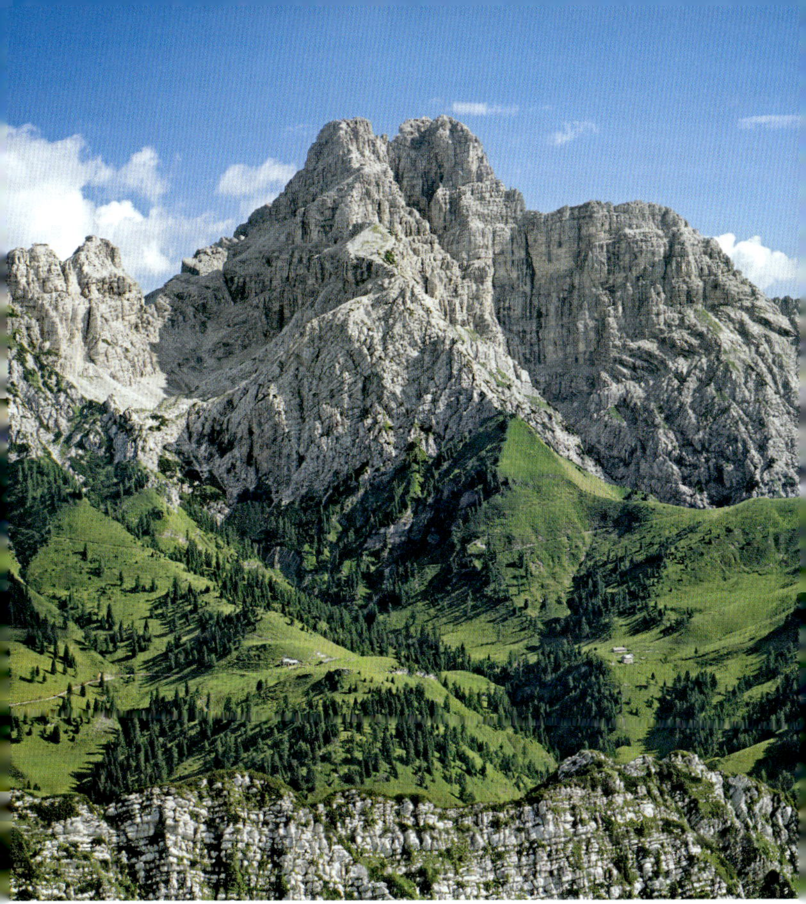

Der Sass de Mura in Südansicht. Links die Forcella Neva, rechts der Spallone Orientale (Ostschulter). Er markiert etwa die Höhe der Banca Soliva.

Vom **Parkplatz Val Nagaoni (1)** wie bei Tour 41 zum **Rifugio Bruno Boz (3)**, 1718 m, und weiter wie bei Tour 42 über den **Pass de Mura (4)** zur **Verzweigung über dem Val Fonda (5)**. Rechts ab und auf sporadisch bez. Steig durch Latschengassen aufwärts unter eine Wand. Einen begrünten Hang links hoch, dann durch eine Geröllrinne gegen den Monte Neva hinauf und schließlich durch Latschen nach rechts (Norden) empor ins Cadin di Neva.

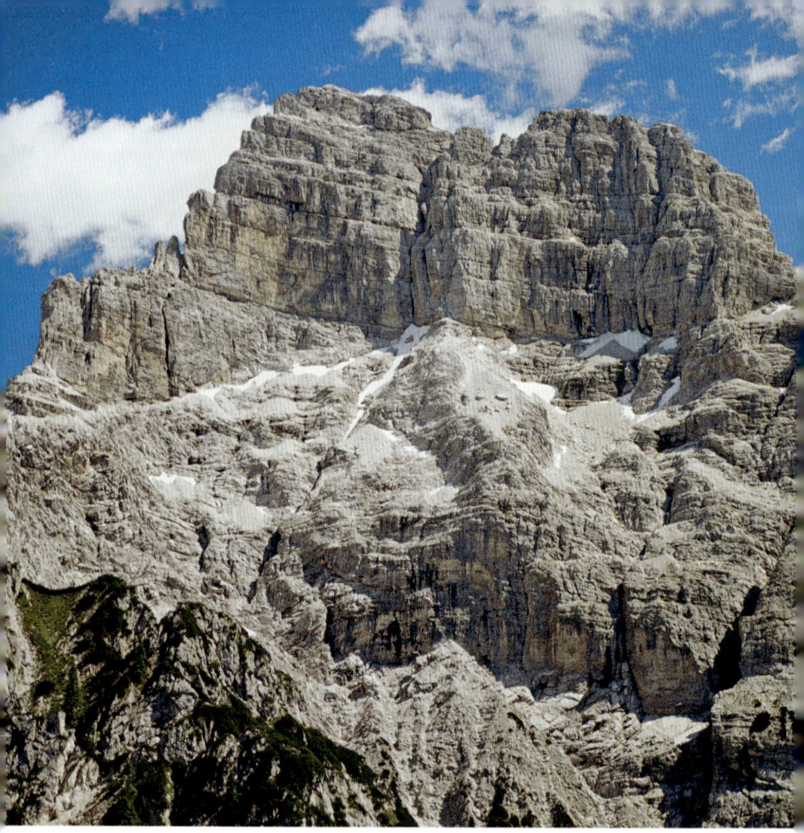

Die Nordwestwand des Sass de Mura mit der Banca Posterna.

Dort durch Blockwerk und Geröll in die **Forcella Neva (6)**, 2148 m, zwischen Sass de Mura und Torri di Neva. Überraschende Schau nach Norden zur Palagruppe!

Anfangs auf Bändern, dann über Schutt – ein Querspalt wird in einfacher Kletterei (I) überwunden – nach rechts (Osten) unter die Westwand des Sass de Mura. Dort die breite, geneigte Geröllterrasse der Banca Ovest rechts hinauf zur **Westschulter** (**7**, 2403 m, Spallone Occidentale) am Ansatzpunkt des Südgrates. Jenseits in die senkrechte Südwand des Berges hinein und dort auf dem breiten Schuttband der Banca Soliva über mehrere Absätze hinab in die Zentralschlucht (Steinschlaggefahr!). Jenseits hinauf zu einer

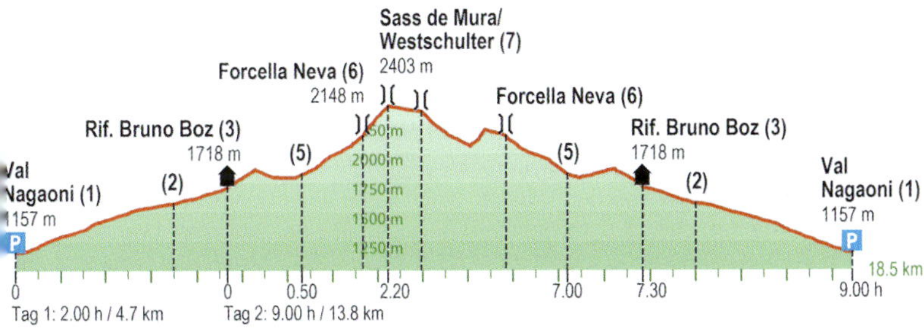

Schulter und auf dem nun schmalen Band weiter zur Unterbrechungsstelle, die auf luftiger Felsleiste (I) leichter als erwartet bewältigt wird. Das Band weiter zur Schuttrinne unterhalb eines auffallenden Felsenfensters (Finestra) und rechts hinauf in die **Forcella Finestra (8)**, 2358 m, zwischen Gipfelmassiv und Ostschulter (Spallone Orientale). Erster Einblick in das östlich gelegene, riesige Cimonegakar.

Nach links in die Ostseite des Berges. Dort die Banca Est über steile Schutthänge hinab zu einer Unterbrechung. Über schuttbedeckte Platten vorsichtig rechts abwärts, dann hinauf zu einer markanten Schulter. Auf dem prächtigen Band unter einer überhängenden Wand hinab zum Ansatzpunkt des Nordgrates beim Felszacken **Il Carabiniere (9)**, 2180 m – rechts unterhalb liegt die Forcella Cimonega, die den Sass de Mura vom nördlich aufragenden Piz de Mez trennt. Links um den Felszacken herum in die Nordseite des Berges. Über das breite Schuttband der Banca Rootorna (Steigspuren) aufwärts in eine Scharte am quer verlaufenden Felsriegel (Gedenktafel). Jenseits über Felsstufen bergab, dann auf schmalen Bändern am Oberrand der Banca zu einer Schulter und weiter zu großer ebener Felsplatte am Ansatzpunkt des Westgrates. Schöner Rastplatz! Rückblick gegen den vierkantigen Klotz des Piz de Mez, im Norden die Pala, im Westen die Fleimstaler Alpen.

Nach links in die geröllige Westseite und dort auf der Banca Ovest bis unter die Gipfelfalllinie, dann rechts hinab in die **Forcella Neva (6)**. Weiter auf bekannter Route zum **Ausgangspunkt (1)**.

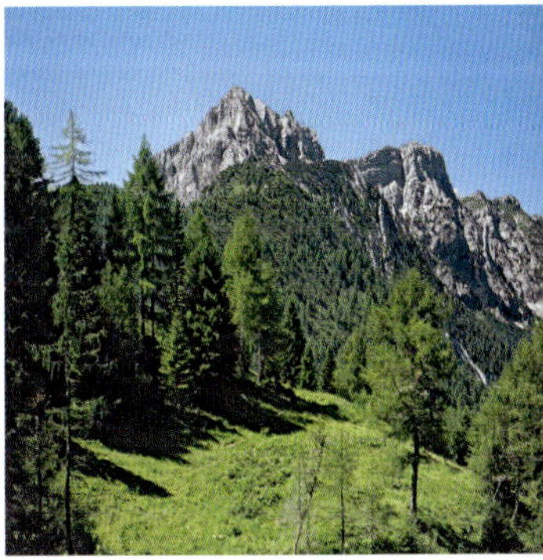

Der Sasso Scarnia (Tour 44) mit dem Monte Ramezza rechts, aus der Umgebung des Rifugio Boz.

44 Sasso Scarnia, 2226 m

3 Tage

Beschauliche Tourentage am östlichen Hochgipfel der Vette Feltrine

Begeher des Dolomiten-Höhenwegs Nr. 2 sind ihm nahe, kommen bis etwa 200 Höhenmeter an den Gipfel heran, doch kaum einer lässt sich zur Besteigung verführen, die mit umfassendem Rundumblick belohnt wird. Und doch ist er ein stolzer, Achtung gebietender Berg mit breiter, 900 m hoher Ostwand gegen Val Canzoi, von wo aus wir dem Hochgipfel auch an den Leib rücken. Abgesehen von dem beachtlichen Höhenunterschied handelt es sich da um eine einfache Bergtour auf markierten Wegen. Nur das letzte Stück über die südseitige Gipfelflanke ist weglos und erfordert sichtiges Wetter.

Talort, Ausgangspunkt: S. Tour 41.
Anforderungen: Unschwierige, aber lange, anstrengende Zweitagestour auf bez. Fahr- und Fußwegen, im abschließenden Gipfelanstieg unmarkiert und weglos. Trittsicherheit und Schwindelfreiheit nötig. In der Hochregion der Vette Feltrine Vorsicht bei Nebel!
Höhenunterschied: 1300 m im An- und Abstieg.
Einkehr: S. Tour 41.

Variante: Trainierte können den Sasso Scarnia bei etwa gleichem Zeitaufwand (aber als Tagestour!) auch aus dem östlich gelegenen Val Canzoi besteigen. Als Ausgangspunkt kommt der kleine Parkplatz beim E-Werk Guarda (623 m), 1 km südlich des Alb. Casa Boz (s. Tour 48) infrage, von wo der Passo di Finestra auf der alten Kriegsstraße Nr. 805 erreicht wird. Insges. 10 Std. Gehzeit bei 1600 m Anstiegshöhe!

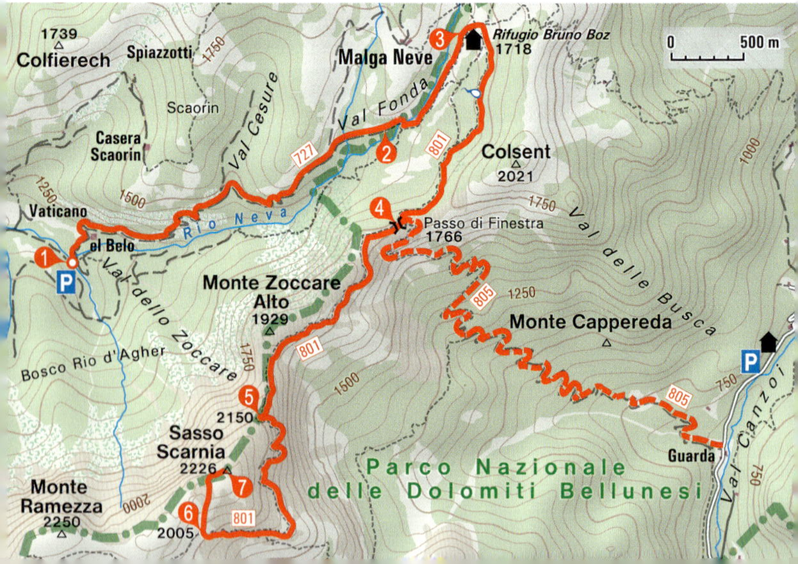

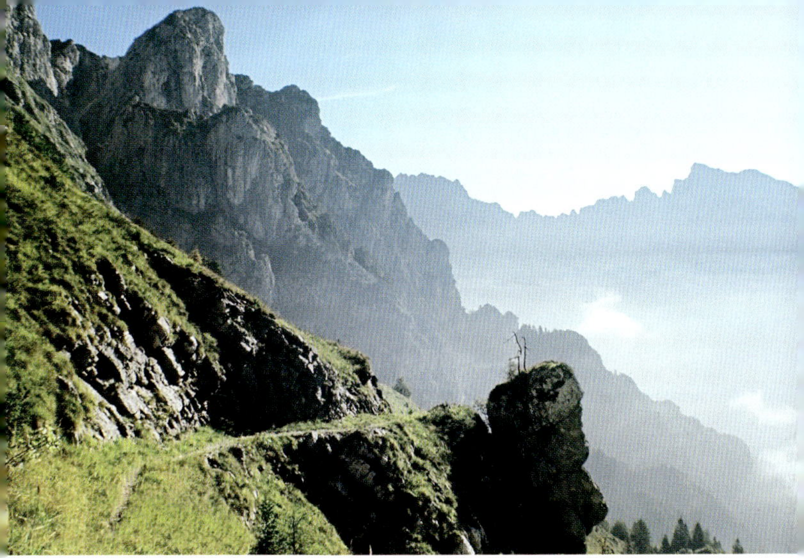

Der alte Kriegsweg aus dem Val Canzoi zum Passo di Finestra.

Vom **Parkplatz Val Nagaoni (1)** wie bei Tour 41 zum **Rifugio Bruno Boz (3)**, 1718 m, das sich zur Übernachtung anbietet. Von der Hütte den bez. Weg Nr. 801 (Dolomiten-Höhenweg Nr. 2), an der Westflanke des Monte Colsento entlang, durch Wald, Buschwerk und Wiesen südwärts auf und ab dahin, dann in Kehren empor zum weiten **Passo di Finestra (4)**, 1766 m. Überraschender Tiefblick jenseits in das Val Canzoi und Rückblick gegen die trutzige Felsburg des Sass de Mura.
Jenseits des Passes 50 m rechts hinab zu einer Verzweigung. Die breite Trasse von Weg Nr. 801 (alte Kriegsstraße) geradeaus in die Ostflanke des **Monte Zoccare Alto** hinein und dort in Kehren aufwärts, dann in langer Querung gebänderter Wände hoch über dem Val Canzoi auf und ab weiter, zuletzt steil empor zu einer markanten Schulter. Quer durch die Südflanke (Drahtseil) des M. Zoccare Alto nach rechts unter die Forcella Zoccare Alto, 1828 m, die nicht überschritten wird. Nach links in die Ostflanke des Sasso-Scarnia-Nordgrates und dort steil empor zur Grathöhe. Zuerst über die schmale Schneide (aus dem Fels gehauene Stufen), dann an der sehr steilen Ostflanke des Grates in Kehren hoch unter einen Felsaufschwung. Hier rechts in die Westseite, dort in Kehren empor in eine Gratscharte und weiter zur **Nordostschulter des Sasso Scarnia (5)**, 2150 m, mit hohen Felsblöcken. Rastplatz! Vor zur Abbruchkante der Schulter und dort über Geröll nach Süden unter die Ostwand des Berges. In ebener Querung der Flanke durch bald begrün-

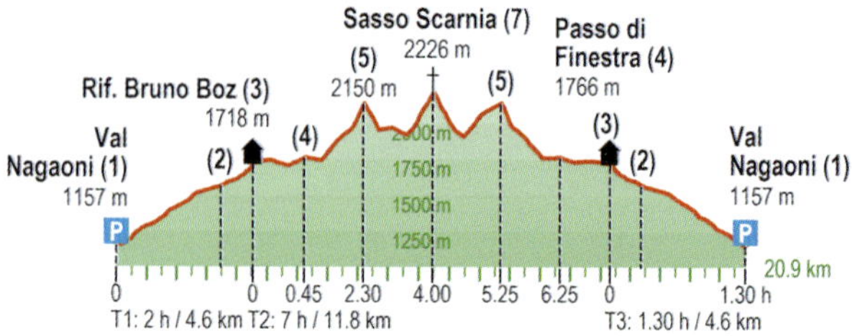

tes Gelände an den unteren **Südostgrat** (Tiefblick in das Piavetal und auf Feltre!), um ihn rechts herum in die Südseite und dort zu einer Verzweigung. Geradeaus weiter, dann die Flanke in steilen Kehren westwärts empor zu einer **Schulter (6)**, 2005 m, südlich unter dem Gipfelaufbau des Berges. Rechts vom bez. Weg ab und auf unbez. Steigspuren einen steilen, grasigen Hang nach Norden empor zum Gipfelgrat und diesen rechts haltend zum höchsten Punkt des **Sasso Scarnia (7)**, 2226 m.

Abstieg entlang der Anstiegsroute.

An der Nordostschulter des Sasso Scarnia, am Horizont die Venezianischen Voralpen.

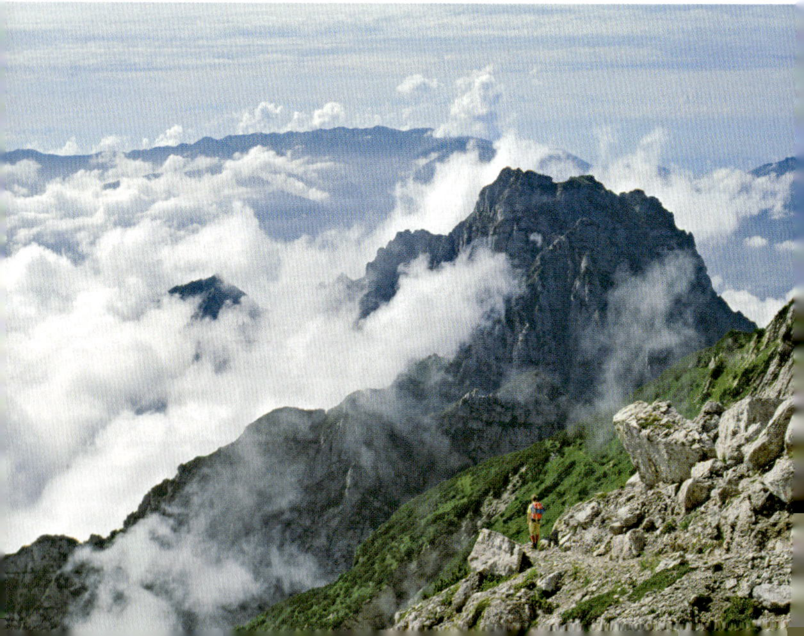

6.30 Std.

Monte Vederna, 1584 m

45

Ein Feldherrnhügel über dem Primör

Für eilige Gipfelsammler ist die per Auto erreichbare Sella Vederna kaum mehr als ein Startplatz für die Besteigung des stolzen Pavione von Norden (Tour 46). Kenner indes wissen die Vorzüge der Wiesenschulter und vor allem den Monte Vederna als ihre höchste Erhebung zu schätzen. Denn die gebotenen Pala-Impressionen und die atemberaubenden Tiefblicke in das Talbecken von Primör lohnen unbedingt den Besuch. Der Anstieg kann wie hier vorgeschlagen über die Nordflanke erfolgen, wobei das steile Gelände Trittsicherheit und trockenes Wetter voraussetzt.

Talort: Fiera di Primiero (713 m), im Süden der Pala, in einer beckenartigen Verbreiterung des Val Cismon gelegener Markt und Hauptort der Talschaft Primör.
Ausgangspunkt: Imèr (645 m, Bushalt, Parkplätze) im Primör, einem Talbecken des Cismon südwestlich von Fiera di Primiero. Startplatz im Ortszentrum (Via Nazionale).
Anforderungen: Unschwieriger, jedoch anstrengender, steiler Anstieg auf teils schlecht oder nicht bez. Fuß- und Fahrwegen (alte Kriegsstraßen).
Höhenunterschied: 1000 m im An- und Abstieg.
Einkehr: Rif. Vederna (23 B., 15. Mai bis 31. Okt. geöffnet; 15./20. Juni bis 30. Sept. durchgehend, sonst an Wochenenden, Tel. +39 439 67103, www.rifugiovederna.it).

Aus dem **Ortszentrum von Imèr (1)** die Ausfallstraße nach Süden zum Kreisverklehr an der Staatsstraße Nr. 50, dort geradeaus über den Cismon in den Villenort **Pezze (2)**, 650 m, mit dem Campinplatz Calavise. Die Straße mit Weg 736 an Häusern vorbei nach Süden hinauf in den Wald und dort nach links (Osten) zur **Weggabelung (3)**. Rechts ab und auf gutem Fußweg (spärliche Markierung, keine Nummer) an

Gaststätte auf dem Campingplatz Calavise in Pezze.
Hinweis: Bei nassem Wetter oder nach Regenfällen ist vom Anstieg über die Nordflanke des Monte Vederna abzuraten. Dann empfiehlt es sich, die für den Abstieg beschriebene Route auch für den Anstieg zu wählen (s. Variante zur Tour 46).

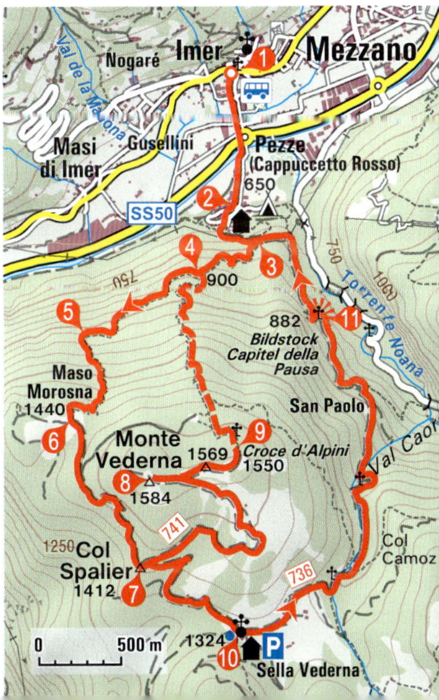

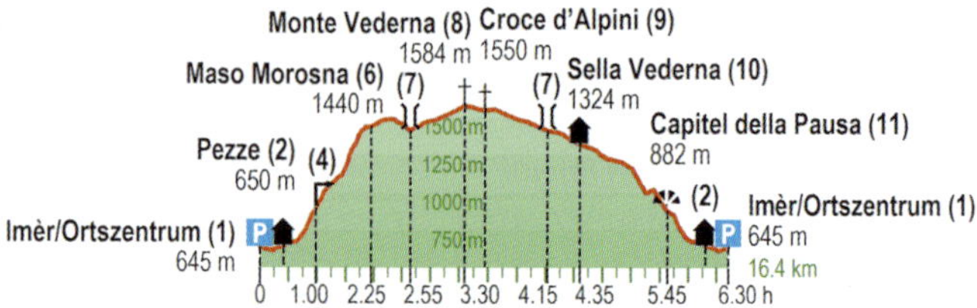

der steilen bewaldeten Nordflanke (Costa di Vederna) des Berges nach Südwesten aufwärts zu einer **ersten Verzweigung** (**4**, 900 m, Linksabzweig des sehr steilen Sentiero degli Alpini, der in 1.15 Std. direkt zur Croce d'Alpini hinaufführt). Geradeaus bald auf künstlicher Wegtrasse durch angegrünte Felswände zu einer **zweiten Verzweigung (5)**. Die obere Wegtrasse noch 30 m weiter, dann scharf links ab (!) und auf verfallenem Jagdsteig (verblasste Rotpunkte) eine sehr steile, felsig-bewaldete Bergrippe in engen Kehren mühsam nach Süden empor zu einem Absatz, 1350 m, an dem die Rippe nach rechts verlassen wird. Auf dem nun besser trassierten Weg unter einer Wand hinauf in eine krautig-verwachsene Rinne. Durch diese ein Stück empor, dann an den Waldhängen weniger steil rechts hoch und zuletzt links haltend zu den Almweiden **Maso Morosna (6)**, 1440 m, an der Nordwestschulter des Monte Vederna, wo ein Fahrweg quert.

Auf dem Fahrweg ohne Markierung links (ostwärts) durch Wiesen bergauf, dann quer durch die bewaldete Westflanke des M. Vederna nach rechts an die Westschulter, 1470 m, mit tollem Tiefblick in die Schenerschlucht. Jenseits in die felsig-bewaldete Südwestflanke des Berges hinein und dort teils in Kehren hinab zur Südschulter, dem **Col Spalier (7)**, 1412 m, mit Querstraße. Diese mit Weg Nr. 741 durch Wald und Wiesen ostwärts hoch zu einer Schulter am Südostrücken. Links hinauf in den Sattel, 1565 m, zwischen den beiden Gipfeln und erneut links haltend empor zum **Hauptgipfel des Monte Vederna (8)**, 1584 m.

Wieder hinab in den Gipfelsattel. Den Grasrücken empor auf den **Ostgipfel**, 1569 m, dann kurz hinab in einen Sattel und jenseits gegen den P. 1567 m hoch zu einer Verzweigung. Auf dem Fußweg links in den Wald und dort einen Rücken nach Norden hinunter zum Metallkreuz **Croce d'Alpini (9)**, 1550 m, mit großartiger Aussicht.

Auf dem Anstiegsweg zurück zum **Col Spalier (7)**. Dort die Bergstraße (Weg Nr. 741) links im Wald hinab in den lieblichen Wiesensattel **Sella Vederna (10)**, 1324 m, mit dem **Rifugio Vederna**, der Kapelle Madonna della Neve, einem Brunnen und der Zufahrtsstraße aus dem Val Cismon. Wir steigen auf dem Fahrweg Nr. 736 durch die Grasmulde des Val Caora nach Nordosten hinab zu einer schluchtartigen Verengung. Durch diese zum Steilabbruch gegen das Val Noana und dort zu einer Linkskehre (Halbtunnel unter überhängender Wand, Kruzifix), danach an einem schönen Wasserfall vorbei auf die linke Seite des Val Caora. Nun hoch über der Noanaschlucht an den Wald- und Felsflanken in Nordrichtung bergab zu den Wiesen von **San Paolo**, 1011 m. Weiter zu den Bänken am **Bildstock Capitel della Pausa (11)**, 882 m, mit Tiefblick in die großartige Noanaschlucht, später links hinaus ins Cismontal und nach **Pezze (2)**. Auf bekanntem Weg zurück nach **Imèr (1)**.

Die reizende Kapelle Madonna della Neve auf der Sella Vederna.

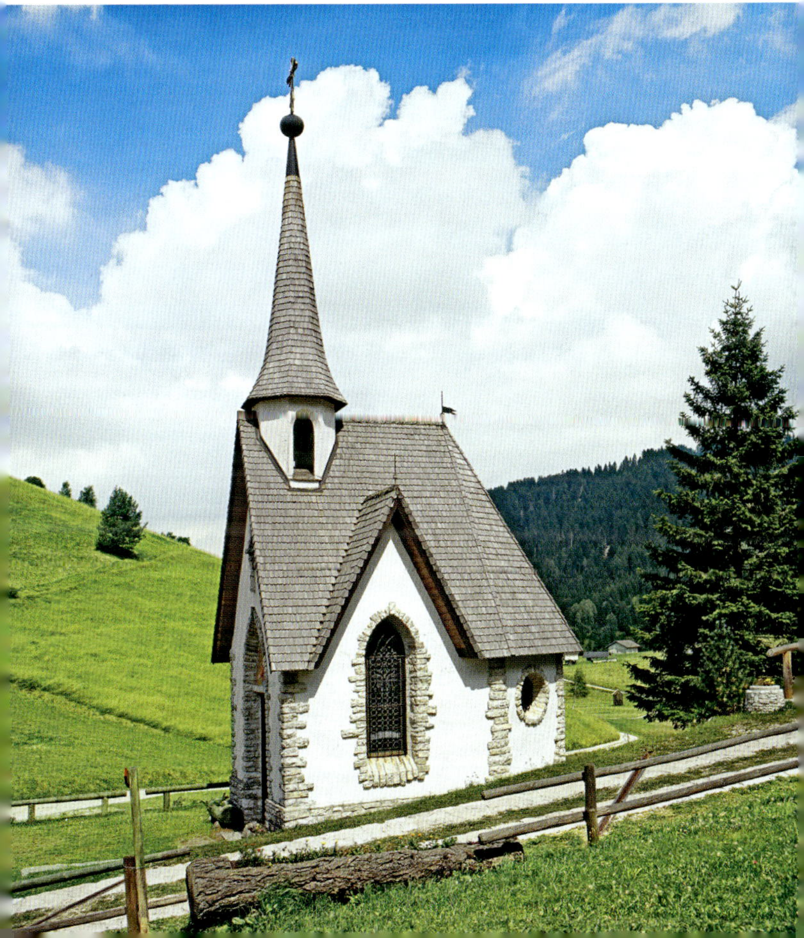

46 Monte Pavione, 2335 m (Nordroute)

5.30 Std.

Beliebtester Aussichtsberg der Feltriner Dolomiten

»Schwüles Gedünst schwebt in der Luft – lästig ist mir der trübe Druck! Das bleiche Gewölk samml' ich zu blitzendem Wetter, das fegt den Himmel mir hell.« Diese Energie, wie sie hier der Donnergott in Wagners »Rheingold« heraufbeschwört, könnte man in den sommerlichen Feltriner Dolomiten brauchen, wenn die Gipfel oft wochenlang im Nebel stecken und dunstschwangere Luft über dem Piavetal und der Poebene liegt. Darum empfehle ich als beste Jahreszeit für eine Besteigung des Monte Pavione den Spätherbst, der optimale Vorraussetzungen für die Schau auf das Gipfelheer der Dolomiten und über die oberitalienische Tiefebene hinweg bis zum Meer bietet.

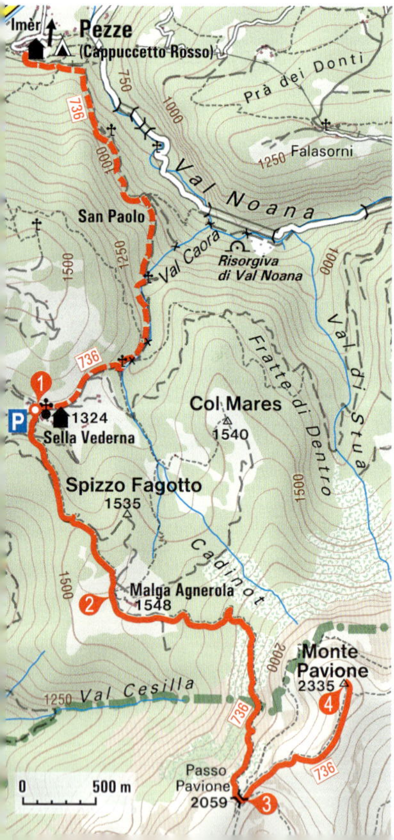

Talort: Fiera di Primiero (713 m), im Süden der Pala, in einer beckenartigen Verbreiterung des Val Cismon gelegener Markt und Hauptort der Talschaft Primör.
Ausgangspunkt: Sella Vederna (1324 m, Parkplatz, Schutzhütte), sanfter Wiesensattel in der Gruppe der Vette Feltrine zwischen M. Vederna und M. Pavione. Zufahrt mit dem eigenen Auto von Fiera di Primiero auf der Staatsstraße Nr. 50 am Cismon entlang in Richtung Feltre über Mezzano in die Schenerschlucht und dort zur Brücke über den Rivo Cesilla in Monte Croce (Pontet); 11 km von Fiera. Auf der Staatsstraße noch 500 m weiter zur Linksabzweigung der schmalen Vederna-Bergstraße (erbaut 1915–18). Auf ihr die steilen Waldhänge in vielen Kehren nach Osten hoch, danach in langer Querung, über die steile Rinne des Val Cesilla hinweg, nach links (Norden) zur Malga Spiaz de Vit (1280 m). Nach rechts (Nordosten) einschwenkend, erreicht man durch Wald die Sella Vederna; insgesamt 22 km von Fiera di Primiero.
Anforderungen: Einfache und anstrengende Tour mit beachtlichem Höhenunterschied. Trittsicherheit nötig. Nur bei trockenem Wetter!

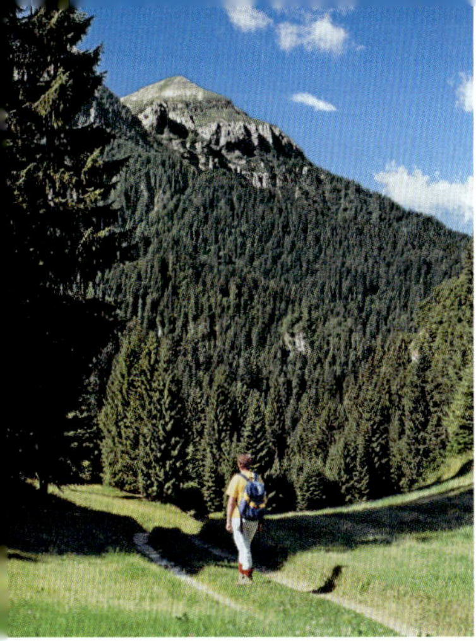

Der Monte Pavione von Valpiana di sopra (Tour 40) aus gesehen. Unser Anstieg erfolgt über die rechte Seite.

Höhenunterschied: 1010 m im An- und Abstieg

Einkehr: Unterwegs keine Einkehr! Am Ausgangspunkt Rif. Vederna (23 B., 15. Mai bis 31. Okt. geöffnet, 15./ 20. Juni bis 30. Sept. durchgehend, sonst an Wochenenden, Tel. +39 439 67103, www.rifugiovederna.it).

Variante: Man kann den M. Pavione – allerdings bei wesentlich größerem Zeit- und Kraftaufwand (1700 m Anstiegshöhe!) – auch aus dem Primör angehen: Von Imèr auf der Straße über den Cismon in den Villenort Pezze (in Karten fälschlicherweise als Cappuccetto rosso bezeichnet, Campingplatz Calavise). Von dort auf dem z. T. gepflasterten Fahrweg Nr. 736 quer durch die bewaldete Ostflanke des M. Vederna oberhalb der Noanaschlucht aufwärts zu einem Bildstock und weiter zur Wiese von S. Paolo (1011 m). Nach rechts in die Schlucht des Val Caora und durch diese südwärts teils in Kehren (Tunnel) hoch. Später das sich weitende Tal durch eine prächtige Wiesenmulde nach Südwesten empor in die Sella Vederna (1324 m). Weiter wie unten beschrieben zum M. Pavione; insgesamt 4 Std. zusätzlicher Zeitaufwand.

Von der **Sella Vederna (1)** den Fahrweg Nr. 736A im Wald südwärts bergan, später durch Wiesen zur **Malga Agnerola (2)**, 1548 m. Auf Weg Nr. 700 über die Almweiden mäßig steil nach links (Osten) hinauf, später im lichten Wald steiler hoch, schließlich rechts in langer Querung der Monte-Pavione-Westflanke (eine durch ein Drahtseil Passage) unterhalb der Felsaufschwünge empor in den weiten Wiesensattel des **Passo Pavione (3**, 2059 m, auch Forcella della Zopa) zwischen M. Pavione und Monte Vallazza. Eindrucksvoller Rück- und Tiefblick zur Sella Vederna und ins von den Felsrecken der Pala überragte Primör!

Links ab und auf dem Weg Nr. 817 über den breiten, aber steilen begrünten Südwestrücken des Pavione-Massivs hinauf auf einen Vorgipfel, 2280 m. Den nur noch mäßig steilen Rücken weiter bergauf bis zum Gipfel des **Monte Pavione (4)**, 2335 m.

Der **Abstieg** erfolgt auf dem Anstiegsweg.

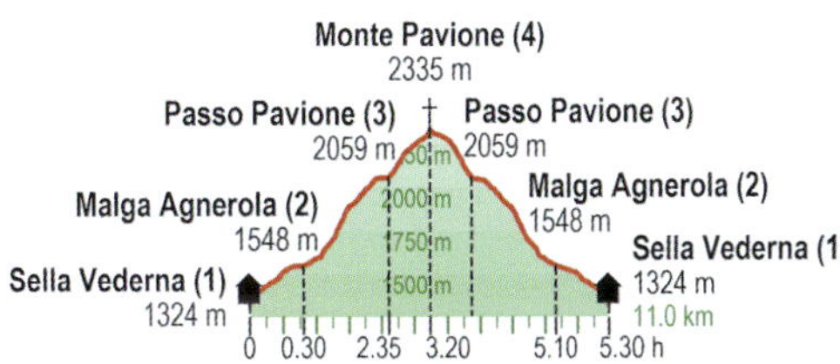

47 Monte Pavione, 2335 m (Südroute)

2 Tage

Edle Graspyramide im Westen der Vette Feltrine

Scharfkantig wie ein Bergkristall thront er über dem Primör, von vielen bewundert, doch nur selten bestiegen: der Monte Pavione. Die »schönste Graspyramide der Alpen« (Oscar Schuster) ist als zweithöchster Gipfel der Vette Feltrine eine Aussichtswarte von hohem Rang. Der einfachste Weg zum Scheitel ist jener vom Passo Croce d'Aune her, wobei das am Passo Le Vette Grandi stehende Rifugio Dal Piàz Unterkunft gewährt. So lassen sich am Gipfel problemlos Sonnenauf- und -untergänge erleben. Was es im Hüttenumfeld noch zu bestaunen gibt, sind weite, schalenförmige Kare, »Buse« genannt, mit einem sagenhaften Blumenreichtum, der schon um 1700 Botaniker wie Antonio Tita vom Botanischen Garten in Padua hierher lockte.

Talorte: Feltre (324 m, Bahn- und Bushalt), Stadt am Piaveknie zwischen Feltriner Dolomiten und Venezianischen Voralpen. Pedavena (335 m, Bushalt), Villenort 3 km nördlich von Feltre mit berühmter Bierbrauerei und Restaurant.
Ausgangspunkt: Passo Croce d'Aune (1015 m, Parkplatz, Bushalt) zwischen Vette-Feltrine-Zentralstock und M. Avena mit Verbindungsstraße von Feltre ins Cismontal, 8 km von Pedavena, 11 km von Feltre.
Anforderungen: Unschwierige Wanderung auf bez. Fahr- und Fußwegen. An den Gipfelkämmen Trittsicherheit nötig. Nur bei trockenem und nebelfreiem Wetter!
Höhenunterschied: 1470 m im An- und Abstieg.
Einkehr: Rif. Giorgio Dal Piàz (22 L., bew. 20. Juni bis 20. Sept., im April, Mai, Juni, Sept. und Okt. ggf. an Wochenenden, Tel. +39 0439 9065 und +39 329 3647428, www.rifugiodalpiaz.com); Alb. Al Camoscio (20 B., ganzj. geöffnet, 15. Juni bis 15. Sept. kein, sonst Do. Ruhetag, Tel. +39 0439 977058) und Alb. Croce d'Aune (52 B., außer im Nov. ganzj. geöffnet, von 15. Juni bis 15. Sept. kein, sonst Mo. Ruhetag, Tel. +39 0439 977000, www.albergocrocedaune.it), beide zu finden am Passo Croce d'Aune.
Hinweis: Infos zum Nationalpark Belluneser Dolomiten gibt die Organisation Ente Parco Nazionale Dolomiti Bellunesi, Tel. +39 0439 3328, www.dolomitipark.it.

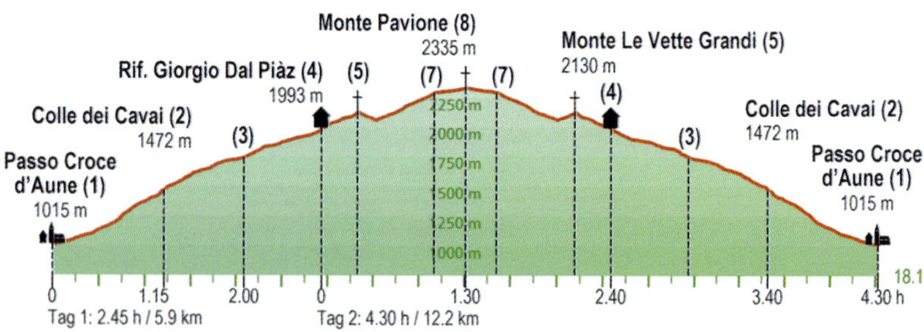

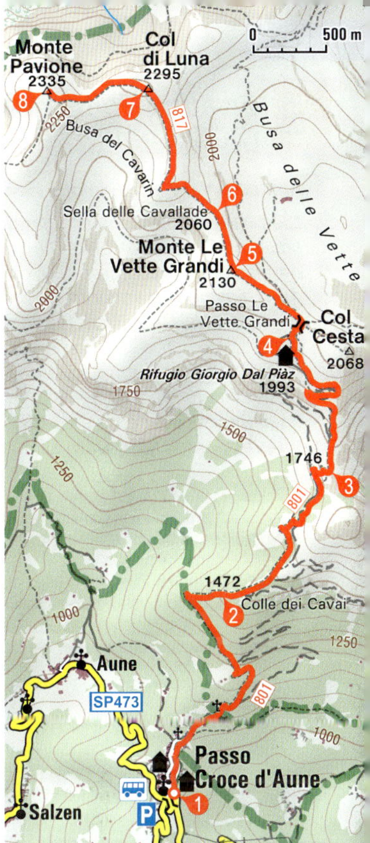

Vom **Passo Croce d'Aune (1)** die Asphaltstraße mit Weg Nr. 801 (Dolomiten-Höhenweg Nr. 2) an Häusern vorbei und nach Norden aufwärts in den Wald. Dort auf Naturstraße in Kehren hoch, später, die Straßenkehren abkürzend, in Nordostrichtung weiter bergauf, bis der Fußweg die Straße nach links verlässt. An einer Flanke entlang schräg links (Nordwesten) empor an einen Rücken und auf diesem nach rechts (Osten) zur Schulter des **Colle dei Cavai (2)**, 1472 m. Am Rücken weiter aufwärts, dann nach links in die Westflanke des Monte Masieron hinein. Die Straßenkehren abkürzend an der grasigen Flanke nach Norden empor und rechts hoch in die **Scharte (3)**, 1746 m, nördlich des M. Masieron. Die Kriegsstraße dem Kamm folgend in Kehren hoch, zuletzt durch Wiesen nach links (Nordwesten) empor zum **Rifugio Giorgio Dal Piàz (4)**, 1993 m.

Am Folgetag den Karrenweg Nr. 801 nach Norden in den nahen **Passo Le Vette Grandi**, 1994 m. Links ab und auf Weg Nr. 817 den Grasrücken nach Nordwesten empor zum Gipfel des **Monte Le Vette Grandi (5)**, 2130 m. Nach Norden hinab in die **Sella delle Cavallade (6)**, 2060 m, und jenseits den anfangs steilen Rücken rechts hoch, dann in herrlicher Höhenwanderung auf den **Col di Luna (7)**, 2295 m. Am Rücken westwärts hinab in einen Sattel, 2218 m, und jenseits auf Steigspuren einen schrofendurchsetzten Hang hoch und rechts zum Gipfel des **Monte Pavione (8)**, 2335 m. **Abstieg** entlang der Anstiegsroute.

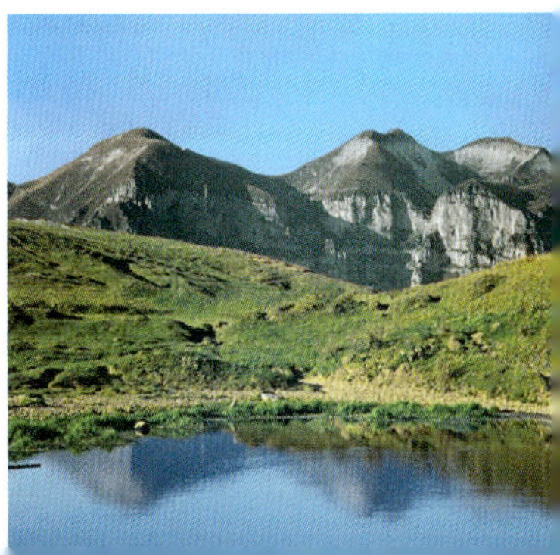

Aus der Ferne – hier vom Monte Avena südlich Croce d'Aune – ist die Pyramidenform des Monte Pavione (Mitte) gut zu erkennen.

48 Bivacco Feltre-Walter Bodo, 1930 m (Südzugang)

6.30 Std.

Aus dem Val Canzoi in das Herz der Cimonegagruppe

Dies ist ein Unternehmen, gut geeignet, um vom zauberhaft schönen »Felsenreich Cimonega« erste, bleibende Eindrücke zu gewinnen. Schon bei der Anreise durch das Canzoital steht man ganz im Banne des Sass de Mura, des gewaltigsten und schönsten Berges der Feltriner Dolomiten. Der Steilanstieg durch das Val Caorame ist zwar lang und beschwerlich, doch entschädigt die außerordentlich wilde, ursprüngliche Bergnatur. Der muntere Caorame-Bach stürzt in unzähligen Kaskaden herab und bildet kleine blaue Tümpel, die an Gewässer auf Südsee-Inseln erinnern. Und das schlussendlich erreichte Pian della Regina mit dem Feltre-Biwak erweist sich als blumenreiche Wiesenoase inmitten des felsstarren Cimonegakares.

Talorte: Feltre (324 m, Bahn- und Bushalt), Stadt am Piaveknie zwischen Feltriner Dolomiten und Venezianischen Voralpen.
Ausgangspunkt: Parkplatz (650 m) am Ende der öffentlich befahrbaren Straße im inneren Val Canzoi, 150 m vor dem Alb. Casa Boz bzw. dem Rist. Ai 4 Pass. Zufahrt mit dem eigenen Kfz von Feltre über Soranzén (18 km).
Anforderungen: Einfacher, des Höhenunterschieds wegen anstrengender Steil-

Der Lago della Stua im inneren Val Canzoi vor dem Monte Tre Pietre.

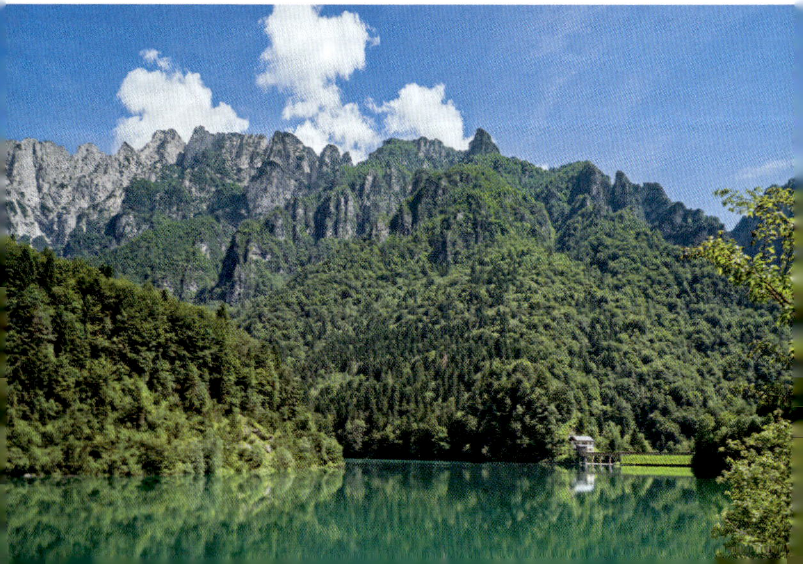

anstieg auf bez. Wegen. Einige exponierte gesicherte Felspassagen. Trittsicherheit und Schwindelfreiheit nötig.

Höhenunterschied: 1280 m auf und ab.

Einkehr: Biv. Feltre-Walter Bodo (zwei Biwakhütten, ständig geöffnet, aber nicht bew., 4 L. im kl., 17 L. im gr. Gebäude mit Matratzen und Decken; Wasserleitung meist neben den Hütten, ansonsten Wasserstelle am Weg Nr. 801 südlich unterhalb). Im inneren Val Canzoi Alb. Casa Boz (13 B., ganzj. geöffnet, Tel. +39 333 6336648, www.casaboz.it), im selben Gebäude das Rist. Ai 4 Pass (ganzj. geöffnet, außer im August Di. Ruhetag, Tel. +39 0439 43145).

Variante: Zu einem großartigen Aussichtspunkt gelangt man, wenn man vom Biv. Feltre auf Steigspuren durch das Kar zwischen Piz de Mez und Sasso Largo nordwärts gegen den Piz di Sagron ansteigt. Im Hintergrund des Kares die Blockhalde gerade hoch. Unter der Wand des Vomere über ein Band nach rechts, danach über Schrofen links empor an den Ostrücken des Piz di Sagron, 1 Std. vom Biv. Feltre. Überwältigende Schau zur Pala!

Vom **Parkplatz Val Canzoi (1)** die Straße am Albergo Casa Boz/Ristorante Ai 4 Pass vorbei und in einigen Kehren (Abkürzer!) nach Norden hinauf zur Staumauernkrone des **Lago della Stua (2)**, 710 m, mit erstem Aufblick gegen den Sass de Mura. Auf Fahrweg Nr. 806 am linken, westlichen Seeufer talein, nach dem See-Ende rechts über den Torrente Caorame und zur **Abzweigung von Weg Nr. 802 (3)**, der rechts zu den Piani Eterni führt. Wir gehen geradeaus weiter an die linke Talseite und dort im Laubwald bergauf zum **Straßenende (4)**, 800 m, im Talschluss des Val Canzoi. Auf Fußweg Nr. 806 an der linken Seite des Val Caorame in Kehren hinan, dann über den Bach an die rechte Talseite und jenseits gegen eine Wand empor. Im Bereich der **verfallenen Alpe Pendane (5)** erneut über den Torrente Caorame (riesige Felsgrotte, Trinkwasser), an die linke Talseite und dort, zum Teil über gesicherte Felspassagen, in Kehren hoch. Zu-

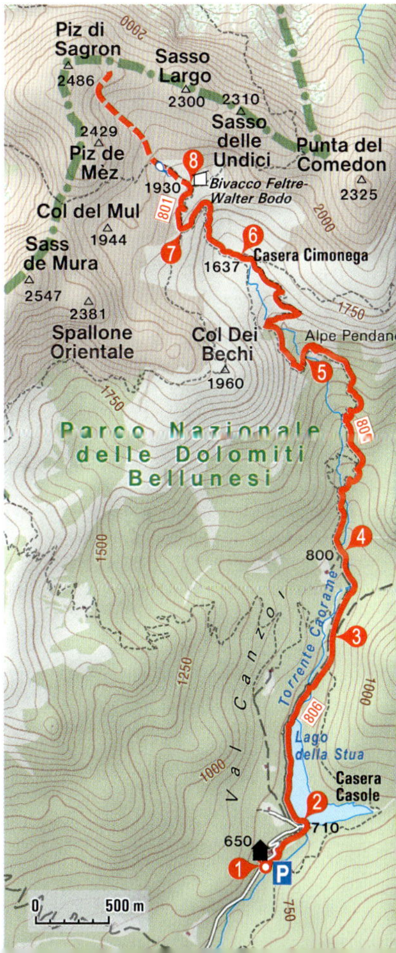

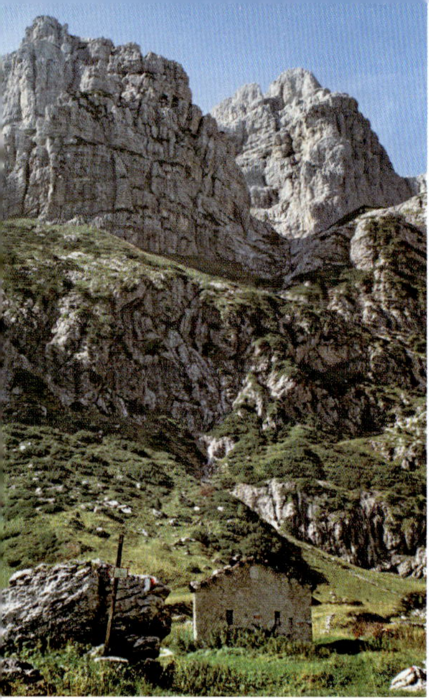

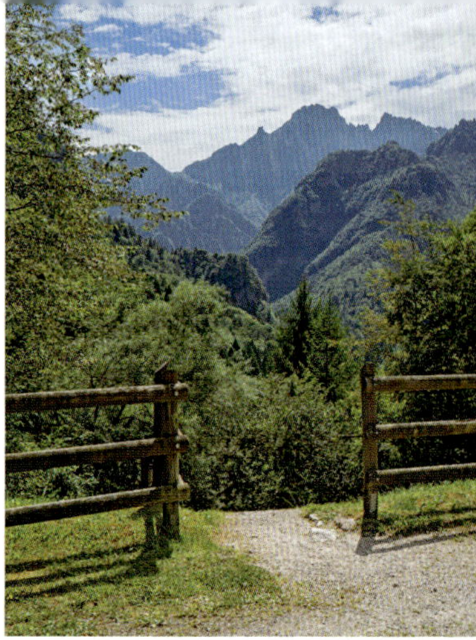

Der Monte San Mauro aus dem inneren Val Canzoi (oben). – Die Casera Cimonega, darüber die Felsmassive des Col del Mul und des Piz de Mez (links).

letzt wieder rechts des Caorame empor zu der auf ebenem Wiesenboden im Kessel des unteren Cimonegakares gelegenen **Casera Cimonega (6)**, 1637 m. Auf Weg Nr. 806 einen felsig begrünten Hang nordwärts in Kehren hoch, später links empor unter die Südostkante des Col del Mul mit dem **Querweg Nr. 801** (**7**, Dolomiten-Höhenweg Nr. 2). Auf diesem rechts in ein blockgefülltes Tälchen mit der Wasserstelle für das Biv. Feltre. Jenseits in Kehren nach Nordosten empor zur Wiesenoase des Pian della Regina mit dem **Bivacco Feltre-Walter Bodo (8)**, 1930 m.
Abstieg entlang der Anstiegsroute.

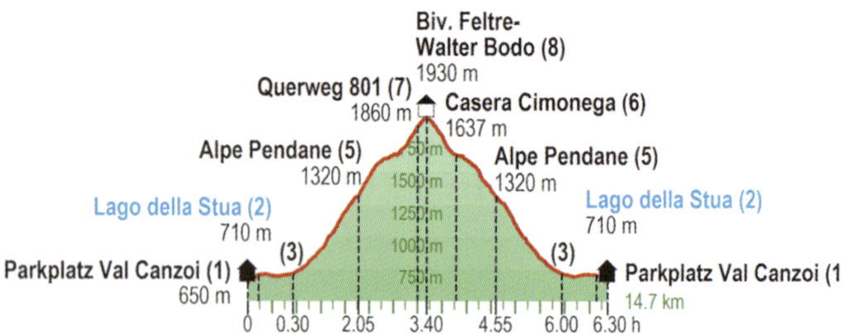

8.00 Std.

Malghe Erera-Brendòl und Monte Brendòl, 2161 m

49 TOP

Erlesenes Gipfelziel im Norden der Piani Eterni

Unter den Höhen im Umkreis der Hochfläche Piani Eterni kommt dem im Norden aufragenden grünen Monte Brendòl besondere Bedeutung zu. Er ist nicht nur die höchste dieser Randerhebungen, sondern gewährt infolge seiner nach Norden vorgerückten Position eine besonders umfassende, großartige Rundsicht. Vor allem die Schau gegen die fantastischen Felsbauten der Cimonega- und Palagruppe ist sensationell. Ein idealer Aussichtspunkt also, der aus dem südlich gelegenen Val Canzoi zwar ohne Schwierigkeit, aber nur mit beträchtlichen Anstiegsmühen (1530 m Höhendifferenz!) erreicht werden kann. Unterwegs kommt man an den Almen Brendòl-Erera vorbei, laut Dino Buzzati ein Ort von suggestiver, unvergleichlicher Schönheit.

Talort, Ausgangspunkt: S. Tour 48.
Anforderungen: Unschwierige, aber lange Wanderung auf markierten Fahr- und Fußwegen, nur im abschließenden Gipfelanstieg weglos und unmarkiert, bei guten Sichtverhältnissen jedoch nicht zu verfehlen. Wegen des beachtlichen Höhenunterschieds anstrengend!
Höhenunterschied: 1530 m im An- und Abstieg.
Einkehr: Malghe Erera-Brendòl (Doppelalm auf den Piani Eterni), auf der Malga Brendòl (Forstbesitz) das immer geöffnete, aber unbew. Ricovero Casera Erera-Brendòl (8 L.), auf der östlich benachbarten Malga Erera Restaurationsbetrieb (1. Mai bis 30. Sept. Tel. +39 0439 301067 und +39 347 3012648, www.infodolomiti.it). Im inneren Val Canzoi Alb. Casa Boz (13 B., ganzj. geöffnet, Tel. +39 333 6336648, www.casaboz.it), im selben Gebäude das Rist. Ai 4 Pass (ganzj. geöffnet, außer im August Di. Ruhetag, Tel. +39 0439 43145).
Variante: Geübte können vom Monte Brendòl wesentlich lohnender auf der Traversata Cimonega Est (s. Tour 50) über die Casera Cimonega (kurzer Gegenanstieg zum Biv. Feltre-Walter Bodo) in das Val Canzoi zurückkehren.
Tipp: Weniger trainierte Wanderer können auf den Malghe Erera-Brendòl übernachten und die Tour auf zwei angenehme Tagesetappen zu 3 und 4.30 Std. aufsplitten.

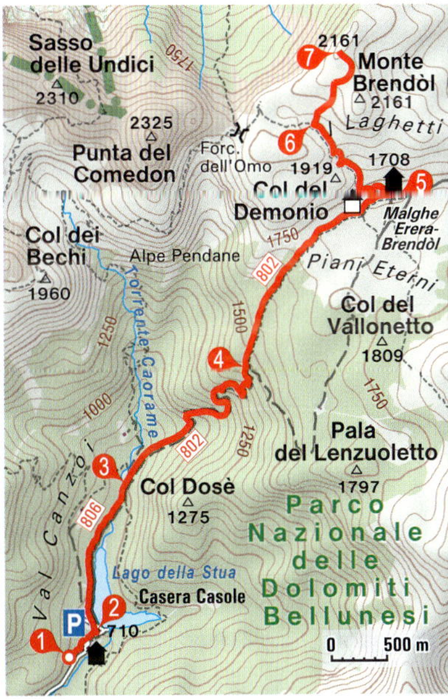

Vom **Parkplatz Val Canzoi (1)** die Straße am Albergo Casa Boz/Ristorante Ai 4 Pass vorbei und in einigen Kehren (Abkürzer!) nach Norden hinauf zur Staumauernkrone des **Lago della Stua (2)**, 710 m, mit erstem Aufblick gegen den Sass de Mura. Auf Fahrweg Nr. 806 am linken (westlichen) Seeufer talein, nach dem See-Ende rechts über den Torrente Caorame und zur **Abzweigung von Weg Nr. 802 (3)**. Auf diesem (Forststraße) in Kehren ostwärts durch die steile, von Felswänden durchsetzte Waldflanke bergauf und schon hoch oben über eine Wiese zu einer **Verzweigung (4)**. Links haltend, nun auf gutem Fußweg (Nr. 802) das lang gestreckte Val Porzil durch Latschen und Gesträuch nach Nordosten empor in einen Doppelsattel. Jenseits kurz bergab zur Wiesenoase der Malghe Erera-Brendòl am Nordrand der Hochfläche Piani Eterni. Nordostwärts über die brettebene Wiese zur Malga Brendòl mit dem **Ricovero Casera Erera-Brendòl**, 1686 m, und 500 m weiter zur **Malga Erera (5)**, 1708 m.

Die zentrale Cimonegagruppe (Punta del Comedon, Sass de Mura und Piz de Mez) vom Monte Brendòl.

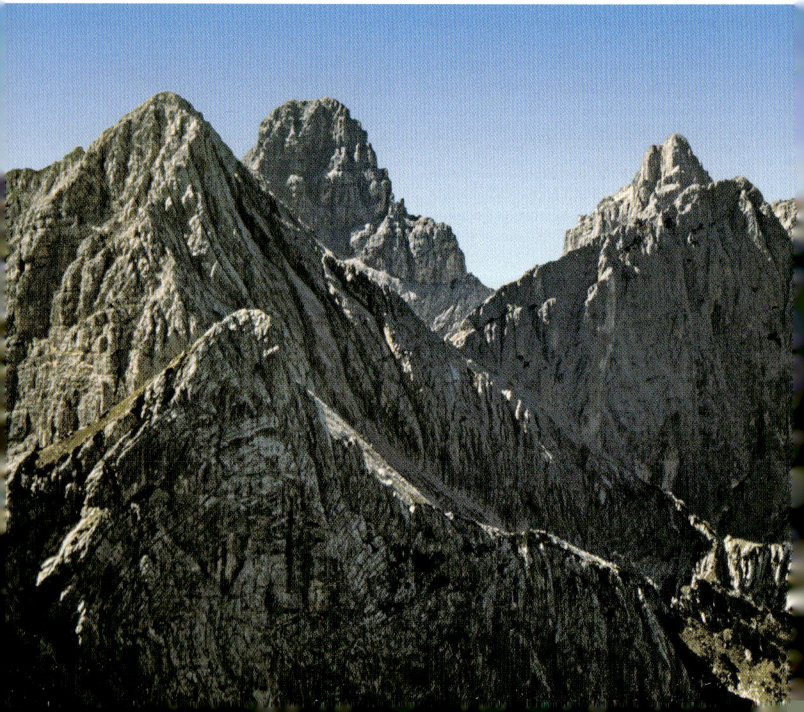

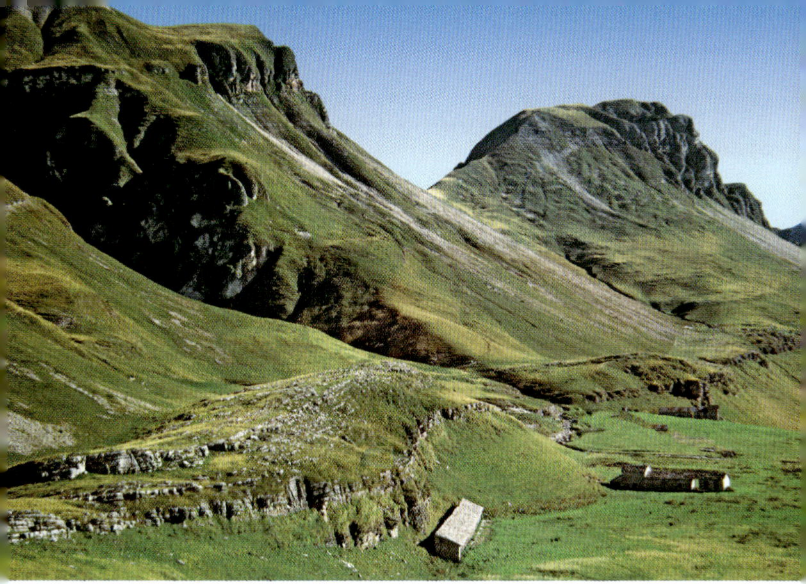

Das Almen-Paradies Erera-Brendòl auf den Piani Eterni.

Von der Malga Erera auf Weg Nr. 851 an der linken Seite des zwischen Col del Demonio und Punta Pale Rosse eingelagerten Val Brendòl steil nach Norden hoch in die weite Wiesenmulde **I Lagnetti (6)** mit Dolinen. Rechts vom bez. Weg ab und weglos (Steigspuren) die grasigen Westhänge des Berges hinauf an den Gipfelgrat und auf diesem links zum Nord- oder Hauptgipfel des **Monte Brendòl (7)**, 2161 m. Umfassende Rundschau von der Pala über die Prampèr Dolomiten und die Monti del Sole bis hin zur felsgewaltigen Cimonegagruppe, links dahinter der Kamm der Vette Feltrine.
Abstieg entlang der Anstiegsroute.

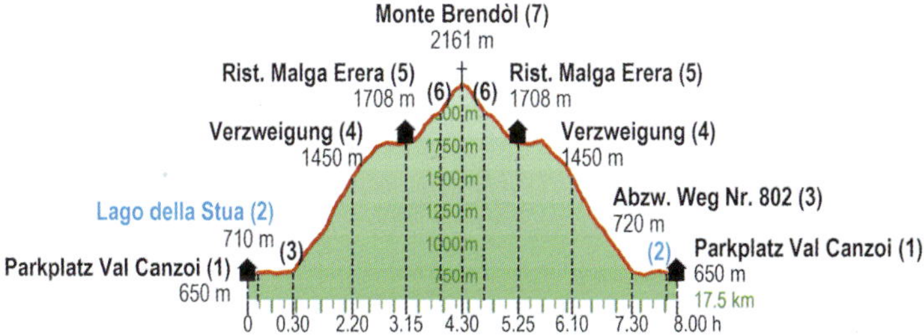

50 Traversata Cimonega Est

2 Tage

Atemberaubende Höhentour von den Piani Eterni zum Bivacco Feltre

Die große Traversata Cimonega (s. auch Tour 51) von den Malghe Erera-Brendòl zum Rifugio Boz auf den Neva-Almen gehört zu den spektakulärsten Unternehmungen in den Feltriner Dolomiten. Der hier gewürdigte erste (östliche) Abschnitt der Durchquerung, ein teilweise nur fußbreiter Pfad in den steilen Grasbändern der Punta-Comedon-Südflanke verlangt trittfeste Geher (ein Stolpern hätte hier fatale Folgen!) und trockene Verhältnisse. Unvergleichlich wie am Ende der langen Bänderquerung an der Südschulter der Punta del Comedon der Blick auf den »König von Cimonega«, den felsgewaltigen Sass de Mura, frei wird. Übernachtet wird auf der Malga Erera.

Talort, Ausgangspunkt: S. Tour 48.
Anforderungen: Trotz Markierung und Wegtrasse anspruchsvolle Tour für geübte Geher. Teils exponierte Wegstellen bzw. gesicherte Felspassagen. Schwindelfreiheit, Trittsicherheit und Ausdauer nötig. Nur bei trockenen Verhältnissen!
Höhenunterschied: 1750 m im An- und Abstieg.
Einkehr: Malghe Erera-Brendòl (Doppelalm auf den Piani Eterni), auf der Malga Brendòl (Forstbesitz) das immer geöffne-

Die Stallung der Casera Brendòl, darüber der Monte Brendòl.

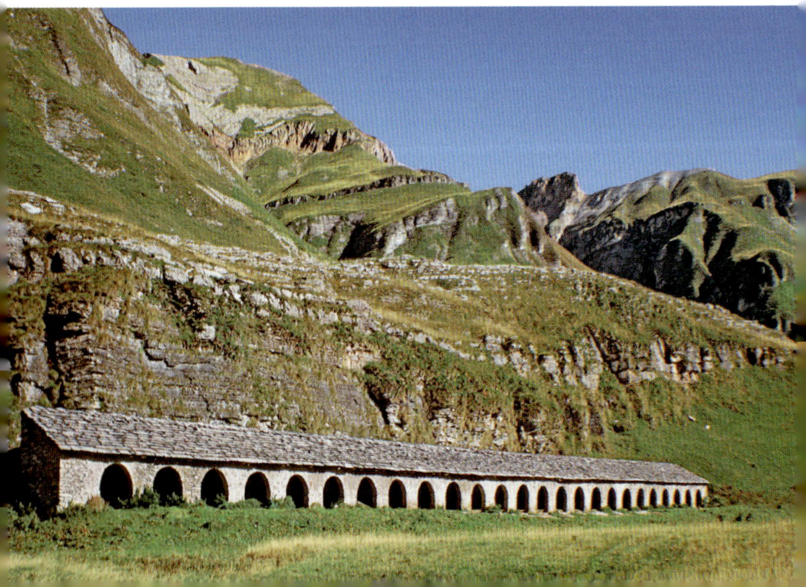

te, aber unbew. Ricovero Casera Erera-Brendòl (8 L.), auf der östlich benachbarten Malga Erera Restaurationsbetrieb (1. Mai bis 30. Sept., Tel. +39 0439 301067 und +39 347 3012648, www.infodolomiti.it); Biv. Feltre-Walter Bodo (zwei Biwakhütten, ständig geöffnet, aber nicht bew., 4 L. im kl., 17 L. im gr. Gebäude mit Matratzen und Decken; Wasserleitung meist neben den Hütten, ansonsten Wasserstelle am Weg Nr. 801 südlich unterhalb). Im inneren Val Canzoi Alb. Casa Boz (13 B., ganzj. geöffnet, Tel. +39 333 6336648, www.casaboz.it), im selben Gebäude das Rist. Ai 4 Pass (ganzj. geöffnet, außer im August Di. Ruhetag, Tel. +39 0439 43145).

Variante: Hängt man am Biv. Feltre die Traversata Cimonega Ovest (Tour 51) an, erhält man eine Höhenwanderung der Superlative ohne Gegenstück in den Süddolomiten. Übernachtet wird in diesem Fall im Biv. Feltre-Walter Bodo.

Hinweise: Die Strecke zwischen Forc. dell'Omo und Cas. Cimonega kann nach starken Regenfällen längere Zeit gesperrt sein (Murenabgänge, abgerutschte Wegtrassen etc.). Wer auf den Besuch des Biv. Feltre-Walter Bodo (und damit auch auf

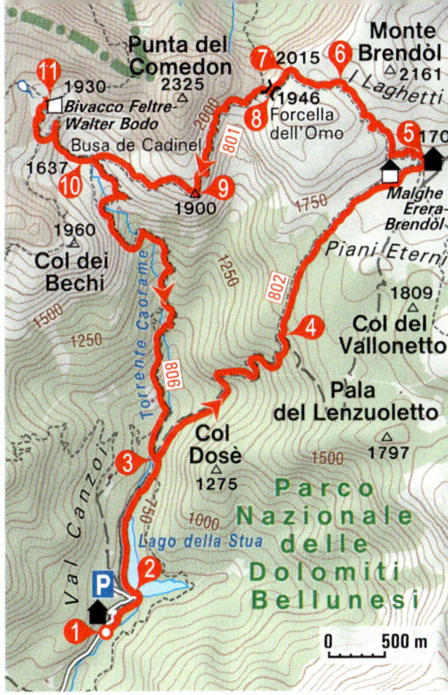

die Begehung der dort beginnenden Traversata Cimonega Ovest) verzichtet, kann schon an der Cas. Cimonega ins Val Canzoi absteigen; 1.45 Std. Zeitersparnis.

Vom **Parkplatz Val Canzoi (1)** wie bei Tour 49 zu den **Malghe Erera-Brendòl** mit dem **Rist. Malga Erera (5).** Am nächsten Wandertag geht es weiter in die Wiesenmulde **I Laghetti (6)**. Auf dem markierten Weg durch die grüne Mulde nach links (Westen) hinauf in einen **Wiesensattel (7)**, 2015 m, am Höhenrücken des Col Laghetto mit überraschender Schau nach Westen

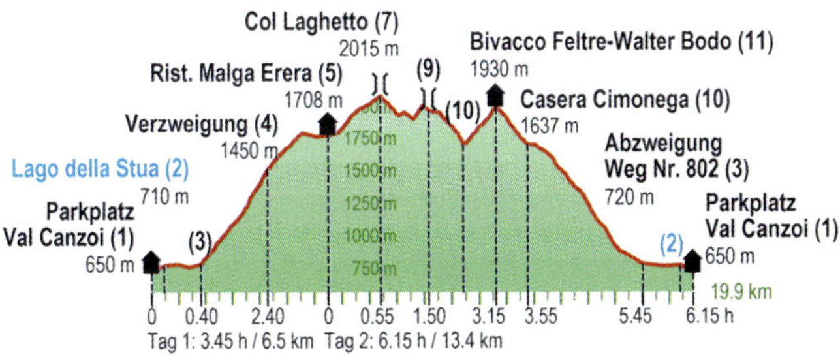

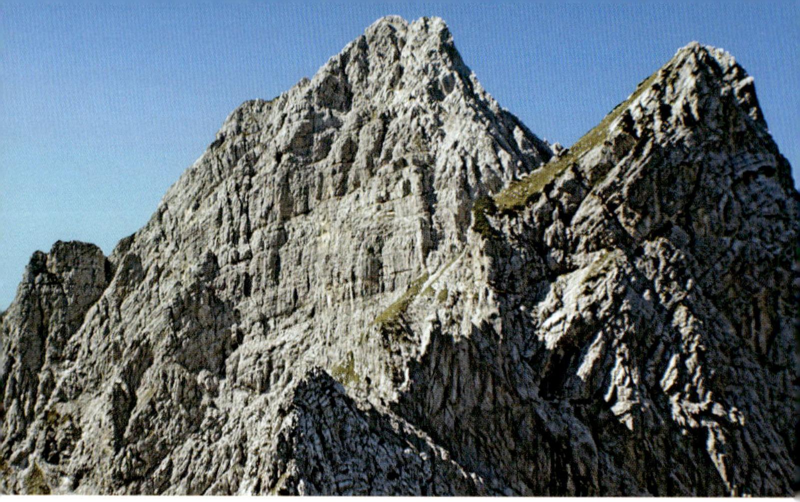

Das Massiv der Punta del Comedon von Osten, vom Col Laghetto.

zur Cimonegagruppe sowie nach Norden auf Pala und Civetta. Jenseits unter einer Felswand hinab in die vor der Punta del Comedon eingelagerte **Forcella dell'Omo (8)**, 1946 m. Tiefblick zum Lago della Stua im Val Canzoi. Jenseits über angegrünte Block- und Geröllhänge unterhalb einer Wand schräg rechts (gegen Val Slavinaz) hinab zum tiefsten Punkt des Übergangs bei 1810 m. An den steilen Grasflanken unter den Ostwänden des Comedon-Massivs in langer, stetig ansteigender Querung südwärts zur **Busa del Frate** im Zentrum der Wand. Eine Felsrunse (Drahtseil) steil nach rechts hoch und in fortgesetzter Querung an schmalen geneigten Grasbändern weiter zur **Südschulter der Punta del Comedon (9)**, 1900 m, wo im Westen über dem zweigeteilten Cimonegakar der großartige Sass de Mura prachtvoll in Erscheinung tritt.

Nach rechts in die Südseite der Punta del Comedon und dort am Unterrand der Busa del Cadinel im grasigen Gelände nach Westen abwärts zur **Casera Cimonega (10)**, 1637 m, im unteren Cimonegakar und dort zum Querweg Nr. 806. Auf ihm wie bei Tour 48 nach rechts empor zum am Pian della Regina stehenden **Bivacco Feltre-Walter Bodo (11)**, 1930 m.

Im Abstieg zurück zur **Casera Cimonega (10)** und wie bei Tour 48 auf dem Weg Nr. 806 südwärts durch das steile **Val Caorame**, mehrmals die Talseite wechselnd, an Felsgrotten und glasklaren Tümpeln vorbei (einige gesicherte Felspassagen), hinunter zum Beginn der Naturstraße nahe der Casera di Frassen. Auf ihr zur **Linksabzweigung von Weg Nr. 802 (3)** und auf bekanntem Weg weiter zum **Parkplatz Val Canzoi (1)**.

9.00 Std.

Traversata Cimonega Ovest

51 TOP

Die Sonnenpromenade vom Bivacco Feltre zum Rifugio Boz

Die Traversata Cimonega Ovest unter den Südwänden des Sass de Mura ist ein Höhenspaziergang besonderer Art und zu Recht Teilstück des Dolomiten-Höhenwegs Nr. 2. Ein schweißtreibender 1300-m-Anstieg aus dem Val Canzoi zum Biwak Feltre am Pian della Regina macht die Einleitung. Danach geht es in wunderschöner Höhenwanderung an den Sonnenhängen zu Füßen der Sass-de-Mura-Südwand dahin, wobei sich ein toller Fernblick über die Poebene hinweg bis zur Adria auftut, bevor uns die Pforte des Pass de Mura in die freundlicheren Gefilde um die Malghe Neva entlässt. Nach ausgiebiger Rast an der sommers bewirtschafteten Bozhütte treten wir den Talabstieg über die Malga Alvis an. Trotz fehlender Gipfelbesteigung ist das eine Tour, die im Reich der Süddolomiten einen Ehrenrang verdient und jedem geübten Wanderer zu empfehlen ist.

Talort, Ausgangspunkt: S. Tour 48.
Anforderungen: Sehr lange und anstrengende Tour auf bez. Wegen, gewürzt mit etlichen gesicherten Felspassagen. Trittsicherheit, Schwindelfreiheit und Ausdauer nötig.
Höhenunterschied: 1750 m im An- und Abstieg.
Einkehr: Biv. Feltre Walter Bodo (zwei Biwakhütten, ständig geöffnet, aber nicht bew., 4 L. im kl., 17 L. im gr. Gebäude mit Matratzen und Decken; Wasserleitung meist neben den Hütten, ansonsten Wasserstelle am Weg Nr. 801 südlich unterhalb); Rif. Bruno Boz (36 L., Winterraum mit 6 L., bew. 20. Juni bis 30. Sept., Tel. +39 0439 64448, +39 0439 303938 und +39 348 7248949, www.caifeltre.it/rifugi-e-bivacchi); Ricovero Casera Alvis (6 L., stets geöffnet, aber nicht bewirtschaftet). Im inneren Val Canzoi Alb. Casa Boz (13 B., ganzj. geöffnet, Tel. +39 333 6336648, www.casaboz.it), im selben Gebäude das Rist. Ai 4 Pass (ganzj. geöffnet, außer im August Di. Ruhetag, Tel. +39 0439 43145).
Hinweis: Die Unterkünfte am Wegesrand ermöglichen eine Aufteilung der Tour auf mehrere Tagesetappen.

Variante: Die Kombination von Tour 50 mit der vorliegenden (Begehungsrichtung Ost-West) bringt eine mehrtägige, in jeder Hinsicht herausragende Süddolomiten-Höhenwanderung.

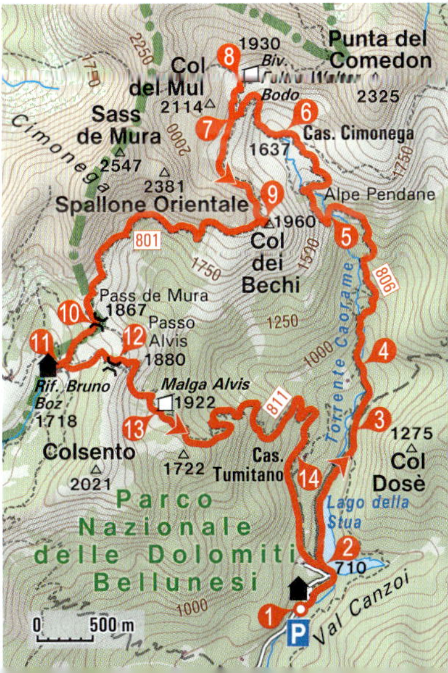

Vom **Parkplatz Val Canzoi (1)** wie bei Tour 48 zum **Bivacco Feltre-Walter Bodo (8)** in der Karmulde des Pian della Regina. Von den Biwakhütten den Weg Nr. 801 (Dolomiten-Höhenweg Nr. 2) retour und an Wasserstelle für das Biwak vorbei zur **Wegteilung (7)** am Fuß der Südostkante des Col del Mul. Auf Weg Nr. 801 gerade fort, südwärts durch Latschen und Geröll, im weiten Linksbogen durch die Karmulde des **Pian del Re** (rechts Aufblick gegen den Sass de Mura!) an eine felsige Rippe. Um sie in leichter Kletterei herum in eine steile grüne Mulde und diese in Kehren hoch unter die Forc. Col dei Bechi. Noch unterhalb der Scharte rechts empor zur Schulter **Col dei Bechi (9)**, 1960 m. Atemberaubender Tiefblick in das 1400 m tiefer gelegene Val Canzoi und in das Piavetal; im Osten die grünen Hochflächen der Piani Eterni.
Jenseits über blumenreiche Almwiesen rechts in die **Südseite des Sass de Mura** hinein und hinab zu einem steilen Schuttfeld, das an seinem Oberrand vorsichtig auf und ab passiert wird. Über Grashänge in Kehren weiter bergab, dann über Geröll und Schrofen in den hintersten Winkel der Südschlucht des Sass de Mura. Der Weg quert die große Schuttrinne und führt unter den Südostwänden der Costa Divisoria an steilen Grashängen und Steilschrofen (Drahtseile) weiter in die grüne Einsattelung des **Pass de Mura (10)**, 1867 m, zwischen Sass de Mura und Monte Alvis. An den grasigen Abhängen des M. Alvis eben weiter, später durch Wiesen und lichten Baumbestand in Windungen nach Südwesten hinunter zum **Rifugio Bruno Boz (11)**, 1718 m.
Von der Hütte den Weg Nr. 811 ostwärts durch eine Wiesenmulde und über einen Grashang empor in den **Passo Alvis (12)**, 1880 m, zwischen M. Alvis links und Monte Colsento rechts. Jenseits, eine Wegtrasse kreuzend, auf ei-

Das paradiesische Gefilde der Malga Alvis, dahinter der Monte Tre Pietre.

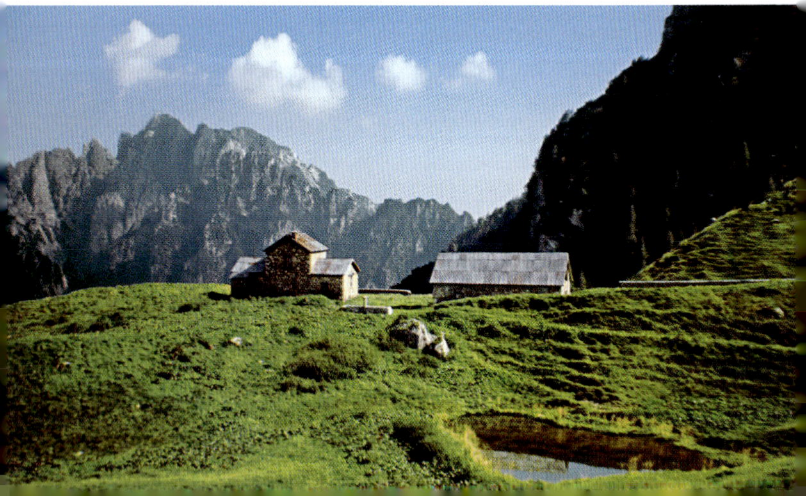

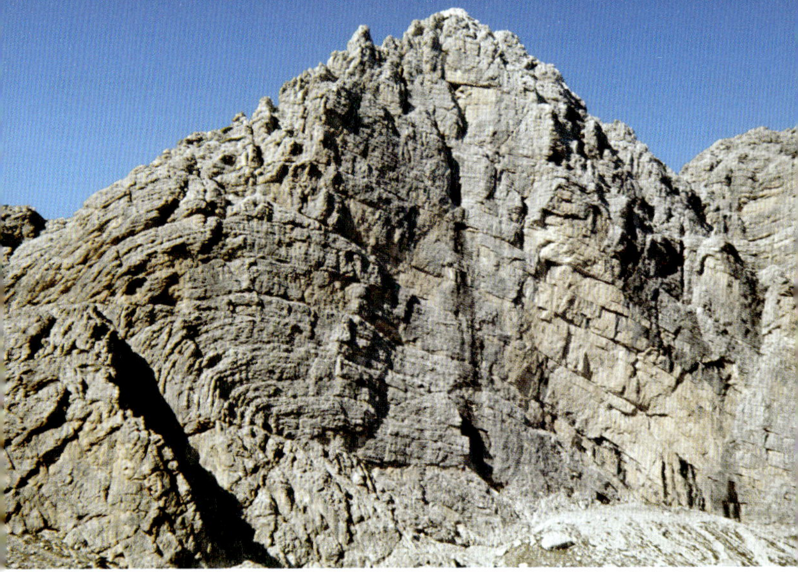

Der wuchtige Spallone Orientale, Ostschulter des Sass de Mura, vom Pian del Re.

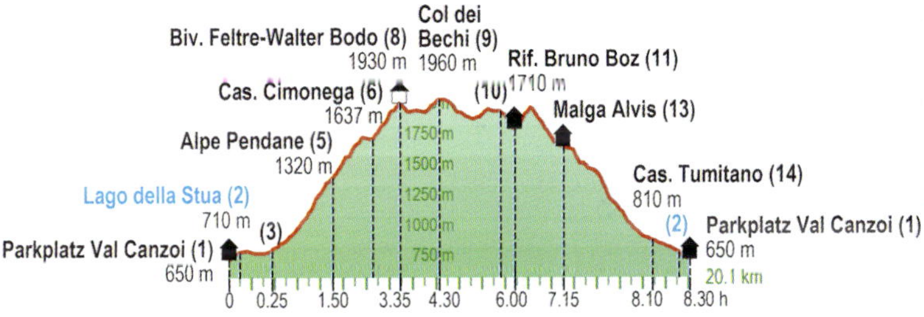

nem breiten, alten Kriegsweg in weiten Kehren nach Südosten hinunter zur auf einer herrlichen Wiesenterrasse gelegenen **Malga Alvis (13)**, 1573 m, mit dem Ric. Casera Alvis. Toller Aufblick in die Südwand des Sass de Mura! Den breiten Weg Nr. 811 an den Waldhängen des Colle del Demonio in langer Querung südostwärts, danach durch Buschwerk in Serpentinen links hinab, schließlich durch Laubwald in Kehren hinunter zur **Casera Tumitano (14)**, 810 m. Nun auf Fahrweg durch Gesträuch und über Wiesen, an der **Casera di Faibon**, 727 m, vorbei, sanft nach Süden absteigend zur Staumauer des **Lago della Stua (2)** und auf bekanntem Weg zum **Parkplatz Val Canzoi (1)**.

TOP **52** # Monte Pizzocco, 2186 m

7.15 Std.

Felsrecke und grandiose Aussichtstribüne überm Piavetal

Der Monte Pizzocco, Randerhebung der Hochfläche Piani Eterni an der Südostecke der Feltriner Dolomiten, überragt das Piavetal um fast 2000 m. Durch den österreichischen Baron Franz Xaver von Zach anlässlich der Errichtung einer militärischen Signalanlage 1798 erstmals bestiegen, genießt der Gipfel seit Errichtung einer markierten Steiganlage vor allem unter ansässigen Bergsteigern als Aussichtsberg hohes Ansehen. Wer je von seinem Scheitel den Blick in die Runde geworfen hat, vergisst das vermutlich sein Leben lang nicht: Auf der einen Seite das schier unentwirrbare Gipfelheer der Dolomiten, auf der anderen die im bläulichen Schimmer sich abzeichnende Adria mit der Halbinsel Istrien, der Lagunenstadt Venedig und den Euganeischen Hügeln bei Padua.

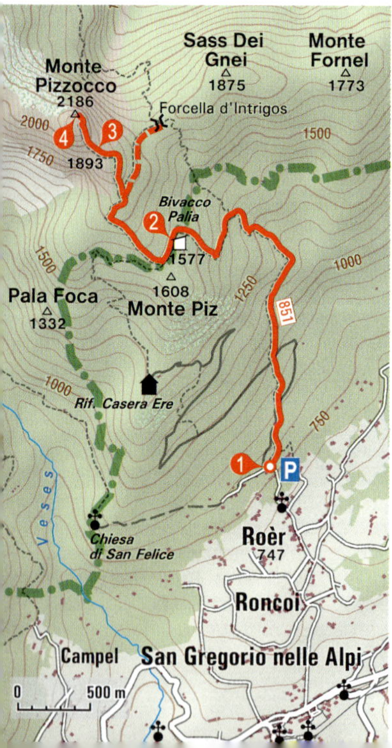

Talort: San Gregorio nelle Alpi (528 m, Bushalt), nördlich über dem Piavetal gelegener, großer Ort.

Ausgangspunkt: Roèr (747 m, Parkplatz), Weiler nördlich über San Gregorio nelle Alpi am Südfuß des M. Pizzocco. Zufahrt mit dem eigenen Kfz von San Gregorio über Roncoi (Wegweiser zum Rif. Casera Ere und zur Kirche San Felice; 2 km).

Anforderungen: Wegen des Höhenunterschieds besonders anstrengende, aber unschwierige Bergtour. An einigen exponierten Passagen Trittsicherheit nötig. Nur bei sicherem Wetter (Vorsicht bei Gewittern!).

Höhenunterschied: 1450 m im An- und Abstieg.

Einkehr: Biv. Palia (gemauerte Biwakhütte am Südrücken des M. Pizzocco, 6 L., immer geöffnet, aber nicht bewirtschaftet; Wasserstelle 150 m nördlich des Biwaks am Weg Nr. 851 zur Forc. d'Intrigos). Sonst keine Einkehr.

Variante: Nach der Pizzocco-Gipfeltour lohnt im Abstieg ein Besuch der Forc. d' Intrigos (1757 m), die man, links vom Pizzocco-Normalweg abzweigend, in 15 Min. auf einem Steig erreicht. Von dort bzw. vom Kamm zum Sass dei Gnei Einblick in die kompakte, 600 m hohe Ostwand des Berges!

Von **Roèr (1)** auf Weg Nr. 851 an den Abhängen des Monte Piz durch Gesträuch und Wiesen nordwärts hinauf, bis der Weg links um einen Rücken herum gegen das Val Brentaz einschwenkt. An der linken Talseite nach Nordwesten hoch, dann über Grashänge in Kehren aufwärts zu einer Verzweigung und links zum ebenerdigen, gemauerten **Bivacco Palia (2)**, 1577 m, wenig unterhalb des Pizzocco-Südostrückens. Grandiose Lage über dem Piavetal mit Blick auf Belluno, dahinter die Südlichen Karnischen Alpen.
Von der Biwakhütte auf bez. Steig kurz hoch an den Pizzocco-Südrücken und auf diesem an der Rechtsabzweigung eines Weges zur Forcella d'Intrigos vorbei bergan, später über den sich gratartig verjüngenden Kamm zu einer Verzweigung. Links haltend noch ein Stück am Grat empor, dann auf guter Wegtrasse in die Ostseite des Pizzocchetto hinein. Links um eine Ecke herum in die Nordseite des Turmes und durch eine Rinne westwärts empor in die **Scharte (3)**, 1893 m, zwischen Pizzocco und Pizzocchetto. Nun den steilen, schrofendurchsetzten Südostrücken in Kehren empor auf den Gipfelgrat und über einen Vorgipfel hinweg zum höchsten Punkt des **Monte Pizzocco (4)**, 2186 m.
Abstieg entlang der Anstiegsroute.

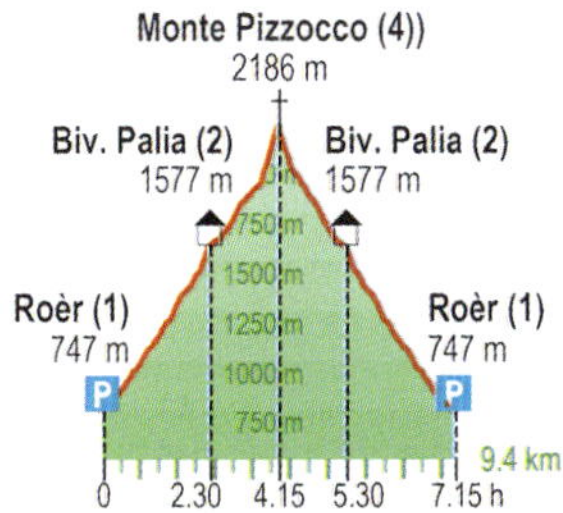

Aussichtsreiche Bergecke unterm Pizzocchetto mit Tiefblick in das Piavetal bei Belluno.

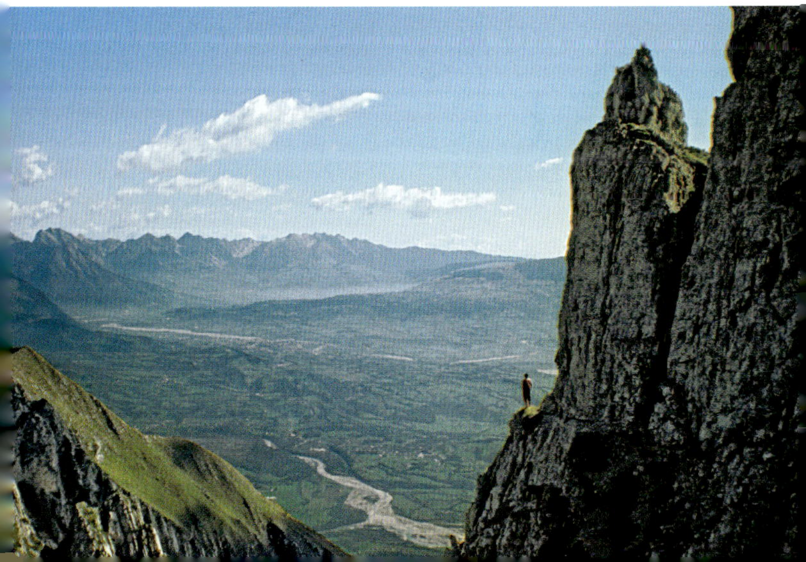

53 Piz di Mezzodí (Monte Pizzon), 2240 m

7.00 Std.

Selten besuchter Hochgipfel zwischen Cordevole- und Mis-Tal

Die überragende Erhebung der Monti del Sole, der Piz di Mezzodí, kann weder in der Höhe noch in der Form mit anderen Hochgipfeln der Dolomiten konkurrieren. Leichte Erreichbarkeit und zentrale Lage machen ihn jedoch zu einem der besuchenswertesten Panoramapunkte in dem Gebiet. Als mächtiges Felstrapez steht der Berg zwischen Forcella Franche und Forcella Zana. In der nach Norden gerichteten, gegliederten Flanke verläuft die hier beschriebene leichteste Anstiegsroute. Schon unterwegs schaut man Bergszenerien von verblüffender Wildheit. Vom Scheitel schließlich enthüllt sich ein spektakulärer Einblick in die Felsenwelt der südlich gelegenen Ferùch-Gruppe, deren Zerklüftung und Unzugänglichkeit einem erst aus diesem Blickwinkel bewusst wird.

Talorte: Agordo (610 m), belebtes Städtchen in einer Weitung des Cordevoletales. Sospirolo (439 m), Erholungsort nahe der Mündung des Canal del Mis in das Piavetal (Val Belluna).
Ausgangspunkt: Forc. Franche (990 m, Brunnen, Naturparkhaus, Bushalt, Parkplatz), Waldsattel zwischen der Palagruppe und den Monti del Sole, mit eigenem Auto von Agordo über Rivamonte (9 km) oder von Sospirolo durch den Canal del Mis über Tiser (21 km) zu erreichen. Der Weg Nr. 875 beginnt gleich neben dem Naturparkhaus.
Anforderungen: Für Monti-del-Sole-Verhältnisse relativ einfache, jedoch lange und anstrengende Tour. Bis zum Nordgipfel bez. Steig, im Übergang zum Hauptgipfel Steisgpuren (Steinmänner). Im Gipfelbereich Kletterstellen im Schwierigkeitsrad I. Trittsicherheit, Schwindelfreiheit und Ausdauer nötig. Nur bei sicherem Wetter und schneefreien Verhältnissen!
Höhenunterschied: 1250 m im An- und Abstieg.
Einkehr: Keine.

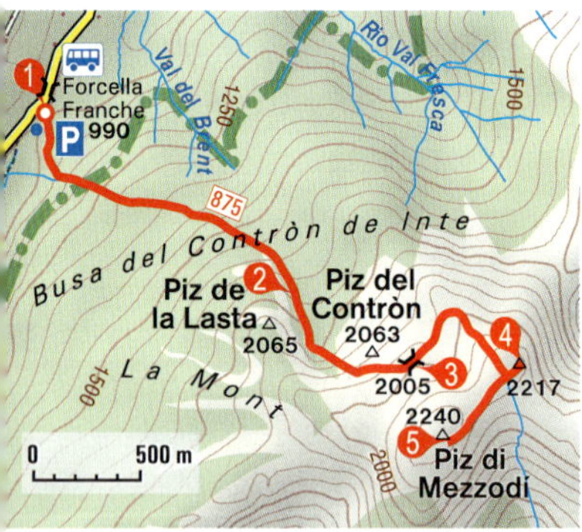

Von der **Forcella Franche (1)** den bez. Fußweg Nr. 875 durch Latschen steil nach Süden (in Richtung eines Murbruchs) hoch, oberhalb der Felszone Sopracroda links haltend durch Latschen, Lärchen- und Buchenbestände zum Val del Brent, wobei der Rücken des Piz de la Lasta links umgangen wird. An der rechten Seite des Hochtals aufwärts in die von Gletschern geformte **Busa del Contròn de Inte (2)**. Das Kar schräg links hinauf unter den Piz del Contròn und dort über eine Rampe em-

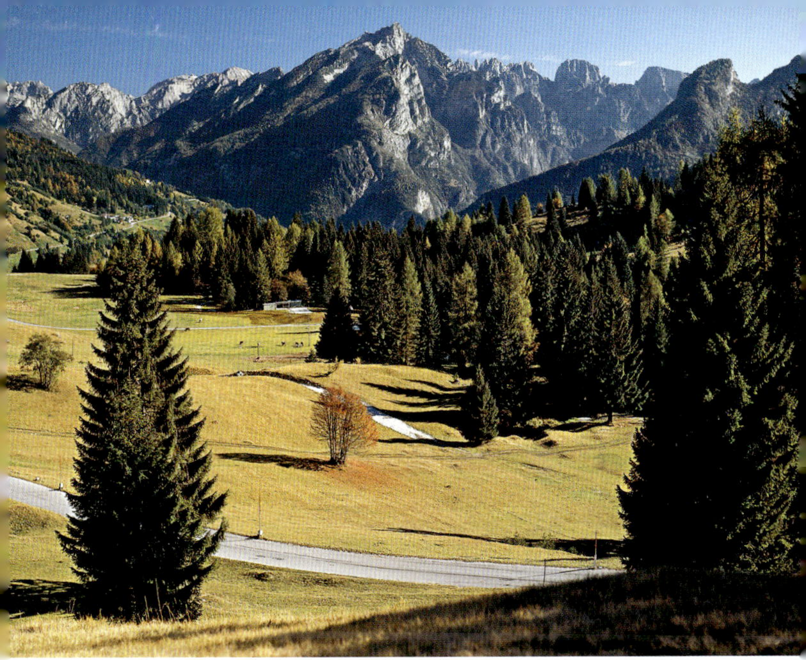

Der Piz di Mezzodí von den herbstlichen Bergwiesen am Ceredapass.

por in die **Forcella dei Camòrz (3)**, 2005 m, zwischen Piz del Contròn links und Piz di Mezzodí rechts. Sie vermittelt den Übertritt in die kleinere **Busa del Contròn de Fora**. An der gegenüberliegenden Karflanke wird der Rücken La Mussaia von einer sehr steilen Rinne durchfurcht. Durch diese im brüchigen Fels (leichte Kletterei im Grad I) aufwärts und auf dem Rücken rechts an den Gipfelgrat. Diesen links empor auf den **Nordgipfel** des **Piz di Mezzodí (4)**, 2217 m. Der Weiterweg zum höheren Westgipfel führt über den 500 m langen Gipfelgrat. Auf unbez. Steigspuren (Steinmänner) geht es meist links der Gratschneide (brüchiger Fels, stellenweise Kletterei im Grad I) zum **Westgipfel (5)**, 2240 m, des Piz di Mezzodí, auch Monte Pizzon. Atemberaubender Blick auf die umliegenden Berggruppen und ins Mis-Tal.

Abstieg auf der Anstiegsroute.

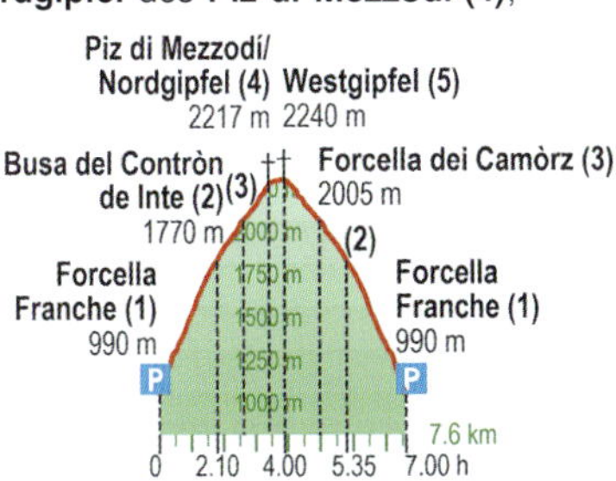

54

Durch das Val Soffia zum Bivacco Valdo, 1580 m

6.45 Std.

Eine markierte Route in die Wildnis der Ferùch-Gruppe

In der Ferùch-Gruppe gibt es keinen leicht erreichbaren Gipfel. Das wäre zunächst nicht weiter schlimm, denn auch Wanderungen in mittleren Höhenlagen vermitteln gleichwertige Eindrücke. Doch auch solche fehlen in dieser so gut wie weglosen Region. Zu den wenigen markierten Routen in den Ferùch gehört der Zugang aus dem Mis-Tal zum Biwak Valdo, der allerdings kein leichtes Unterfangen ist. Der an den steilen Bergflanken des Soffiatales hinaufführende Pfad ist nahezu ständig der südlichen Sonne ausgesetzt, Trittsicherheit und auch Klettersteig-Kenntnisse sind erforderlich. Immerhin gestattet es der Steig, ohne allzu große Beschwernisse (die Maßstäbe sind hier andere als in den übrigen Dolomiten!) in die große Wildnis der Monti del Sole einzudringen. Das Tourenziel, die unter den Wänden des Boràla- und Ferùch-Massivs gelegene Biwakhütte Valdo, ist in erster Linie ein Stützpunkt für Kletterer. Aber auch der anspruchsvolle Wanderer kommt auf seine Kosten, denn schon ein Kurzbesuch beschert das Erlebnis absoluter Stille und gewährt Einblick in eine Zone, die von Übererschließung und Hektik noch weit entfernt ist.

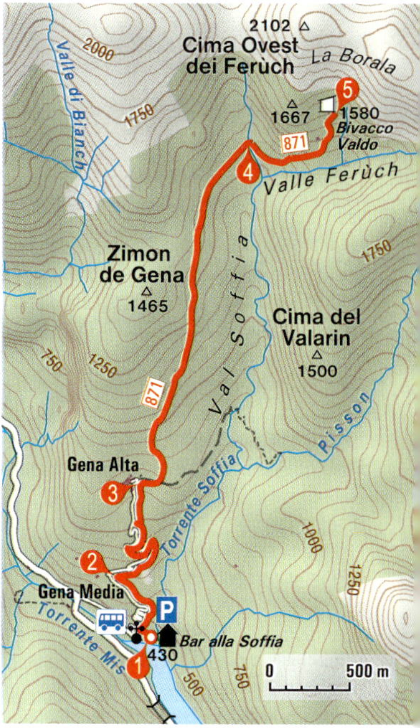

Talorte: Agordo (610 m), belebtes Städtchen in einer Weitung des Cordevoletales. Sospirolo (439 m), Erholungsort nahe der Mündung des Canal del Mis in das Piavetal (Val Belluna). Sedico (315 m), Städtchen am Piave südwestlich von Belluno.

Ausgangspunkt: Bar alla Soffia (430 m, Parkplatz) im Canal del Mis, am Ostufer des nördlichen Lago del Mis gelegen. Zufahrt mit dem eigenen Kfz von Agordo über die Forc. Franche (21 km), von Sospirolo (8 km) bzw. Sedico (12 km) durch das Mis-Tal zur Brücke am Nordende des Lago del Mis und dahinter auf rechts abzweigender Stichstraße 300 m nach Süden zu Parkplatz und Bar.

Anforderungen: Anspruchsvolle Tour, zwar markierter, aber teilweise exponierter, schmaler und steiler Bergpfad. Begehung im Sommer wegen der südseitigen Exposition am frühen Morgen oder am Abend ratsam. Eine durch Drahtseil gesicherte Felspassage, aber auch freie Kletterstellen im Grad I. Nur für trittsichere, schwindelfreie und ausdauernde Geher mit etwas Klettererfahrung.

Höhenunterschied: 1150 m im An- und Abstieg.

Einkehr: Unterwegs keine bewirtschaftete Einkehr! Biv. Valdo (9 L., immer offen, aber nicht bew.; Wasser in der Blockrinne aus dem Boràla-Kar, auf Weg Nr. 871 in 5 Min. zu erreichen, s. Tour 55). Am Ausgangspunkt Bar alla Soffia (keine Nächtigung, Sommerbewirtschaftung, tagsüber geöffnet, Mo. Ruhetag).

Tipps: Der Soffia-Wasserfall an der Mündung des Torrente Soffia in den Lago del Mis ist von der Bar alla Soffia aus auf beschildertem Rundweg in 10 Min. zu erreichen. Unbedingt sehenswert sind die an der Mündung des Torrente Brenton in den Torrente Mis am Nordende des Mis-Stausees gelegenen Cadini del Brenton. Es handelt sich um 15 durch Wasserfälle verbundene Strudeltöpfe (auch Evorsionstöpfe bzw. Kolke), durch Wasserwalzen mit umhergewirbeltem Geröll entstandene, wannenförmige Becken. Das Naturwunder kann auf einem beschilderten, 1 km langen Rundweg vom kleinen Parkplatz am Westende der Misbrücke (433 m, Info-Laden) aus besucht werden; etwa 30 Min. Gehzeit.

Varianten: Das vorliegende Unternehmen kann, wenn von vornherein ein mehrtägiger Aufenthalt am Biv. Valdo geplant ist, gut mit den Touren 56 und 55 (in dieser Reihenfolge) kombiniert werden, wobei Tour 55 nach dem Übergang zur Forc. Zana den Talabstieg bringt.

Von der **Bar alla Soffia (1)** die Zufahrtsstraße 50 m retour zur Rechtsabzweigung der schmalen Asphaltstraße nach Gena. Diese (Fahrverbot) durch Wiesen und Gesträuch in engen, steilen Kehren nach Norden empor nach **Gena Media (2)**, 600 m, und weiter in den teilweise bewohnten Weiler **Gena Alta (3)**, 800 m, in prächtiger Lage über dem aufgestauten Lago del Mis. Vom Dorfbrunnen den bez. Weg Nr. 871 ostwärts durch Laubwald und Gesträuch in Windungen empor zu einer Schulter am Südrücken des Zimon de Gena. Den Rücken durch lichten Strauchbewuchs hoch, später nach rechts in die Ostflanke des Berges hinein und dort in langer Querung hoch über dem Val Soffia eben fort, bis der Steig stärker anzusteigen beginnt. Nach der Traversierung einiger Wasserrinnen erreicht man eine kleine Wand, die mithilfe eines Drahtseils etwas ausgesetzt gequert wird. Danach bringt uns ein längerer Steilanstieg in einen 10 m hohen, drahtseilgesicherten Kamin. Diesen hoch, dann an den Hängen auf und ab weiter in den Hintergrund des **Val Soffia (4)**, 1280 m, wo man gelegentlich Wasser findet.

Das Val Soffia über Felsblöcke 50 Hm aufwärts, dann auf ausgewaschenem Steig einen Wiesenhang rechts hinauf unter eine Wand. Nach rechts in die Süd-

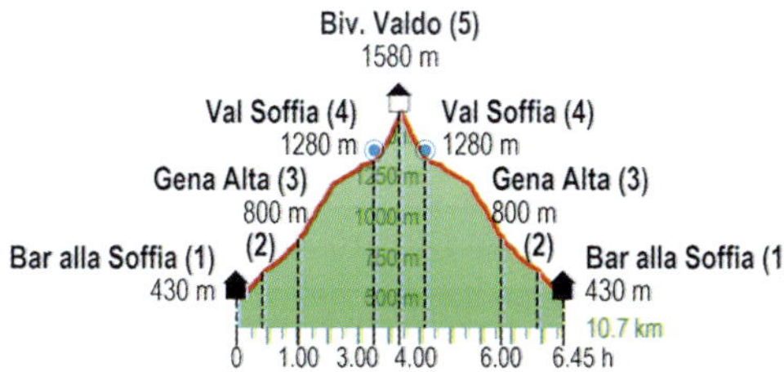

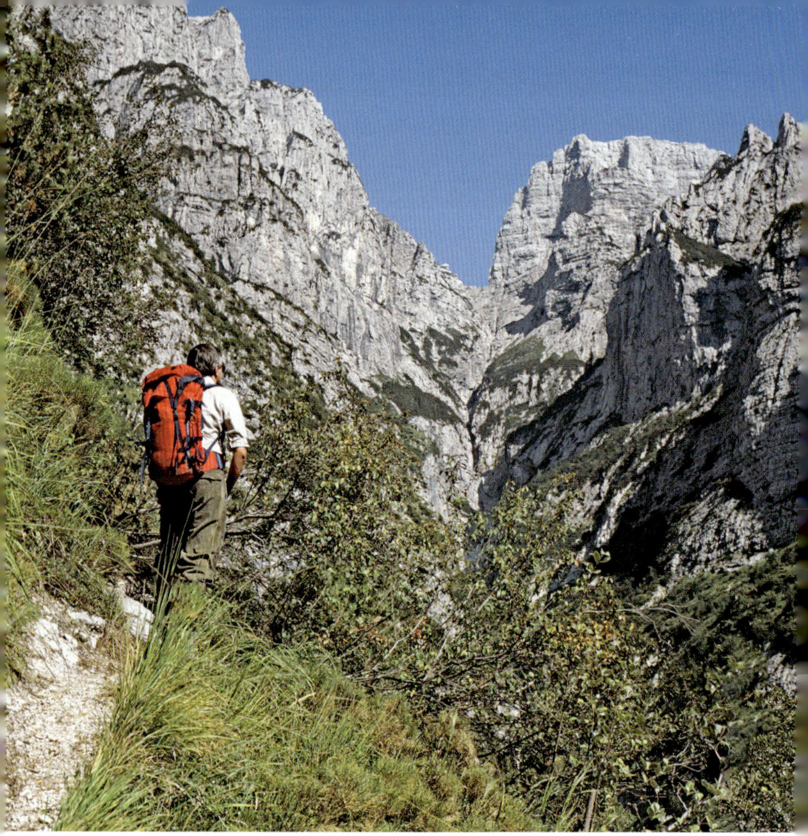

Im Steilanstieg zum Bivacco Valdo: Aufblick durch das Valle Ferùch gegen die Forcella dei Pòm.

seite des Ferùch-Massivs und dort an extrem steilen, begrünten Hängen (mehrere kurze Kletterstellen im Grad I) hoch über dem canyonartigen Valle Ferùch entlang, später links (nordwärts) durch Buschwald in Kehren gegen den **Boràla-Kessel** empor zu einer Verzweigung. Hier links haltend weiter zum nahen **Bivacco Valdo (5)**, 1580 m. Prachtblick nach Südwesten über den Canal del Mis hinweg auf den Felskoloss des Monte Pizzocco, links davor die nahe, von gewaltigen Pfeilern gestützte Cima Covolera. Aufblick in die Südwände des Ferùch-Zentralmassivs.
Abstieg entlang der Zugangsroute.

2 Tage

Aus dem Boràla-Kessel zur Forcella Zana, 1675 m

55

Latschenhanglerei und Fährtensuche unter den Ferùch-Türmen

Zu dem für Durchschnittsbergsteiger zugegebenermaßen recht bescheidenen Tourenangebot im Umkreis des Bivacco Valdo gehört der Besuch der Forcella Zana, der trennenden Kerbe zwischen Piz di Mezzodí (Monte Pizzon) und Ferùch-Gruppe. Mit dem Direktabstieg aus der Zana-Scharte durch das Val Soffia ins Mis-Tal ergibt sich eine interessante Variante von Tour 54. Doch hat dieser Übergang der fehlenden Wegtrassen und Markierungen wegen seine Tücken: Wer auf dem ersten Wegstück aus dem Boràla-Kessel zur Forcella Zana bei Querung der steilen Westflanken Cima Ovest dei Ferùch das richtige Band verfehlt, dem steht eine langwierige (und oft gefährliche) »Latschenhanglerei« in beeindruckender Ausgesetztheit bevor. Und im abschließenden »Downhill« durch das Soffiatal befinden sich allerlei »Schikanen« in Form kurzer Kletterstellen im Grad II am Weg, an denen ein Seil (Abseilen) mitunter dienlich ist.

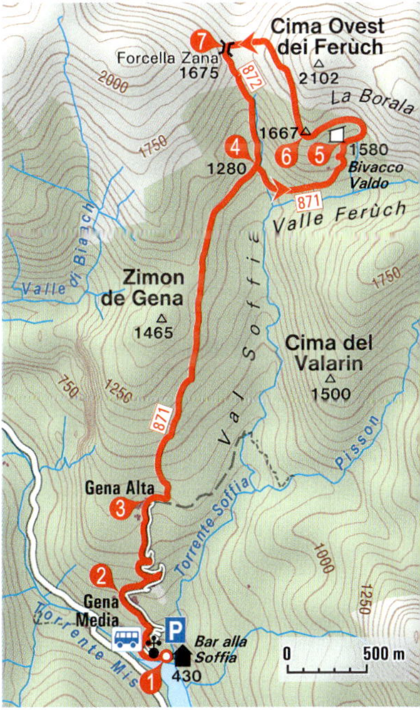

Talorte, Ausgangspunkt: S. Tour 54.
Anforderungen: In jeder Hinsicht anspruchsvolle Bergtour, vom Biv. Valdo an unmarkiert und weglos. Mitunter »Latschenhanglerei« und kurze Kletterstellen im Schwierigkeitsgrad II (Abstieg!). Nur für trittsichere, schwindelfreie und klettergewandte Bergsteiger mit gutem Orientierungssinn!
Höhenunterschied: 1300 m im An- und Abstieg.
Einkehr: Unterwegs keine bewirtschaftete Einkehr! Biv. Valdo (9 L., immer offen, aber nicht bew.; Wasser in der Blockrinne aus dem Boràla-Kar, auf Weg Nr. 871 in 5 Min. zu erreichen). Am Ausgangspunkt Bar alla Soffia (keine Nächtigung, Sommerbewirtschaftung, tagsüber geöffnet, Mo. Ruhetag).

Am ersten Wandertag von der **Bar alla Soffia (1)** wie bei Tour 54 zum **Bivacco Valdo (5)**, 1580 m, im **Boràla-Kessel**. Nach der Nächtigung den bez. Steig Nr. 871 nach Nordosten in die große Blockrinne aus dem

Boràla-Kar, wo nach 5 Min. die Wasserstelle zu finden ist. Durch die Rinne 80 Hm im Linksbogen bergauf, dann über einen steilen Latschenhang nach links zu einem Grasband. Auf diesem links haltend steil hoch, später über Schutt und durch Latschen hinaus an die **Südecke der Cima Ovest dei Ferùch (6)**, 1667 m. Dahinter auf einem stark abschüssigen, exponierten Latschenband rechts in die Westseite des Berges und dort unter den Felsen eben dahin, bis sich das Band zu einer Terrasse verbreitert und Piz di Mezzodì und Forcella Zana vor uns auftauchen. Am Oberrand der Terrasse (Steinmänner, Steigspuren) in ständiger Nordwestrichtung mehrere Rinnen querend weiter, schließlich durch ausgeschlagene Latschengassen an den unteren Westgrat der C. Ovest dei Ferùch. Hier gewahrt man im Westen, rechts unterm Piz di Mezzodì, das gewaltige Loch der sagenumwobenen Bus de le Neole, einen natürlichen, senkrechten Schacht, durch den bei entsprechender Luftströmung Nebel aufsteigen.

An der Forcella Zana. Einblick in die gegen das Val Soffia gerichteten Felsabstürze der Ferùch-Gruppe.

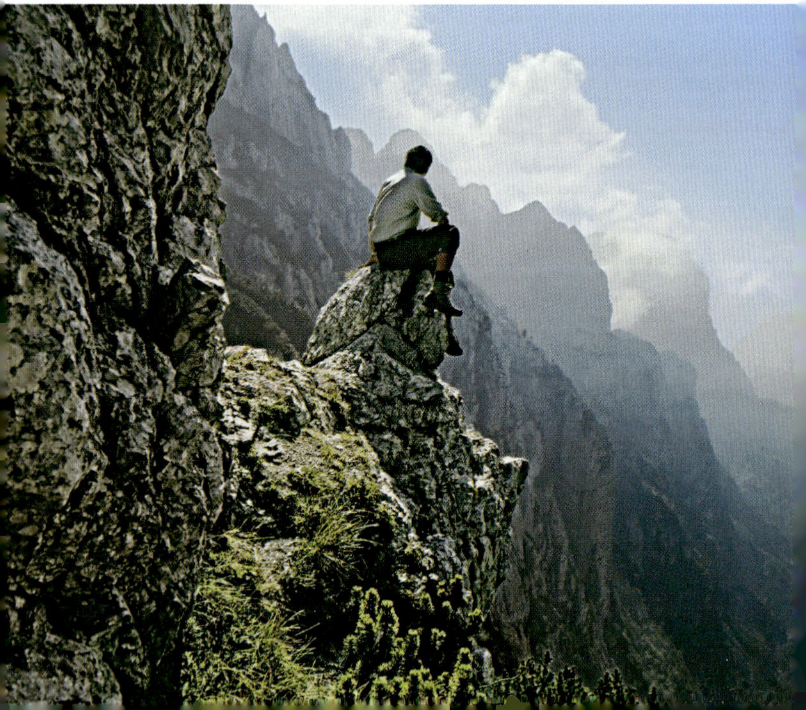

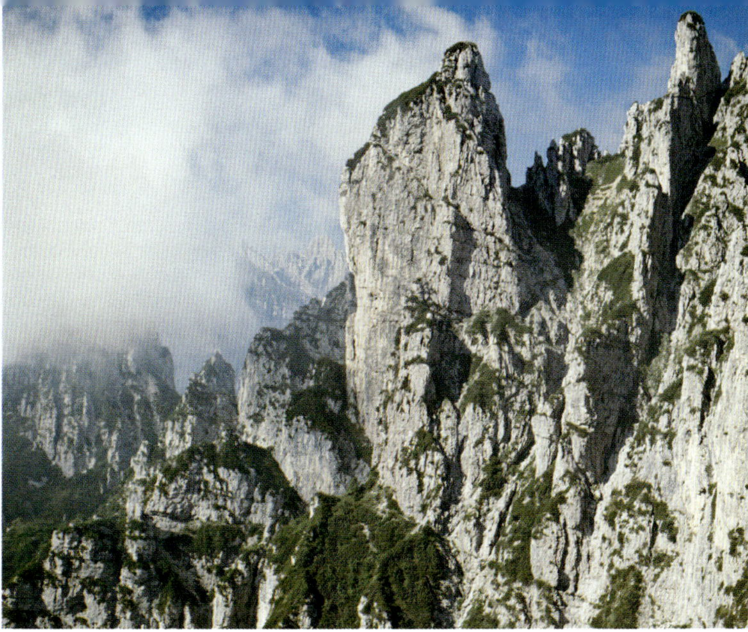

Felstürme flankieren die Forcella Zana zwischen Piz di Mezzodí und Ferùch-Gruppe.

Über den Grat (Steigspuren) durch Latschen in Kehren hinab in die **Forcella Zana (7)**, 1675 m, zwischen Ferùch-Gruppe und Piz di Mezzodì. Überraschende Schau nach Nordosten, Tiefblick in die Täler Soffia (Süden) und Pegolera (Norden).

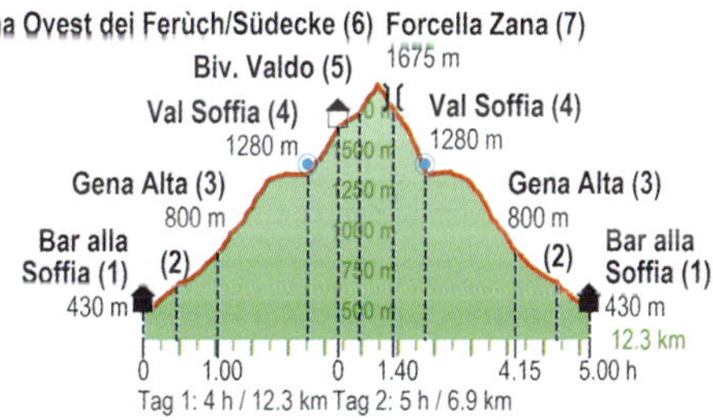

Aus der Scharte auf Steigspuren (verblasste Markierung) durch Wiesen und Latschen steil nach Süden hinab in eine schmale Felsrunse und durch sie in die Hauptrinne des Val Soffia. Dort anfangs über glatt geschliffene Platten (Kletterstellen im Grad I), später über Blöcke und Felsabsätze (Passagen im Schwierigkeitsgrad II, mögliche Abseilstellen) hinunter zum markierten Querweg Nr. 871 im **Val Soffia** (**4**, 1280 m, Wasser). Weiter auf bekannter Route zum **Ausgangspunkt (1)**.

56 Forcella dei Pòm, 1937 m

2 Tage

Anspruchsvolle Bergfahrt ohne Gipfelsieg

Der Besuch des Bivacco Valdo (Tour 54) vermittelt einen ersten Eindruck von der urwelthaften Wildnis der Monti del Sole. Jenen, die weiter in die Hochregion vordringen wollen, sei ein Besuch der zwischen Cima Bus del Diavolo und Cima Est dei Ferùch eingelagerten Forcella dei Pòm empfohlen. Das Unternehmen ist ein Teilstück der markierten Monti-del-Sole-Durchquerung, erfordert aber Kletterkönnen im Schwierigkeitsgrad II. Die ungesicherte Route leitet an der östlichen Begrenzungsflanke des Valle Ferùch auf schmalen Felsbändern und durch grasig schrofiges Terrain zur Höhe und lässt abschnittsweises Gehen in Zweierseilschaft angeraten erscheinen.

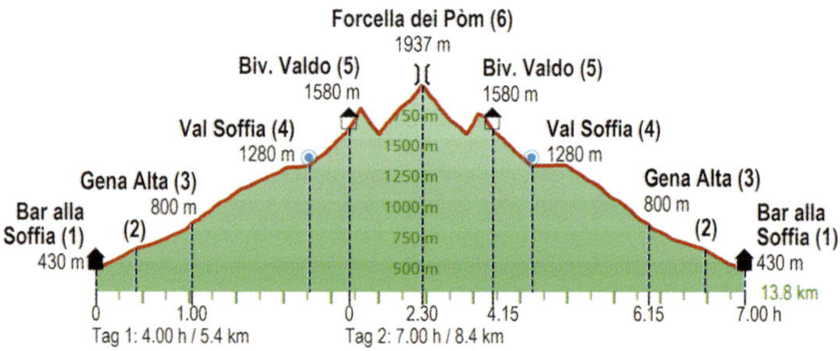

Talorte, Ausgangspunkt: S. Tour 54.
Anforderungen: Anspruchsvolle Bergfahrt mit zum Teil exponierten Kletterstellen im Schwierigkeitsgrad II. Abschnittsweises Gehen in Zweierseilschaft dringend angeraten!
Höhenunterschied: 1530 m auf und ab.
Einkehr: Unterwegs keine bewirtschaftete Einkehr! Biv. Valdo (9 L., immer offen, aber nicht bew.; Wasser in der Blockrinne aus dem Boràla-Kar, auf Weg Nr. 871 in 5 Min. zu erreichen, s. Tour 55). Am Ausgangspunkt Bar alla Soffia (keine Nächtigung, Sommerbewirtschaftung, tagsüber geöffnet, Mo. Ruhetag).
Variante: Zu einem guten Aussichtspunkt gelangt man, wenn man an der Forc. del Pòm den Markierungen von Weg Nr. 871 folgend links auf dem Südgrat gegen die C. Est dei Ferùch ansteigt. In der linken Gratseite z. T. exponiert empor zu einem Absatz unter den Wänden und dort auf dem nach rechts führenden Felsband in eine große Nische (Notunterstand, Tropfwasser). Weiterweg nicht zu empfehlen, da gefährlich. Großartig die turmförmige C. Bus del Diaol im Südwesten, rechts dahinter der M. Pizzocco, einer der spektakulärsten Gipfel der Süddolomiten. Im Osten über dem nicht einsehbaren Cordevoletal die Schiaragruppe mit den südlichen Karnischen Alpen in der Ferne.

Tiefblick aus der Forcella dei Pòm durch das schluchtartige Val de le Coraie.

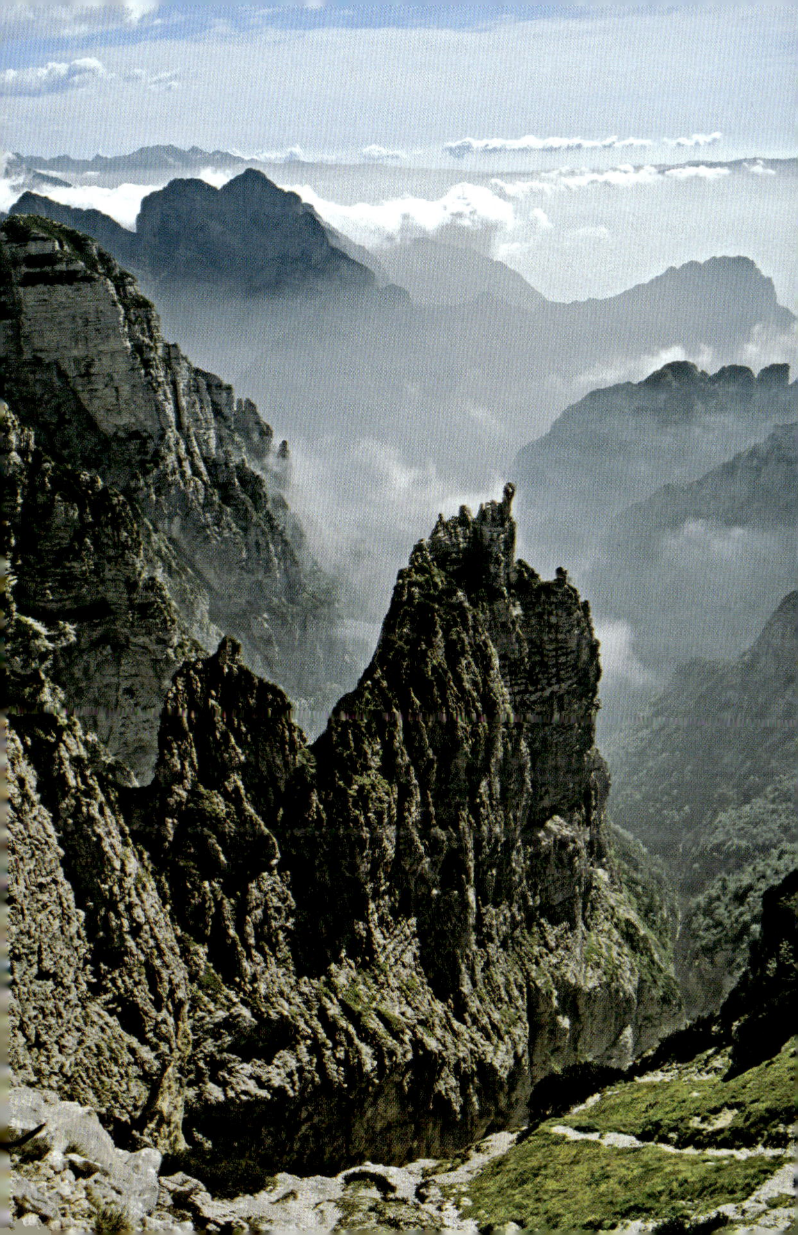

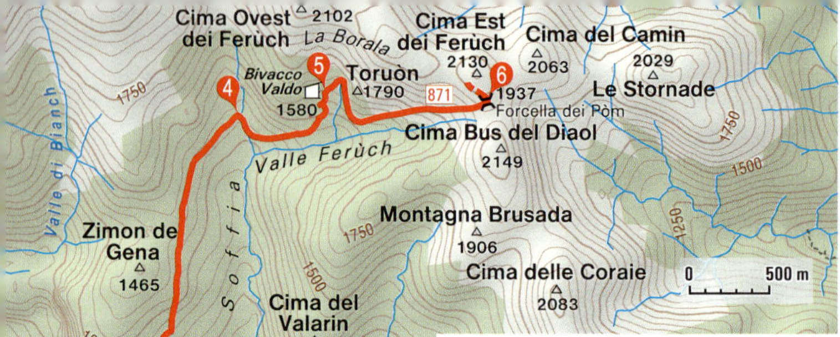
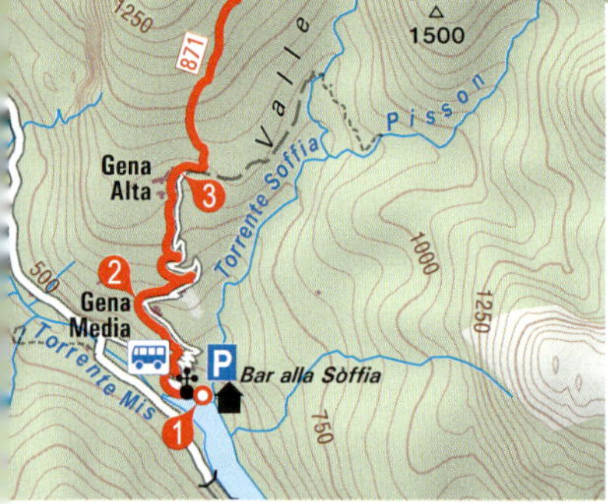

Von der **Bar alla Soffia (1)** wie bei Tour 54 zum **Bivacco Valdo (5)**, 1580 m, im **Boràla-Kessel**. Dort am zweiten Wandertag auf dem bez. Steig Nr. 871 (Tafel) nach Nordosten in die Blockrinne aus dem Boràla-Kar, wo nach ca. 5 Min. die Wasserstelle zu finden ist. Über Geröll und Schrofen empor auf ein ebenes, gut gangbares Band quer durch die **Westwand des Tornòn**. Auf diesem ausgesetzt nach rechts, später links um eine Ecke herum in die Südseite und dort hoch über dem schluchtartigen Valle Ferùch hinab zum tiefsten Punkt auf der vorgeschlagenen Route. An der nun überaus steilen linken Begrenzungsflanke des Valle Ferùch im begrünten Gelände, zum Teil auch über Felsstufen, aufwärts, bis nach etwa 30 Min. eine Wand den Weiterweg versperrt. Sie wird auf einer 15 m langen, horizontalen Leiste (Grad II, schwierigste Stelle sehr luftig, Seilsicherung angeraten!) gequert.

An den steilen Hängen weiter durch Latschen, dann durch plattige Rinnen und über Felsstufen (I) aufwärts in eine große Bucht. Dort über Plat-

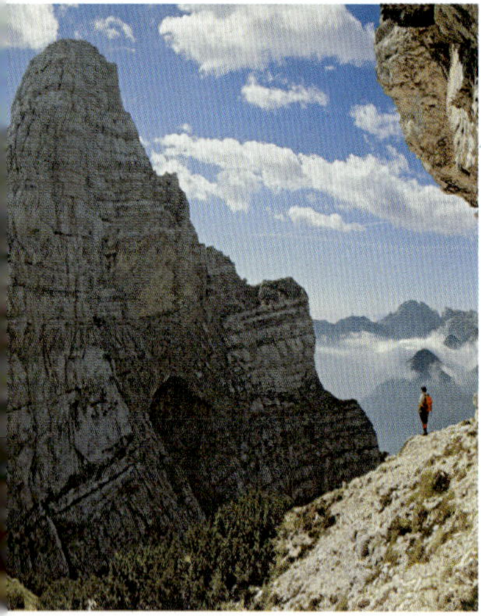

Die säulenförmige Felsgestalt der Cima Bus del Diaol über der Forcella dei Pòm.

ten (II), an einem auffallenden Loch vorbei, rechts empor auf ein Band am Wandfuß der Cima Est dei Ferùch mit tollem Rückblick zu den Felsriesen der Cimonegagruppe. Das Band ohne besondere Schwierigkeit eben nach rechts in eine Rinne. Links oberhalb von dieser Rinne durch begrüntes Gelände aufwärts, zuletzt über eine steile, schrofige Flanke (Vorsicht!) empor und rechts in die **Forcella dei Pòm (6)**, 1937 m.
Abstieg entlang der Anstiegsroute.

Die Felsriesen der Cimonegagruppe aus dem oberen Valle Ferùch.

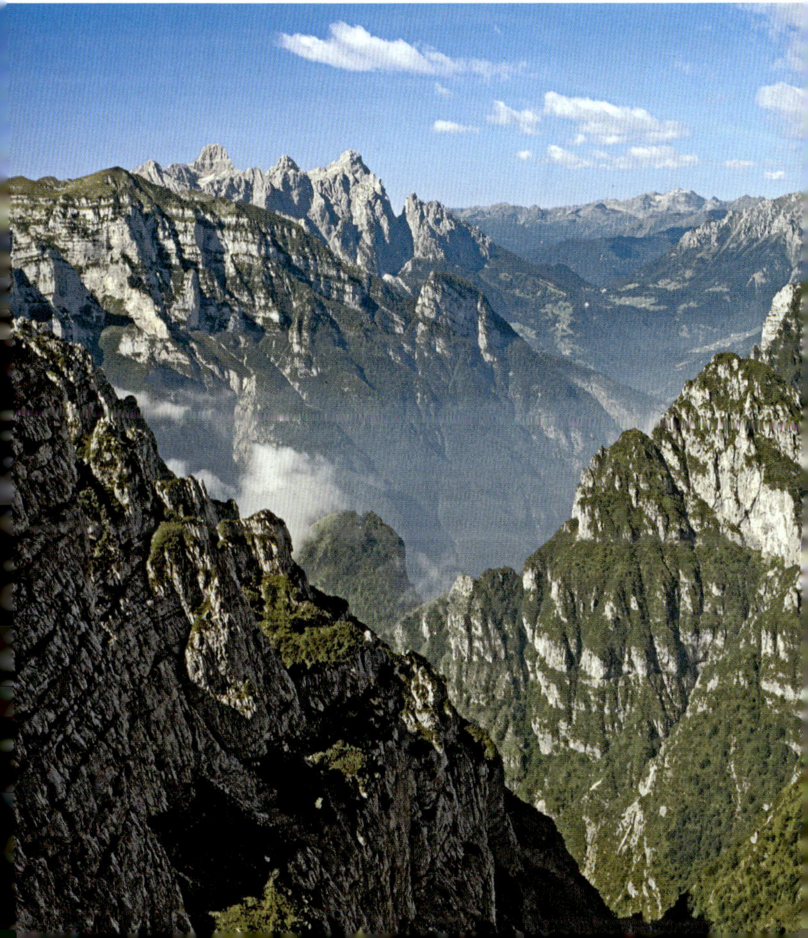

Stichwortverzeichnis

Italienische Begriffe für Wanderer

acqua	Wasser
albergo	Gasthof, Hotel
alta, alto	Hohe(r)
Alta Via delle Dolomiti	Dolomiten-Höhenweg
altezza	Höhe
attrezzato	gesichert
arrampicare	klettern
bàita	Bar, Unterstand
banca	breites Geröllband
bassa(o)	tiefe(r), niedrige(r)
bivacco	Biwak, -schachtel
bocca	Scharte
bocchetta	kleine Scharte
busa	Bergkessel, Kar
bussola	Kompass
cima	Gipfel, Spitze
cabinovia	Kleinkabinenbahn
cadin	Kar
campanile	Turm
camminata	Fußmarsch
capanna	Hütte
carta geografica	Landkarte
casera	Almhütte
cengia	Band
col	Hügel
corda	Seil
cresta	Grat
croda	steiler Felsgipfel
diritto	geradeaus
discesa	Abstieg
dos(so)	Rücken, Hügel
est	Osten
fiume	Fluss
fonte	Quelle
forcella	Joch, Sattel, Scharte
funivia	Seilbahn
ghiacciaio	Gletscher
guglia	Turm, Felsnadel
incidente	Unfall
lago	See
monte	Berg
malga	Alm
nebbia	Nebel
neve	Schnee
ovest	Westen
passo	Joch, Pass

pericoloso	gefährlich
pernottare	nächtigen
pian(o)	Ebene, Fläche
pioggia	Regen
piz, pizzo	Spitze
ponte	Brücke
porta	Felstor, Scharte
pra(to)	Wiese
previsione del tempo	Wetterprognose
punta	Gipfel, Spitze
ricovero	einfache Biwakhütte, Unterstand
rifugio	Hütte, Schutzhütte
rio, rivo	Fluss
salita	Anstieg
sass(o)	Fels, Felsberg
scarica di sassi	Steinschlag
seggiovia	Sessellift
segnalazione	Markierung
sella	Schulter, Sattel
sentiero	Steig, Weg
serpente	Schlange
soccorso alpino	Bergrettung
sorgente	Quelle
sosta	Rast
spallóne	große Bergschulter
spigolo	Bergkante
tabià	Heustadel
telecabina	Stehgondelbahn
teleferica	Seilschwebebahn
tempo	Wetter
temporale	Gewitter
torre	Turm, Felsturm
torrente	Bach
val, valle, vallon	Tal
valanga	Lawine
van, vant	Bergkessel, Kar
vedretta	kleiner Gletscher
vento	Wind
vetta	Gipfel
via, viaz	Weg, Steig
via ferrata	Klettersteig
zaino	Rucksack
portela (mundartl.)	Tor, Felstor, Scharte
spiz (mundartl.)	Spitze, Gipfel
viàz (mundartl.)	rauher Jagdsteig

Umschlagbild:
Selten geschautes Bergland am Alpen-Südrand:
Der Monte Pizzocco (Tour 52) in den Feltriner Dolomiten
von der Forcella dei Pòm (Tour 56).

Bild im Innentitel:
Vom Rifugio Falier (Tour 8) am Südfuß der Marmolada schweift der
Blick das Val Ombretta talaus gegen den gewaltigen Monte Pelmo.
Rechts vor ihm der Sasso Bianco (Tour 3) und die Civetta.

Alle Fotos vom Autor.

Kartografie:
56 Wanderkärtchen im Maßstab 1:25:000/1:50.000 /1:75.000
Geodaten © OpenStreetMap und Mitwirkende.
Kartografisches Design: Freytag und Berndt Prag,
www.freytagberndt.cz;
sowie zwei Übersichtskarten im Maßstab 1:500.000 und 1:600.000
© Freytag & Berndt, Wien.

1. Auflage 2018

ISBN 978-3-7633-4524-3

Wir freuen uns über jeden Korrekturhinweis zu diesem Wanderführer!
Bitte per E-Mail an: leserzuschrift@rother.de

BERGVERLAG ROTHER · München
D-82041 Oberhaching · Keltenring 17 · Tel. +49 89 608669-0 · www.rother.de